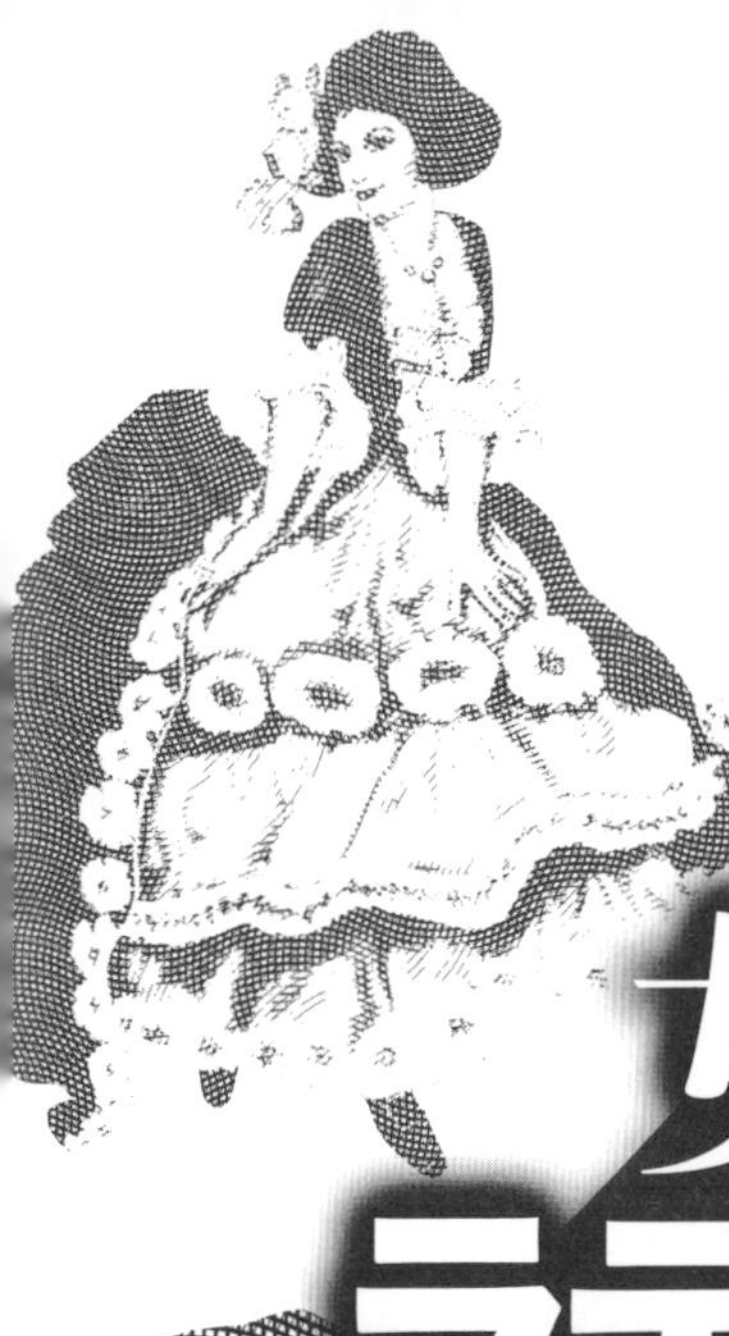

伊藤滋子

女たちのラテンアメリカ

上

五月書房

序文——女たちのラテンアメリカ

伊藤　滋子

アメリカ大陸における「ラテンアメリカ」としての歴史は、コロンブスがアメリカ大陸に到達した1492年から始まる。いらい、男たちの力のせめぎ合いによる荒々しい歴史がそこにくりひろげられてきた。その主役となったのはインディオと呼ばれた先住民、征服者として入ってきたスペイン人、ポルトガル人などのヨーロッパ系の白人、先住民と白人の混血であるメスティソ、主に奴隷として連れてこられたアフリカ系の黒人で、そのほかにもユダヤ人、アラブ人、中国人、日系人など、実に多彩な人々であった。彼らが織りなす歴史の舞台となったアメリカ大陸は太平洋、大西洋の長い海岸線、カリブ海の島々、広大な大平原、万年雪を頂くアンデスの山々、大河、熱砂の砂漠、極寒の氷土と、これまた他に類をみないほど多種多様の気候、風土が存在する。

その南北両大陸を舞台に戦う男たちの傍らには彼らと同じように力強く、あるいはしなやかに生きた多彩な女たちがいた。彼女たちは子供を生み、家庭を守り、安らぎを与え、財産を管理し、価値観や習慣を子供に教えて社会の秩序を保ち、土地を耕し、働いて家計を助け、あるいは社会的矛盾と戦い、革命の先頭に立った。

宗教にがんじがらめにされて様々な制約の元に暮らさなければならなかったイベリア半島の女性に比して、新大陸の女性を取り巻く自然環境はきびしかったが、もう少し自由に生きることができたといえるかもしれない。

ここに登場する女性たちは時代も住んだ場所も社会的地位もさまざまだが、与えられた環境のもとで自らの運命を切り開き、主体的に行動しようとした女たちだ。そして彼女たちの生きざまにはその時代ならではの制約や悩みが色濃く反映されていて、当時の世相がくっきりと浮かび上がってくる。

だがラテンアメリカというキーワードのもとに集められただけで、彼女たちの間には何の関連性もなく、いわばモザイクの一かけらである。それをジグソーパズルのように集めれば、おぼろげながら何かが浮かび上がってくるかもしれないと期待している。

各地の古文書館で直接原典にあたる昨今の若い学者方によるラテンアメリカ研究の進展ぶりには目を見張るものがあり、そんななかで本著を世に問うのは気後れがしないでもないが、「盲人、象を語る」という諺にあるように、全体像はつかめなくても個々のエピソードの中に歴史を築いてきた女性たちの息吹を感じとって頂ければ幸いである。

伊藤滋子

女たちのラテンアメリカ　上巻

目次

上巻・目次

※ 01〜21 ＝上巻
22〜43 ＝下巻

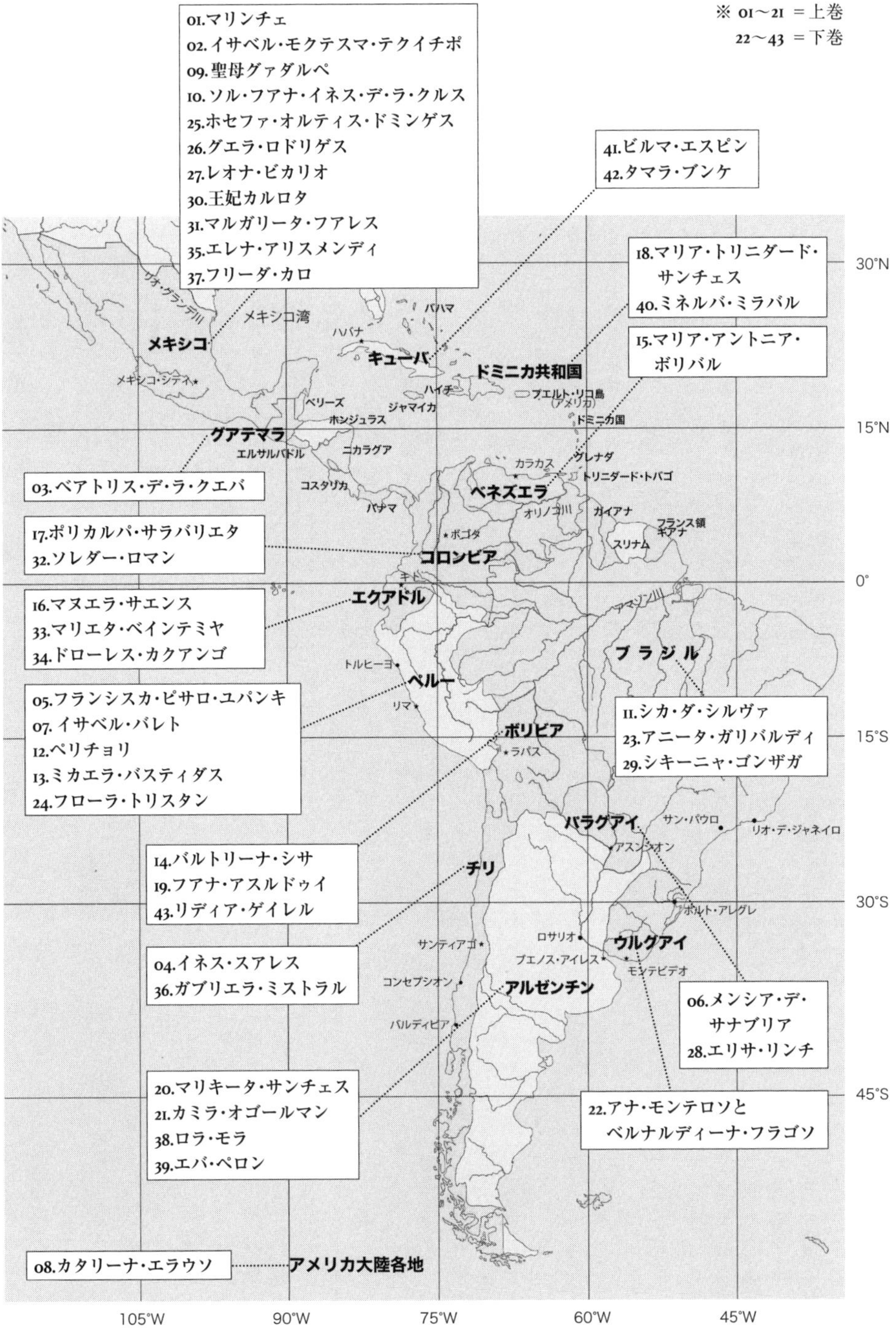
01.マリンチェ
02.イサベル・モクテスマ・テクイチポ
09.聖母グァダルペ
10.ソル・フアナ・イネス・デ・ラ・クルス
25.ホセファ・オルティス・ドミンゲス
26.グエラ・ロドリゲス
27.レオナ・ビカリオ
30.王妃カルロタ
31.マルガリータ・フアレス
35.エレナ・アリスメンディ
37.フリーダ・カロ
41.ビルマ・エスピン
42.タマラ・ブンケ
18.マリア・トリニダード・サンチェス
40.ミネルバ・ミラバル
15.マリア・アントニア・ボリバル
03.ベアトリス・デ・ラ・クエバ
17.ポリカルパ・サラバリエタ
32.ソレダー・ロマン
16.マヌエラ・サエンス
33.マリエタ・ベインテミヤ
34.ドローレス・カクアンゴ
05.フランシスカ・ピサロ・ユパンキ
07.イサベル・バレト
12.ペリチョリ
13.ミカエラ・バスティダス
24.フローラ・トリスタン
11.シカ・ダ・シルヴァ
23.アニータ・ガリバルディ
29.シキーニャ・ゴンザガ
14.バルトリーナ・シサ
19.フアナ・アスルドゥイ
43.リディア・ゲイレル
04.イネス・スアレス
36.ガブリエラ・ミストラル
06.メンシア・デ・サナブリア
28.エリサ・リンチ
20.マリキータ・サンチェス
21.カミラ・オゴールマン
38.ロラ・モラ
39.エバ・ペロン
22.アナ・モンテロソとベルナルディーナ・フラゴソ
08.カタリーナ・エラウソ
アメリカ大陸各地
リオ・グランデ川
メキシコ湾
バハマ
ハバナ
メキシコ
キューバ
ドミニカ共和国
メキシコ・シティ
ハイチ
プエルト・リコ島（アメリカ）
ベリーズ
ジャマイカ
ホンジュラス
ドミニカ国
グアテマラ
エルサルバドル
ニカラグア
グレナダ
カラカス
トリニダード・トバゴ
コスタリカ
ベネズエラ
パナマ
オリノコ川
ガイアナ
フランス領ギアナ
ボゴタ
スリナム
コロンビア
キト
エクアドル
アマゾン川
ブラジル
トルヒーヨ
ペルー
リマ
ボリビア
ラパス
パラグアイ
サン・パウロ
リオ・デ・ジャネイロ
アスンシオン
チリ
ポルト・アレグレ
ロサリオ
ウルグアイ
サンティアゴ
ブエノス・アイレス
モンテビデオ
コンセプシオン
アルゼンチン
バルディビア
30°N
15°N
0°
15°S
30°S
45°S
105°W
90°W
75°W
60°W
45°W

下巻・目次

装幀……………今東淳雄
組版・編集…………片岡　力

女たちのラテンアメリカ　上巻

伊藤滋子

01.

マリンチェ

征服者コルテスの先住民女性通訳

Malinche

1502？- 1526/29？

メキシコ

メキシコの一部落の首長の娘として生まれながら母親に奴隷として売られ、征服者コルテスに貢物として差し出された。彼の通訳をつとめ、メキシコの征服は彼女なしにはなしえなかったほどの役割を果たしたが、メキシコでは今日まで裏切り者の代名詞とされ続けてきた。

慧眼の野心家コルテス

メキシコの征服者（コンキスタドール）エルナン・コルテスは１４８５年スペインのエストレマドゥーラ地方にあるメデインで生まれた。彼はこの村の郷士（イダルゴ）のひとり息子で勉学のためにサラマンカに送られたが、挫折して戻ってきて父親をがっかりさせた。その頃たまたま親戚のニコラス・オバンドが32隻に１５００人という大船団を率いて、10年前にコロンブスが発見したエスパニョーラ島の植民に出発するというので、コルテスもそれに加わり、当時インディアスと呼ばれていた新大陸に渡ることにした。ところが出発の直前に、若い人妻の寝室に忍びこもうとして塀に登ったところ、古い塀は豪音とともに崩れ落ちて、何ごとかと飛び出してきた亭主に散々棒で打ちのめされ、船団は彼がベッドでうめいているうちに出航していった。17才の時のことである。怪我が癒えるとそそくさと村を出て、当時動乱が続いていたイタリアへ行こうとバヤドリードまでくると、丁度そこに宮廷が置かれていた。マドリードが首都になるのは１５６１年からで、それまで国王は国内を転々としながら国を治めていた。たまたま一人の宮廷の秘書と親しくなり、サラマンカで学んだ知識で彼の仕事を手伝っているうちに、インディアスから送られてくる報告書について聞き及び、そこがとてつもない可能性を秘めたところであることが分かった。

コルテスがエスパニョーラ島へ渡ったのは19才の時であった。総督のニコラス・オバンドからエンコミエンダ*をもらい、サラマンカで学んだ法律の知識を生かして公証人をしながら、そこで5年間農園の経営に従事した。１４９２年のコロンブス到来いらい、まだ十数年しか

＊エンコミエンダ
土地、建物、先住民を含む荘園。征服者（コンキスタドール）に先住民へのキリスト教布教を義務付けて授けられた。農地だけでなく鉱山や工場の場合もある。

エルナン・コルテス

たっていないのに、反乱や伝染病で島に25万人いたとみられる先住民人口は6万人に激減したため、労働力としてカリブ海周辺の島々に出向いて先住民狩りが行われていた。スペイン人はエスパニョーラ島を中心に、ベネズエラ沿岸と中米のパナマ付近に細々と住むだけで、南北両大陸の存在はまだ知られていなかった。

1511年、コルテスはベラスケスが率いるキューバ島の征服に参加して功績をあげ、多くのエンコミエンダを与えられ、牧場で牛、羊、馬などを飼育し、念願の金の採取にも乗り出し、キューバの有力者となってサンチアゴの市長を務めるまでになる。ベラスケスは、力をつけてきたコルテスを自分の愛人の妹と結婚させて支配下に置こうとし、逃げ回る彼を投獄したりするが、結局コルテスは観念して、30才でカタリーナ・スアレスという、どちらかというと平凡なその女性と結婚してベラスケスと妥協した。

ユカタン半島が発見されたのは1517年のことで、ベラスケスが派遣した100人からなるコルドバの隊がはじめてユカタン半島のイスラ・デ・ムヘーレスに上陸した。そこにはピラミッドがあり、島民は色とりどりのマントや装身具を身につけて、明らかにカリブの島々の裸の人種とは違った、高度な文明をもつ人間だということが分かり、コルドバたちは興奮を抑えきれなかった。だがカンペチェ付近で水を求めて上陸しようとした時、先住民の攻撃を受けて50人以上が殺され、重傷を負ったコルドバもキューバに帰って死んだ。

ベラスケスはその翌年、4隻の船に240人からなるグリハルバの隊を出した。彼はまずユカタン半島のコスメルを発見、タバスコでは先住民との交易に成功し、少量の金細工を手に入れた。この時先住民から、ここには金が出ないが西の方にメキシコという、金を産出する地方がある、と教えられた。そこで西へ船を進め、ベラクルス付近に上陸し、そこで少量の金細工の品物を手に入れた。これがアステカ王国との最初の接触であった。

そして翌1519年、ベラスケスはコルテスを3度目の探検の隊長に任命した。コルテスは船員たちから雪を頂いた山が見えたという話を聞き、そこは島ではなく大陸ではないかと考え、精巧な金細工を作るだけの文明をもつ人間が住むことを確信し、全財産を投じて大掛かりな準備を始めた。これを見たベラスケスは彼が自分から離れて独立するつもりではないかと恐れる。そして隊に自分の腹心を送りこみ、最後にはコルテスを引き戻そうとしたが、彼はそれを振り切って1519年2月、キューバから出航した。コルテス34才の時である。

❖マリンチェ

11隻の船に乗り込んだ隊員は計500人でその多くは前2回の航海にも参加していたが、今回初めて馬16頭が積みこまれた。一行はコスメルで8年間先住民の間で暮らしてきたスペイン人ヘロニモ・アギラールを救出し、絶好の通訳を得た。彼が語るには、8年前のこと、パナマから、男10人女2人でエスパニョーラ島に帰ろうとしたが船が難破し、助かった者も先住民に殺され、彼とゴンサロ・ゲレロ*のみが生き残った。自分は僧だから独身を通したが、

*ゴンサロ・ゲレロ　先住民を率いてユカタン、中米でスペイン人征服者と戦い、1536年アルバラードの軍との戦いで戦死したとされる。マリンチェに代わってメキシコ人に誇りを与える、新しい混血のシンボルとなるかも知れない。

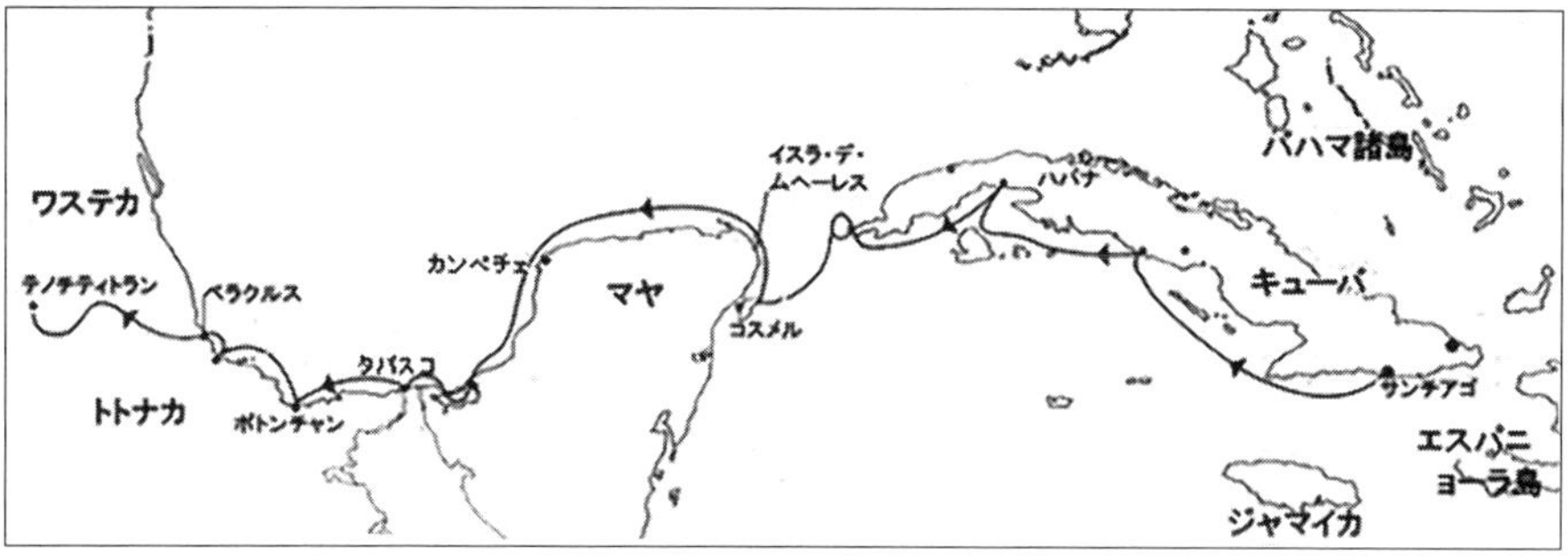

コルテスのメキシコへの航海（1519）

ゲレロの方は村の首長の娘と結婚して、今や彼自身が首長として村を治めており、子供も2人いる。村人に対する責任もあるし、鼻や耳に穴をあけ、刺青を彫った姿を同胞に見せることはできないから、お前ひとりで行け、と言ったという。それを聞いた荒くれ男たちも、彼の気持ちを思いやって涙した。

隊はユカタン半島に沿って船を進めタバスコに上陸した。そこの首長は前年グリハルバの隊の上陸を許したため、近隣の部族から臆病呼ばわりさたので、今回は戦闘の準備を整えて待ち構えており、スペイン人は何十倍もの敵に囲まれて窮地に陥った。そこへ別の道から到着した13騎の騎馬隊が現れて、初めて馬を目にして仰天する先住民を蹴散らした。

翌日（4・15）、タバスコの首長が恭順の印としてコルテスに差し出したさまざまな〝貢物〟の中に、20人の年若い女奴隷がいた。そしてコルテスが真っ先に選んで、隊で唯一の貴族であるポルトカレロに与えた、際立って美しい娘がマリンチェであった。この時娘たちは洗礼を授けられたが、スペイン人にとってそれは先住民を『人間化』するために必要な儀式であった。

隊はさらにメキシコ湾を奥へと進み、メキシコで最初のスペイン人の町、ベラクルスを築いた（4・21）。その直後から9代目のアステカ王モクテスマ（1466～1520）の使者の来訪が始まる。王は2年前に大きい船が現れて以来、海岸線を見張らせていたので、コルテスの到来はいち早く400キロ内陸にある首都テノチティトラン*の王に報告されていた。

*テノチティトラン
アステカ王国の首都で現在のメキシコ市。

*ドニャ
貴婦人に対する敬称。男性はドン。

マリンチェの活躍はコルテスがベラクルスに上陸した時から始まる。アギラールが話すマヤ語はこの地方ではもう通じない。そこでマヤ語とナワ語を話せるマリンチェがモクテスマの使者の言葉をマヤ語に訳し、それをアギラールがスペイン語に訳すという二重通訳で初めて意思疎通が可能となった。マリンチェはこの時17才ぐらいで、元の名はマリンツェン、あるいはマリナリだったことから、マリナという洗礼名をさずけられ、マリンチェと呼ばれるようになった。

彼女は現在のベラクルス州コアツァコアルコス付近の首長の娘として生まれた。ほとんどナワ語圏の外れで、すぐ近くのタバスコから先はマヤ語圏である。何の不自由もない幼少時代を送り、それ相応の教育を受けて育ったが、父が亡くなると、その後再婚した母親がのちに生まれた弟を首長の座につけたいと望んだ。だが血筋の上では正統であるマリンチェが邪魔になり、奴隷の娘が死んだ時に、マリンチェが死んだと偽って葬り、彼女を旅の商人に売り渡してしまった。マリンチェはタバスコに連れて来られて、奴隷として暮らしていた時、コルテスへの貢物とされた。彼女がナワ語とマヤ語を話すことができたのはそんな境遇からだった。

だがこれは最も一般的に信じられているストーリーで、彼女の出自については諸説あり、元の名もマリナル、マリナリ、あるいはテネパルとも言われる。これらの情報は征服から40年も後に、兵士の立場から見た『メキシコ征服記』を著したベルナル・ディアス・デ・カスティヨに負うところが大きいが、彼はマリンチェのことを述べるときは常にドニャ*の敬称を用い、先住民である彼女に対して敬愛の念を抱いていたことがうかがえる。

***首長（カシケ）**
先住民の首長。

コルテスはベラクルスで市議会《カビルド》を設立し（1919・5・15〜25）、自ら総司令官（カピタン・ヘネラル）に就任した。それは彼がベラスケスと決別し、新たな植民地の支配者になることを宣言するものだが、一歩間違えば反逆罪に問われかねない危うさを秘めていた。

アステカ王の使者は食料をはじめ様々な贈り物をもってくるが、首都には入って来るなの一点張りだった。コルテスは近くにあるトトナカ族の町センポアラからの招待に応じてそちらに向かうと、そこの首長《カシケ》*は、毎年犠牲として捧げる大勢の子供をアステカに差し出さなければならず、大変な迫害を受けている、と涙ながらにコルテスに訴えた。それを聞いたコルテスは内心小躍りした。アステカ王国は貢物を取ることで勢力を拡大して繁栄していたが、支配される部族の不満も大きく、決して一枚岩でないことが分かったからだ。

ベラクルスにきて2カ月半後、キューバから12人の兵と馬2頭が後を追ってやってきた（7・1）。だがベラスケスが終身の地方長官（アデランタド）に任命され、メキシコ沿岸の土地の発見と征服の権限はすべて彼に与えられることになったという報がもたらされる。コルテスはただちにスペインへ弁明のための使者を送ることにした。

彼が1週間かかって書いたスペイン王への書簡はキューバを出て以来のできごとについて述べ、自分が全隊員の意志によって総司令官《カピタン・ヘネラル》に選ばれ、ベラスケスから独立して独自の判断で行動する必要に迫られたことを強調するもので、単なる報告というよりも、多分に政治的性格を帯びたものであった。使者はエルナンデス・デ・ポルトカレロとフランシスコ・モンテホのふたりであった。この人選は意味深長である。これによってベラスケス派の頭目であるモンテホを遠ざけることができたし、ポルトカレロの方は隊で唯一の貴族で、宮廷に顔

*カルロス一世
スペインのカルロス一世は神聖ローマ帝国ではカルロス五世。

が利くということもあるが、彼からマリンチェを取り上げたかったとも勘ぐることができる（7・26出発）。使者は10月スペインに到着し、翌年3月、バヤドリードでカルロス一世*に拝謁した。

ふたりを送り出した直後、ベラスケス派の者たちがキューバに帰る計画をたてていたことが発覚し、首謀者一人が絞首刑にされた（7・末）。コルテスはこのあと船からロープや舵などあらゆるものを運び出させ、船を岸辺で破壊して退路を断ち、あとはメキシコ征服しか道は残されていないという覚悟を全員に迫った。

❖テノチティトランへの行軍開始

スペイン人350人に馬15頭、それに2300人以上のトトナカ人からなる隊が目指したのは、アステカと敵対しているというトラスカラであった（8・16出発）。だがトラスカラは4人の首長が率いる連合国で意見がまとまらず、しばらくの間、和平と攻撃が繰り返されたが、コルテスは3週間でようやくトラスカラを敗り、町に入った。首長たちは自分の娘をスペイン人武将に与え、兵士たちには300人の女性が提供された。この時以来トラスカラはコルテスの忠実な味方となった。

女性たちはスペイン人に与えられる前に必ず神父の手で受洗させられたが、トラスカラでは貴族たち自身も受洗した。それにはマリンチェの貢献が大きい。聡明な彼女はこの5カ月の間にスペイン語もずいぶん覚え、何よりも状況を的確に把握し、コルテスの立場に立ってものを言うことができるようになっていた。ふたりはほぼ一身同体だから先住民たちはコルテ

コルテスに貢物をするトラスカラの４人の首長の図。マリンチェが中心に描かれている（「トラスカラ絵文書」より）

スの名をマリンチェと思いこみ、彼に対してマリンチェ、と呼びかける。彼女は通訳の存在を忘れさせる究極の通訳で貴族たちに受洗するように説得したのだった。モクテスマの使者や近隣の首長たちとの交渉も同様で、いまや彼女はコルテスにとってなくてはならない存在になっていた。

　コルテスはアステカの使者の招きに応じて、罠にちがいないというトラスカラの首長たちの制止をふりきり、この地方の中心地チョルラに向かった（10・12着）。到着後まもなく、マリンチェはひとりの老婆に気に入られ、彼女からスペイン人を皆殺しにする計画があることを聞きだした。それを知らされたコルテスは出発するから荷担ぎが欲しいといって広場に人を集めさせたうえ、そこを閉鎖して、2、3時間の間に3000人以上を虐殺した（10・16〜18）。郊外に待機していたトラスカラ兵も町に乱入して2万人以上を殺害、これを聞いて恐れをなした周辺の部族は続々とスペイン人のもとに下った。

　チョルラを出て1週間後、眼下に広がる大平原の彼方に、湖に浮かぶテノチティトランが幻のごとく姿を現した。都は湖の真中にあり、本土とは数本の堤道で結ばれていた。堤道には

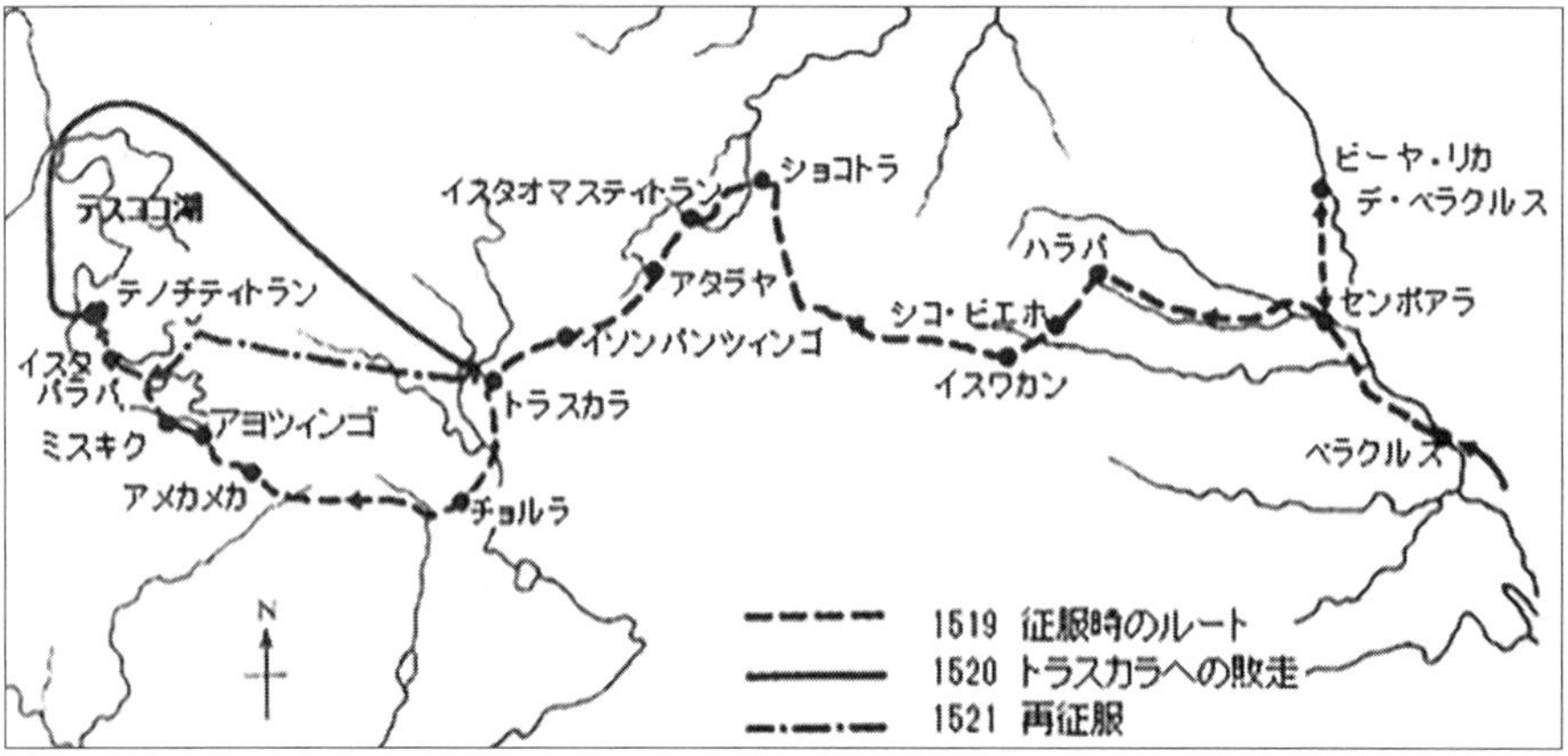

テノチティトランへの行軍

ところどころ切れ目があり、橋を外せば外敵の侵入を遮るようになっている。美しく彩色された高くそびえるたくさんのピラミッド、整然とした街並みや運河、咲き乱れる花、湖上に浮かぶいかだの上に作られた野菜畑……あまりに壮大な都市の規模とその美しさに兵士たちは唖然として、口々に「これは夢ではあるまいか。まるで騎士道物語の世界に来たようだ」と感嘆の声を上げた。最後の橋を渡った所でアステカ王モクテスマがコルテスを出迎えた（11・8）。

2日後、海岸地方から、ベラクルスに残してきたスペイン人のうち7人が殺されたという報が届くとと、コルテスはそれを理由にモクテスマを捕えて人質とした。それから翌年5月までの7カ月間、コルテスはモクテスマを傀儡《かいらい》にして、比較的平和裡にメキシコの統治を進めていった。

ところが、キューバのベラスケスが派遣した17隻８００人を率いるナルバエスの隊がベラクルスに上陸し、コルテスの手からメキシコ征服の成果を奪おうとしている、という報せが届く。コルテスは急遽、信頼する武将アルバラードに兵士70人をつけてテノチティトランに残し、自身は残りのスペイン人を率いて高原を下り、海岸地方へ急いだ（5・10）。

数日後（5・半ば）、テノチティトランの主神殿でアステカの祭りが

＊クイトラワク
33ページ参照。


あり、アルバラードは彼らが身につけている金の装飾品を奪おうとそこを襲った。アステカ側は猛然と反撥し、激しい戦闘が始まった。

一方猛スピードで400キロの道を駆けて海岸地方に向かったコルテスはベラクルスに到着するや、そのまま雨の中を夜襲を掛けて、油断していた敵を一気に打ち負かした（5・27〜28）。そして敵軍の兵士をそのまま自軍に取り込み、スペイン人の数は一挙に1500人に膨れ上がった。しかしアステカ側との戦闘が始まったという報告を受けたコルテスは、また大急ぎでテノチティトランに取って返さねばならなかった（6・10）。

コルテスがテノチティトランに入って行くとそこかしこから煙が上がり、激しい戦いの痕が見て取れ、それから連日、町中で激しい死闘が繰りひろげられた（6・24）。何よりも辛かったのは、捕らえられたスペイン人が主神殿の上で胸を切り裂かれて犠牲にされるのを見るときであった。この頃すでにアステカの人々は捕虜にされているモクテスマを見限り、その弟クイトラワク＊（1467〜1520）を第10代目の王（在位9・7〜11・25）に選んでいた。

市場は閉鎖され、食糧を断たれたスペイン人はモクテスマにアステカの人々を説得させようとしたが、バルコニーに立ったモクテスマは彼らからの投石を受け、その傷が元で2日後に亡くなった。

とうとうスペイン人はテノチティトランから脱出を図った（6・30）。夜中に一番短いタクバの堤道を通って逃げようとしたのだが何千人もの人数である。すぐに気付かれて大混乱となり、堤道の切れ目が死体で埋まるほどであった。

ようやくタクバにたどり着いたコルテスは意気消沈して、今なお残っている大木の下で嘆き悲しんだというので、この夜は「悲しき夜（ノチェ・トリステ）」として記憶されている。しかし彼がようやく一息ついた時、「船大工のマルティン・ロペスは生きているか？」ついで「マリンチェとアギラールは？」と聞いたというから、彼はもう次の手を考えていたはずで、悲しみ嘆く暇があったかどうか？　スペイン人1100人中400人ほどが生残ったのみで、先住民の死者は数知れず、80頭の貴重な馬は23頭となっていた。

テノチティトランの再征服

コルテスが頼れる先は盟友のトラスカラしかない。追撃をかわしながらトラスカラに入ったコルテスは（7・8）、すぐさまテノチティトラン再征服の準備にとりかかる。まずメキシコ高原の村々を平定し、徐々に包囲網を狭めていった。この間にも新たなスペイン人が続々とメキシコにやってきた。

トラスカラでは船大工マルティン・ロペスの指示で、森から木が切り出され、ベラクルスから大なべや工具、錨、帆、ロープが運ばれてきて、4、5カ月の間に13隻という驚異的なスピードでベルガンティン船*が建造された。船は解体してテノチティトランの対岸にあるテスココまで運ばれ、そこで組み立てて湖に浮かべられた。

この頃スペイン人が持ち込んだ天然痘が猛威を振るい、モクテスマのあとを継いで王となったクイトラワクが天然痘で死去し（11・25）、クアウテモクという若者が11代目の王に即位した。先住民の天然痘の死亡率は4人に1人に上ったといわれる。

テノチティトランは降伏に応じず水道も止められ、食料も入らず、もう抵抗する力もなく、

***ベルガンティン船**　スピードが出る二本マストの帆船。

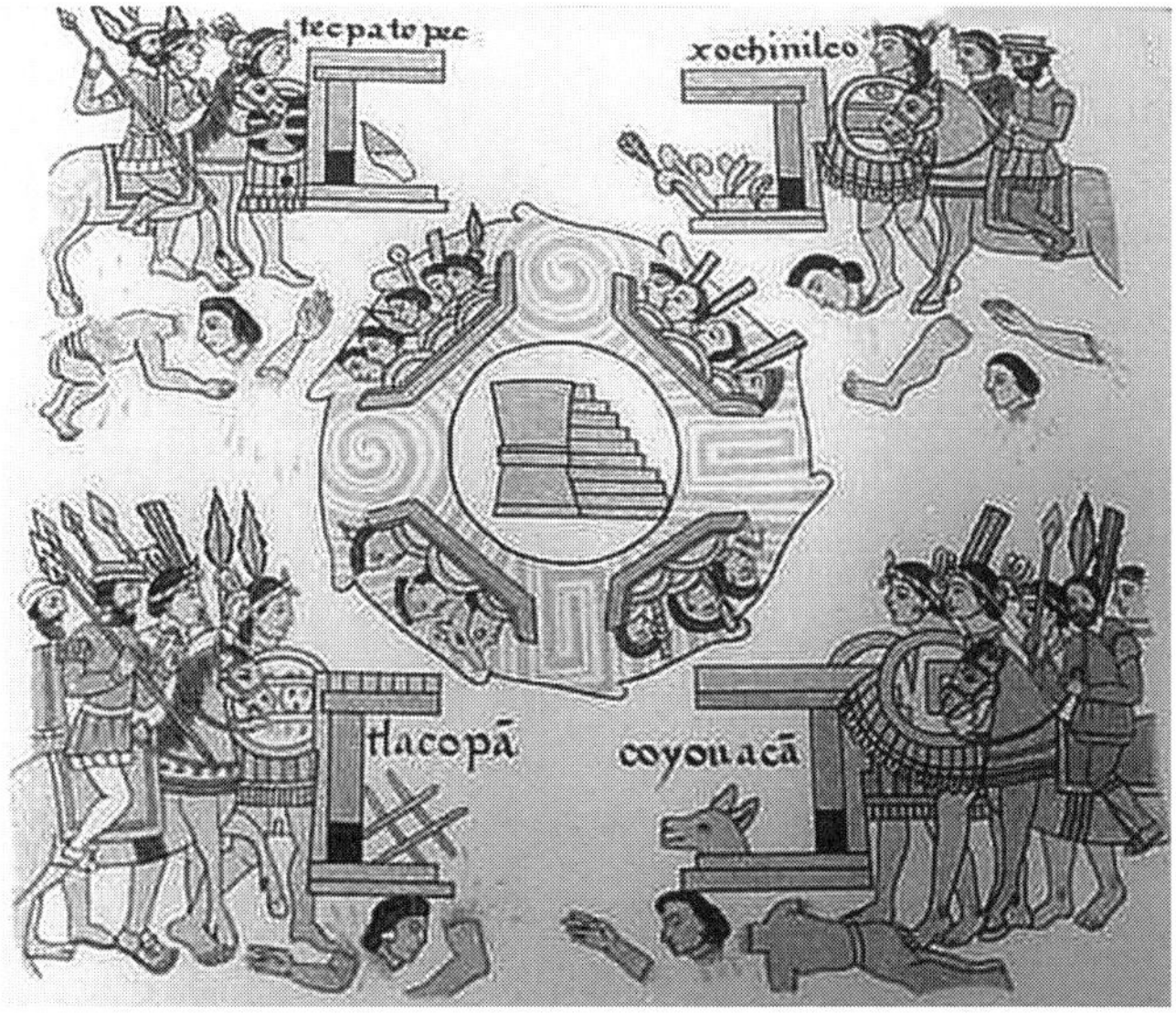

四方からテノチティトランに迫るスペイン軍（「トラスカラ絵文書」より）

ほとんど蹂躙《じゅうりん》されるがままだった。最後は町中に死体があふれても片づける者もなく、死臭が満ちていたという。そして1521年8月13日、ついに陥落した。クアウテモクは妻とともに船で逃げようとしているところを捕らえられた。

　コルテスはテノチティトランをメキシコ市として再建することにし、その建設中は郊外のコヨアカンの館に住んだ。翌1522年7月ごろ、コルテスの妻カタリーナが母親や祖母、弟など一族を引き連れてキューバから到着する。コルテスとしてはあまりありがたくなかったはずだがそこは策略家の彼のこと、喜々とした面持ちで迎えた。10月、同じ館に住んでいたマリンチェがコルテスの子マルティンを出産する。メキシコ最初の混血児《メスティソ》＊の誕生であった。他にもルイスという男児を生んだスペイン人女性などさまざまな女性がいて、館はまるでコルテスのハーレムの様相を呈していた。

　11月1日、それまで元気だった妻カタリーナが突然死亡する。この事件はことあるごとにコルテスの政敵から蒸し返され、妻殺しの疑惑は生涯彼についてまわった。

＊メキシコ最初の混血児　正確にはユカタンで生まれたゲレロの子供がいる。16～17ページ参照。

*イブエラ　現ホンジュラス（中米）。

イブエラ遠征

1524年、コルテスは反乱を起こした部下を懲罰するためにイブエラ*へ遠征、マリンチェも2才になるマルティンを残して通訳として同行した。コルテスは行く先々で首長たちに挨拶にくるように命じていたため、マリンチェの母親と弟もコルテスの前にやってきた。ふたりはどんな罰を受けることかと恐れながらきたが、マリンチェは涙を流す彼らをやさしく慰め、宝石や衣服などを贈った。遠征に出発して間もなくのこと、コルテスは、マリンチェに数軒の家や農園など財産を与えた上で、スペイン人の部下ファン・ハラミーヨと結婚させていた。マリンチェを正式にスペイン人と結婚させるということは、彼としてはむしろマリンチェに対する褒美と考えていた。マリンチェも再会した母親に、「私は洗礼を授けて頂き、コルテスという主人の子供を授かったうえに、こんどはスペイン人の騎士と正式に結婚させていただいた」と語り、その境遇を有難く受け容れていたようだ。

しかしこの1年半に及ぶイブエラ遠征はコルテスにとっては大失策であった。まず、人質として同道したアステカ最後の王クアウテモクを反乱の罪で拷問にかけた末に殺してしまい、歴史に汚名を残すこととなる。熱帯の密林の行軍は困難を極め、コルテスをはじめ多くの者が熱病に倒れ、彼も一時は死を覚悟したほどであった。そして留守中、コルテスの消息は知れず、メキシコの政治は大混乱に陥った。しかも反乱を起こした者は先に彼が派遣していた部下たちの手ですでに殺されていたのだから、彼の遠征は全くの無駄足だった。

コルテスは現地で船を建造して海路メキシコに帰り、マリンチェはその航海中、夫ハラミーヨの娘を出産した。だが、天然痘かあるいは旅の疲れによるものか、メキシコに帰った翌年に亡くなっている。

コルテスの方はスペインに帰って伯爵の位を与えられ、貴族の女性ファナ・デ・スニガと再婚し、メキシコに戻ってからはクエルナバカに建てた宮殿で暮らした。ファナはそこで5人の子供を産み（うち2人は夭折）、長男にはマリンチェの子供と同じマルティン*（1533～89）という名が付けらた。マリンチェが生んだマルティンはコルテスの従弟に養育され、父と共にスペインに渡り、当時皇太子だったフェリペ二世に小姓として仕えた。10才年下の異母弟マルティンがメキシコで反乱を企てた時には彼を守って拷問に耐え抜き、弟を反逆罪から救った。その後スペインに戻り、のちに名誉あるサンチアゴ騎士団*の騎士となり、スペインで子孫を残している。


それから3世紀後、スペインから独立したメキシコは革命を経て、指導者層は白人であるにもかかわらず、自らのアイデンティティを非スペイン的なもの、先住民的なものに求め、アステカの後継者を標榜《ひょうぼう》した。その過程でアステカ最後の王クアウテモクは英雄とされ、マリンチェはスペイン人の手先として『裏切り者』の烙印を押された。だがそのアステカに抑圧されていた多くの部族がいて、実際に戦ってアステカ王国を滅ぼしたのは彼らだったのだから、*マリンチェがメキシコ人全体を裏切ったという批判は当たらないだろう。

ようやく最近になって、女性の権利の高まりとともにメキシコ人のマリンチェに対する意識も徐々に変わってきている。とはいえ、コヨアカンの広場に置かれたコルテスとマリンチェ

＊マルティン
コルテスの父の名。

＊サンチアゴ騎士団
聖ヤコブを旗印にしてスペインに侵入したイスラム勢力と戦うために12世紀に結成された騎士団。

＊実際に戦った～だったのだから
コルテスは、テノチティトラン陥落の時、味方の先住民のアステカに対する殺戮を止めさせるのに苦労した、と述べている。

とその息子を描いた『混血のモニュメント』が住民の反対で別の小さな公園に追いやられたうえ、子供（マルティン）の像が取り除かれてしまったところに、まだこの一家を受け容れられないメキシコの逡巡が表れているようだ。

【参考資料】

『コルテス報告書簡』エルナン・コルテス著、伊藤昌輝訳、法政大学出版局、２０１５年
Historia verdadera de la conquista de la Nueva España: Bernal Díaz del Castillo 1964
Doña Catalina Xuarez Marcayda: Francisco Fernández del Castillo: México 1982
La Malinche: Juan Miralles: Tiempo de Memoria TUS QUEYS 2004
El Lienzo de Tlaxcala, texto de Alfredo Chavwro: editorial innovación, s.a. 1979

02.

イサベル・モクテスマ・テクイチポ

アステカ王モクテスマの娘

Isabel Moctezuma
Tecuichpo Ixcaxochitzin
1501/09 ? - 1550?

メキシコ

アステカ王モクテスマの正嫡であったばかりに生涯に6回も結婚しなければならなかったが、気位い高く、コルテスとの間に生まれた娘は顔を見ようともせずに、拒絶した。最後に添い遂げた夫との子供の子孫からは貴族も輩出し、メキシコ、ヨーロッパに2000人の子孫がいると言われる。

アステカ王モクテスマ

アステカ族はもともと伝説の地アストランに住む狩猟民族だったが、神官に導かれてメキシコ北部を放浪したのち、メキシコ高原の湖の中に、祖先から予言された『蛇をくわえた鷲がサボテンに止まっている島』を見つけてそこに定住地した。１３２５年のことである。湖の周辺はすでに他部族に占領されていて、そんな場所しか残っていなかったのであろう。

この好戦的な部族は最初は近隣の部族の傭兵として働いていたが、力をつけてついにはメキシコ高原の覇者となり、湖のなかに壮大な都テノチティトランを築いた。コルテスが侵攻してきた１５１９年頃、王国はその最盛期を迎えており、9代目の王モクテスマはこの時52才で、即位して17年目だった。

スペイン人の船が海岸に姿を現しはじめた頃、テノチティトランにさまざまな不吉な前兆が顕《あらわ》れ、もともと神官であったモクテスマはそれに恐れおののいていた。

彼の父はアステカ王国6代目の王アシャヤカトル、母は隣国のテスココの王で大詩人のネサワルコヨトルの娘である。モクテスマは、前兆や迷信にとらわれ、白い人間が海岸地方に現れたという報を聞いて、それは昔祖先が追い出した白い神、ケツァルコアトルが戻ってきたものと考え、毅然とした態度を取らずに、ただ動きを見張らせるだけだった。もし勇猛な軍人がその地位にあったならコルテスに対する対応も違ったものになっていたはずだが、神官を王に選んだということ自体、アステカの宗教がそれだけ狂信化していたことの証しだったのかもしれない。王は世襲制ではなく、代々の王の血を引く者の中から貴族の合議で選ば

父モクテスマと向かい合うテクイチポと弟のアシャヤカトル（コスカツィン絵文書より）

れる慣わしであった。モクテスマの時代には人間の胸を切り開いて心臓を取り出し、太陽に捧げる儀式がエスカレートし、犠牲者はおびただしい数にのぼっていた。

　モクテスマには多くの妻と19人の子供がいたと言われるが、テクイチポとアシャヤカトルの姉弟の母テカルコは先王アウイソトルの娘で、妻たちのなかで最も身分が高く、このふたりが正嫡といえよう。征服による混乱でアステカ側の記録はほとんど失われたが、後に述べるように、テクイチポについては裁判の記録が残っているため、例外的にある程度のことを知ることができる。とはいえその記述も、遺産相続を目的として書かれたもので、利害がからんでいるため、すべてが真実とは限らず、その内容にも矛盾が多いようだ。

　テクイチポの生まれた年についても１５０９年説と１５０１年説がある。幼少時に、母方の叔父、すなわち先王の息子のアトリスカツィンと最初の結婚をしているが、その夫はスペイン人到来以前に没している。１５０９年生まれとすれば5才ぐらいで結婚したことになるが、いくらシンボリックな結婚とはいえ、あまりにも不自然すぎる。また別の記録によれば母方の祖父アウイソトゥル（1486～1502）がイサベルと弟を可愛がったとあり、その祖父は1502年に没しているので、弟がその前に生まれているとすると、テクイチポが生まれたのは1500年前後と推測される。よってスペイン人が入ってきた時には18才ぐらいだったようだ。そしてその頃彼女はすでに未亡人だった。

コルテスの侵攻

1519年、モクテスマはテノチティトランに入ってきたコルテスの一行350人を自分の館の前にある、父アシャヤカトルの館に逗留させた。だがモクテスマはその数日後には囚われの身となり、傀儡としてコルテスの意のままに動かされるようになった。この時王はコルテスに自分の3人の娘を贈ったとされる。トラスカラでも見たように、他部族の首長と姻戚関係を築いて友好を結ぶのは彼らの慣わしであった。

こうしてスペイン人の統治がほとんど何の抵抗にもあわず、スムースに始まったかにみえたが、その半年後、コルテスの不在中留守を預かったアルバラードの不手際で反乱が起こり、アステカ人を説得しようとしたモクテスマは臣下から投石を受けて亡くなった。コルテスによればモクテスマは亡くなる前に、テクイチポとアシャヤカトル、それに洗礼名をそれぞれアナ、マリナ、マリアという3人の娘を彼に託して逝ったという。裏切り者の子供ということで、同胞からの復讐を恐れて庇護を頼んだとも考えられる。実際多くの貴族が裏切者としてアステカ側に殺されていた。

モクテスマの死の直前、アステカの人々はその弟だったクイトラワクを新しい王に選んだ。彼もモクテスマと共にスペイン人に囚われていたのだか、モクテスマの懇願によって、市場を再開させるために解放された。モクテスマが意図的に彼を自分に代わるアステカの指導者にしようとして解放させたのか、あるいは本当に説得させるために解放させたのかは分からないが、クイトラワクはそのままアステカの新しい王となった。

コルテスがテノチティトランを脱出した『悲しき夜《ノチェ・トリステ》*』、彼の庇護をうけていたテクイチポと弟アシャヤカトルもスペイン人とともも脱出したが、戦闘による大混乱のなかで弟は死に、テクイチポは奇跡的にアステカ側に救出された。そして父方の叔父である新王クイトラワクの妻となったが、夫は2、3カ月間その地位にあっただけで、スペイン人の持ち込んだ天然痘で亡くなった。未亡人となったテクイチポはこんどはクイトラワクの後を継いで11代目の王となった従兄クアウテモク（1496〜1525）と結婚した。前回と同様、新王に権威を与えるためである。モクテスマの嫡子だった彼女にはそれほどの重みがあったのだ。多くの貴族が戦闘で死んだり、スペイン人に同調したとして同じアステカ人に殺されたりして、次の王を選ぼうにも、もうほとんど代々の王の血を引く者が残っておらず、24才の若者を王に選ばざるを得なかったところにアステカの人々の苦悩がうかがえる。

翌1521年8月13日、テノチティトランは陥落し、アステカ王国は滅亡した。テクイチポはクアウテモクとともに湖上をカヌーで逃げようとしたところを捕らえられ、湖の南にあるコヨアカンのコルテスの館に連れてこられた。

＊悲しき夜
23〜24ページ参照。

湖上を逃げるクアウテモクとテクイチポ（「トラスカラ絵文書」より）

❖イサベル・テクイチポの受洗

コルテスは反乱を恐れてクアウテモクを厳重な警戒の下に置きながら、モクテスマの時と同じく、彼を傀儡の王として利用した。そして破壊された町や水道橋の整備、市場の再開などを命じさせ、また、瓦礫を取り除いて新しい建物を建てさせたり、国内各地から税を徴収させたりしたのだが、一方では金の在りかを追及するために拷問にかけたりもしている。洗礼を授けられたクアウテモクはエルナンド・アルバラード・クアウテモク、テクイチポはイサベル・モクテスマと呼ばれるようになった。イサベルはカルロス一世の王妃の名に因《ちな》んだもので、アステカ王の正嫡の娘ということを表すためにモクテスマを苗字としたものだ。

コルテスの軍には4、5人の神父がいたが、恐らくふたりに洗礼を授けたのは、そのなかで一番コルテスの信頼の厚いオルメド神父だったと思われる。本格的な先住民布教は征服直後から始まった。最初に到着したのはペドロ・デ・ガンテ*など3人のフランドル人フランシスコ会士で、早くも征服の翌年の1522年に、スペイン王カルロス一世の生地である現在のベルギーのガンを出発している。ついで1524年には12人のスペイン人フランシスコ会士が到着した。コルテスは一行を

＊ペドロ・デ・ガンテ
130ページに後述。

＊ケツァル
中米にすむ美しい羽の鳥。

＊クリストバル・デ・オリ
26ページに前述。

わざわざテスココまで出迎え、馬にも乗らず裸足でボロボロの僧衣をまとって到着した彼らの足元に跪《ひざまず》き、その埃だらけの僧衣に接吻した。絶対権力者と考えていたコルテスのその行為を見た先住民たちは驚愕した。出迎えの随員の中には、すでに受洗してキリスト教徒となっていたクアウテモクとテクイチポの姿もあった。特にモクテスマの娘テクイチポの受洗は先住民に大きな影響を与えたことだろう。もちろんコルテスはそれを意識してテスココにふたりを同行させたのである。

　コヨアカンのコルテスの館におけるモクテスマとイサベルの生活がどのようなものであったかは分からない。が、トラスカラに残されている征服に関する民謡小歌の中に、「テノチティトラン陥落の数日後、クアウテモクがコルテスのところに連れていかれると、そのそばに首飾りやケツァル＊の羽根で身を飾った妻が座っていた」という一節があることから見ても、イサベル・テクイチポもコルテスのハーレムに入れられたものと考えられる。

　征服後コルテスが最初に行ったのはエンコミエンダの設定と行政組織の編成であった。そのためにメキシコ各地に偵察隊を送って住民や資源の調査をさせた。また海域の探索も重要な課題で、大西洋から太平洋へ抜ける川を探し出すための隊をいくつか送り出しているが、1524年、クリストバル・デ・オリ＊をホンジュラスに派遣したのもその一環であった。だがオリはコルテスに反旗を翻し、その地を自分のものにしようとしたものだから、コルテスは自ら隊を率いてその懲罰のために中米に赴いた。しかしこの1年半に及ぶホンジュラス遠征はコルテスにとっては大失策だったことは前章で述べたとおりである。

イサベルとスペイン人の夫たち

1526年6月19日、遠征からメキシコ市に帰還したコルテスはさまざまな罪に問われ、2週間しか政権を取ることができなかった。彼をすでに亡きものと決めつけた反対派の策動で本国から査察使が派遣されてきて、コルテスは総司令官《カピタン・ヘネラル》の権限を剝奪されたからだ。

夫クアウテモクが人質としてコルテスのホンジュラス遠征に連れてゆかれ、メキシコに残されたイサベルは、帰還してきたコルテスから夫はすでに1年以上も前に反乱の罪で処刑されていたことを知らされる。コルテスは帰還してすぐの1526年6月27日、未亡人となった彼女に元モクテスマの所領であったメキシコ市近郊のタクバとそれに付随する村をエンコミエンダとして与えた。それはメキシコ高原で最大の面積を持つ、ずば抜けて豊かなエンコミエンダだった。そのうえでコルテスはそのエンコミエンダを持参金として、部下のひとりアロンソ・グラドに巡回裁判官という役職を与えたうえで彼女と結婚させた。コルテスとしてはこれで彼女を後見するというモクテスマとの約束を果そうとしたのであろう。

ところがそのアロンソ・グラドは1年もたたないうちに原因不明の不審死を遂げる。女性には財産を管理する権限がない上に、彼女はスペイン語の読み書きもできないので、すべてをコルテスに委ねるしかなかった。また、彼女はアステカの人々にとっては王の後継者であるから、反乱に担ぎ出される恐れもあるので、コルテスとしても彼女を自分のコントロール下に置いておかねばならない。コルテスは次にイサベルを別のスペイン人、ペドロ・ガイェゴ・デ・アンドラーダと結婚させた。

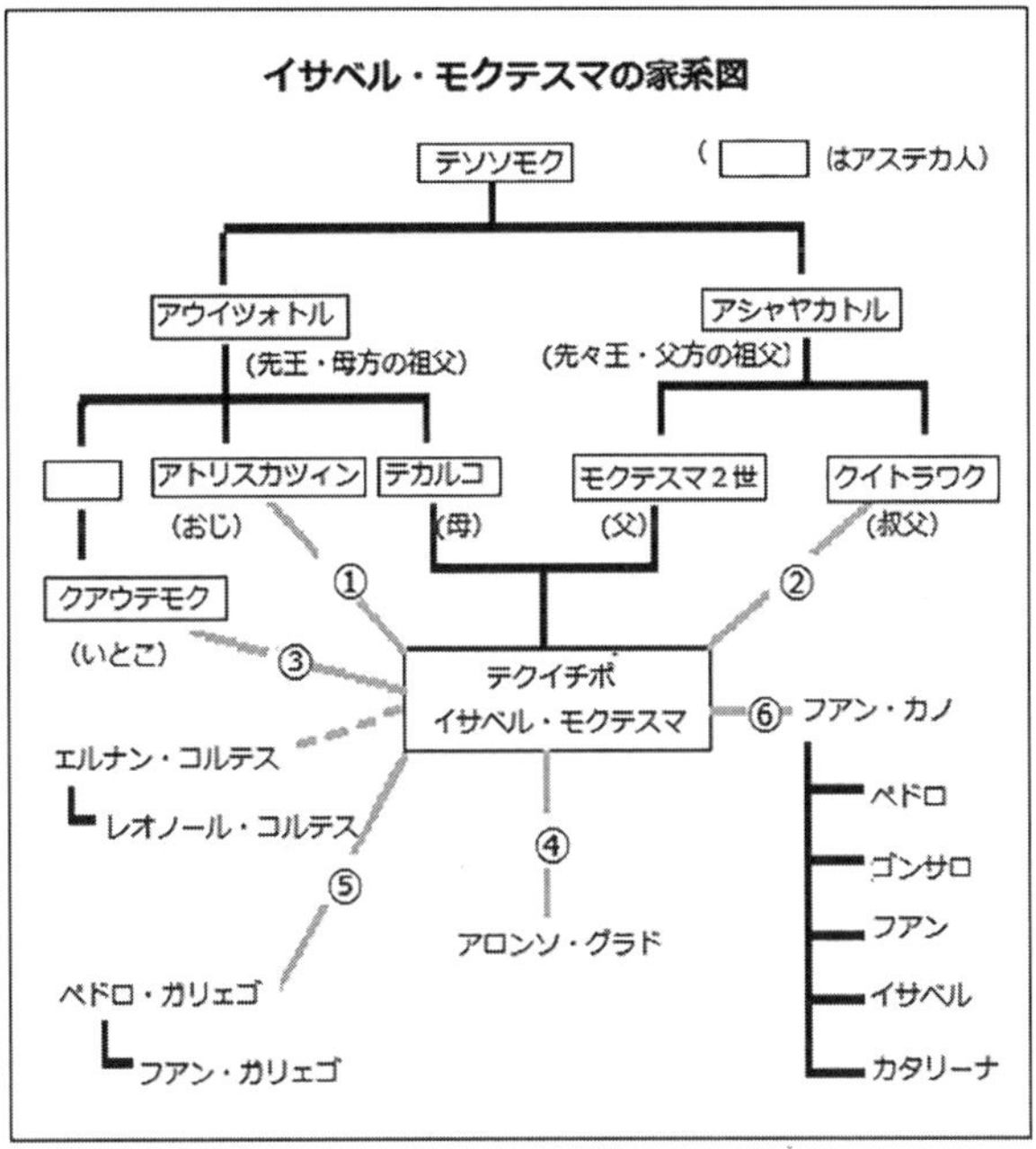

イサベル・モクテスマの家系図。太い実線は親子関係、丸数字は婚姻の順番を示す。

しかしイサベルはすでにこの時コルテスの子を身ごもっており、半年後、レオノール・コルテス・モクテスマという娘を出産した。イサベルは自分が生んだ赤ん坊の顔を見ようともせず、その養育を拒否して生涯この娘を拒みつづけ、遺言状にも一切彼女には触れていない。レオノールはコルテスのいとこで腹心のアルタミラノに引き取られて養育された。のちに裕福な鉱山主と結婚（再婚）しているのはせめてもの慰めである。コルテスは自分の4人の庶子全員をそれぞれ信頼できる人に託して養育させ、ローマ教皇から特別許可を得て、嫡子と同等の権限を与え、手厚く保護しようとした。

イサベルはその後夫との間に長男フアン・アンドラーダ・モクテスマをもうけたが、結婚3年目にまたしても夫を亡くした。この時も死因は不明である。そして同じ１５３１年のうちに6番目の夫フアン・カノ・デ・サアベドラと結婚した。イサベルが１５０１年生まれだったとすればまだ30才すぎで、カノとはほとんど同じ年齢であった。

コルテスの方は１５２８年にスペインに帰国し、念願叶って貴族の女性フアナ・デ・スニガと結婚、同時にカルロス一世から『オアハカ盆地侯爵』の称号と20の豊かなエンコミエンダを授けられ、１５３０年に新妻を伴ってメキシコに戻ってきた。しかし豊かなエンコミエンダを与えられたとはいえ、首都に立ち入ることは禁止され、メキシコにはすでにアウディエンシア（聴訴院）*という政治機関が設けられ（1527・12・13）、コルテスの総督としての力は骨抜きにされてしまっていた。その後1535年には初代副王アントニオ・デ・メンドサが任命されて、コルテスは完全に政治の圏外に追いやられた。

*アウディエンシア（聴訴院）　スペインの現地行政機関。

最後の結婚

メキシコに帰ったコルテスはもうイサベルに干渉するつもりはなかったようだ。クエルナバカ*に建てた宮殿に住み、妻との間に6人の子供をもうけている。東洋に進出してもう一旗揚げようとしたが失敗、1540年に最終的にスペインに帰り、以来メキシコには戻っていない。偶然の一致かどうか、コルテスもイサベルの3人のスペイン人の夫も全員がエストレマドゥーラ地方出身である。貧しい地方だったから新大陸を目指す人が多かったので、『征服者《コンキスタドール》の巣』と言われる。

*クエルナバカ　メキシコ市から90キロメートルの温暖の地。

イサベルにとってフアン・カノは生まれて初めて自分の意思で選んだ結婚相手だった。とはいえ、さほどロマンチックな話ではない。彼はこの結婚によってアステカの王女を妻にするという社会的な名誉と、妻が所有する広大なエンコミエンダを同時に手にすることができたし、イサベルにとってもこれまでのふたりのスペイン人の夫と違って、自分の代理として財産を守ってもらえるだけの能力と社会的素地を備えた夫を得たという意味で、ふたりの利害は一致した。カノの父はエストレマドゥーラ地方にあるカセレスの市長、叔父は王室の秘書をしており、本国でも比較的影響力を行使できる家柄であった。のちにイサベルと異母弟

＊コンセプシオン修道院
スマラガ司教が建てたメキシコ最初の女子修道院。


のペドロは王室から『ミラバイェ伯爵』という称号を授けられている。

カノは結婚するとすぐさまイサベルの財産を守ることにとりかかり、結婚の翌年以来たて続けに土地をめぐる訴訟を起こしている。彼が要求した土地にはイサベルの数人の異母きょうだいの土地をはじめ、副王宮殿（現在の大統領府）が建っている土地まであった。そこは昔モクテスマの宮殿があった場所だったから、イサベルに帰属するとして所有権を主張したのである。裁判はイサベルよりも22年も長生きした夫の手で彼女の死後も延々と続けられ、すべてが叶えられたとまではいえないが、ある程度の成果は得られたようだ。

1550年4月に比較的若くして（50才？　コルテスは1547年死亡）亡くなったイサベルはそのことを知るべくもないが、ほぼ20年にわたるカノとの結婚生活で平穏を得た彼女は、5人の子供にも恵まれ、ようやく幸せを掴んだようである（夫は1570年没）。

彼女は遺言で自分が所有する先住民奴隷の解放を命じているが、そこには自ら先住民として理不尽な差別に苦しめられた彼女ならではの思いがこめられていた。2人の娘は莫大な寄進によって、征服者たちの正嫡の娘、すなわち白人女性しか入れないコンセプシオン修道院＊の尼僧となった。またイサベルの子孫から伯爵、侯爵などの爵位をもつ貴族、騎士団に属する者などを輩出し、モクテスマの血筋はスペインでもメキシコでも生き残った。

カノとの息子ゴンサロ（1545〜97）はスペインに渡り、その子（または孫）が貴族の女性と結婚、今もカセレスにモクテスマ宮殿として残っている館を建てた。そこは現在文書館となっていて、建物には紋章とともに、「この建物はスペイン文化とアメリカ文化の混血の象徴である。16世紀、フアン・カノとモクテスマ皇帝の娘イサベル・モクテスマの息子であるドン・ファン・トレド・デ・モクテスマとドニャ・マリアナ・デ・カルバハル・イ・トレドによって再建された」という案内板が掲げられている。

スペインのサラマンカにある日西会館は、昔の貴族の館を日本企業の寄付によって再建し、現在サラマンカ大学の一部として使われている建物だが、その中庭には「ウェリントン侯爵*がここに泊まった」という言葉ともに「ここにドニャ・マリア・モクテスマが住んだ」という言葉が刻まれている。彼女はイサベル・モクテスマの子孫の一人で、サラマンカに伝わる伝説の主人公となった貴族女性である。

カセレスにあるモクテスマ宮殿（現カセレス地方文書館）

ウィーン博物館に所蔵されているモクテスマの王冠

＊ウェリントン侯爵　1809年ナポレオンのイベリア侵攻に抗戦したイギリス人軍人。1815年にはワーテルローの戦いでナポレオンを失脚に追い込んだ英雄。

メキシコの子孫は白人優位から血筋をあまり評価されてこなかったきらいがあるが、反対にスペインの子孫はモクテスマの血筋を誇りとしてきたようだ。その中には伯爵、侯爵などの爵位をもつ貴族、騎士団に属する者なども数多く、イサベル・モクテスマの子孫はメキシコ、スペインばかりでなく、ベルギー、オランダなど旧ハプスブルグ圏内にまでも散らばり、その数約2000人と言われている。

コルテスがカルロス一世に贈ったケツァルの羽でできたモクテスマの王冠はウィーンの博物館に所蔵されているが、メキシコにはいまなおその返還を要求しつづけている子孫がいるということである。

【参考資料】
http://www.famsi.org/reports/06045es/06045esKalyuta01.pdf
https://revistas-colaboracion.juridicas.unam.mx/index.php/anuario-mexicano-historia-der/article/view/29597
Testamento de Isabel Moctezuma Raquel Sagaón Infante
filosofia.uatx.mx/HerreraCuevas.pdf Tecuichpo-Isabel Moctezuma. El caso de una mujer indígena que sobrevivió a la conquista de México María Eugenia Herrera Cuevas

03.

ベアトリス・デ・ラ・クエバ

悲劇の女性総督

Beatriz de la Cueva

1490 - 1541

グァテマラ

夫アルバラードは典型的な征服者（コンキスタドール）でグァテマラ総督、そして姉の夫だった人。だが突然遠征中の夫の訃報が届き、貴族の矜持から彼女は自身がグァテマラ総督に就くことを宣言して町の人々の反撥を受ける。その直後に町が地滑りに飲み込まれ、その地位にあったのは40時間でしかなかった。

ペドロ・デ・アルバラード

コルテスのメキシコ征服でその右腕となって戦ったペドロ・デ・アルバラード（1485〜1541）はコルテスと同じ1485年、やはりエストレマドゥーラのバダホスで生まれた。1510年コロンブスの息子のディエゴ・コロンが総督としてサント・ドミンゴにやってきた時、25才のアルバラードは5人の兄弟、いとこ、甥など12人以上の係累を従えてその隊に加わった。そして1年後、コルテス同様キューバ征服に参加し、1518年のグリハルバの航海には1隻の船を指揮してベラクルス近くの河に入りこみ、今もそこにはアルバラードという町の名を残しているが、この時も許可を得ずに勝手に上陸したようだ。

翌1519年のコルテスの航海にもやはり1隻の船を指揮して参加した。隊は11隻の船から成るが、それぞれキューバ各地から出港して、コスメルで集結することになっていた。コスメルに一番乗りしたアルバラードは、村を襲って住民から鶏や食料を強奪したものだから、あとから着いたコルテスはそれを知って彼を叱責し、奪った品物を返させている。コルテスの留守中に大神殿の虐殺を行ってアステカの反乱を引き起こした時には、その責任をとって『悲しき夜《ノチェ・トリステ》』の脱走のしんがりをつとめ、槍を棒高跳びの様に使って堤道の切れ目を飛びこえて逃げおおせ、その場所には今もサルト・デ・アルバラード（アルバラードの跳躍）という地名が残っている。このような数々のエピソードからも分かるように、彼は武力にはすぐれてはいるが直情型でものごとを深くは考えない。また友情には厚いが先住民に対しては非常に残虐で、戦場では金髪を振り乱して顔を真っ赤にして暴れまわることから、トナティユー（太

ペドロ・デ・アルバラードの肖像画

陽）とあだ名されて恐れられ、良くも悪しくも征服者《コンキスタドール》の典型であった。しかしアルバラードに対するコルテスの信頼は厚く、常に彼の失敗を許しているのは、同郷のよしみというばかりでなく、アルバラードの家柄に対する遠慮があったのかも知れない。

　コルテスはテノチティトランへ向かう途中のトラスカラで4人の首長から彼らの娘たちを贈られた時、自分に贈られたシコテンカトゥルの娘ルイサをアルバラードに譲って彼の機嫌を取っている。このトラスカラとの強固な結びつきがあったからこそ、『悲しき夜《ノチェ・トリステ》』にテノチティトランから敗走したあともそこに逃げ込んで、体勢を立て直すことができた。

❖グァテマラの征服

　メキシコの征服が一段落すると、コルテスは彼をグァテマラ征服に向かわせた。アルバラードは１５２３年末、スペイン人４８０人、馬１８０頭、大砲4門、僧2人にトラスカラ族、チョルラ族など５０００人の先住民を率いて出発、翌年3月にグァテマラに入った。この時シコテンカトゥルの娘ルイサがアルバラードの子レオノール・アルバラードを出産した。グァテマラで生まれた最初の混血児で、将来この娘がアルバラードの子孫を残す唯一の子供となる。この血縁による絆のためにトラスカラ族はアルバラードに以前にも増して忠節を尽くすようになった。

アルバラードはグァテマラの部族間の敵対関係をうまく利用して、3年間でほぼその地を征服した。しかし、できる限り平和裡に征服するようにというコルテスの指示を無視して力ずくで征服したものだから、その後も先住民の反乱が多発した。だが何よりも猛威を振るったのは旧大陸から持ち込まれた伝染病で、スペイン人が来るよりも先に襲いかかり、アルバラードが来た頃にはすでにマヤの人口は激減していた。

コルテスがホンジュラスに遠征してくると、アルバラードもグァテマラから応援にかけつけ、コルテスが船を仕立てて海路メキシコへ帰ったあと、船に乗れずに残った兵を率いてグァテマラに戻ってきた。それによって人数が一気に増え、人々はここでアルバラードが腰を据えて国づくりに専念してくれるかと期待したが、彼はその仕事を弟たちに任せて、自身は1527年、スペインへ渡った。

❖アルバラードの結婚

ところがその頃本国では、先住民擁護を主張するラス・カサス神父*らの活動によって、征服者《コンキスタドール》に対する風当たりが強くなっていた。コルテスの敵によって広められた中傷や誹謗もあり、ことにアルバラードに関しては、挙げた功績よりも数々の残虐行為の方が有名なくらいだった。しかも彼には頼みとなる有力な味方がいなかった。だが諦めることなく、機会があるごとに自分の手柄や新しい征服への意気込みを吹聴して回り、友人を獲得していった。

*ラス・カサス神父
1448〜1566年。自身もエンコミエンダの所有者だったが、回心してドミニコ会に入り、生涯をかけて先住民保護に尽くした。征服の正当性を主張する神学者セプルベダと議論を戦わせたバリャドリード論戦が有名なほか、著書多数。

＊ウベダ　スペイン南部、アンダルシア地方の町。

彼が武力に優れているのは周知のことだが、そのうえに社交的で弁舌がたち、まさに口八丁、手八丁で、先住民には残虐な一方で、友情には厚く、豪快な性格と相まって仲間からは信頼され、高く評価されていた。

　そんな彼にとうとう幸運の女神が微笑《ほほえ》んだ。ウベダ＊の貴族のクエバ夫妻の知己《ちき》を得たことである。夫妻には十数人もの子供がいたが、男子をほとんど戦争で亡くし、４人の娘だけが残った。そしてクエバ家は宮廷の有力者アルブルケルケ公爵やカルロス一世の側近であるフランシスコ・デ・ロス・コボスの親戚である。アルバラードは大変な美人であったクエバ家の長女フランシスカを花嫁に迎えるという幸運に恵まれる。だがそれは長年連れ添ってきたルイサ・シコテンカトゥルに対する裏切りだったし、コルテスとも彼の姪と結婚する約束をしていた。コルテスとの間に溝が生じたのは当然だが、アルバラードはこの結婚によって、それに余りある利益を得た。すなわち、彼に対する先住民虐待の讒訴《ざんそ》は退けられ、正式に国王からグァテマラの司令官、アデランタド（総督）に任命されたのだ。それはコルテスも手に入れることができなかった地位で、まさにアルバラードの絶頂期であった。そして１５２８年、意気揚々とフランシスカを伴ってグァテマラに帰ろうとしてベラクルスに着いたところ、新妻が熱病であっという間に亡くなってしまった。

　一方、アルバラードの留守中、弟のホルヘは先住民との抗争に疲れ果て、１５２７年、首都サンチアゴをアグア火山の麓のアルモロンガ渓谷に移した。そこは今までの寒い高原と違い、標高１５５０ｍと常春の気候であるうえに、水は澄み土地は肥沃だった。町は山の斜面にあり、付近の森からふんだんに木を切り出すことができた。最初はわらぶきの小屋だったが、先住民を使って広場を中心に教会や市議会などの公共の建物を建て、ついで有力者の家という風に、徐々にスペイン風の町が形造られてきた。メキシコからも人が移ってきて、家畜が導入され、町の周囲には農園や牧場もできていた。またアルバラードの不在中、3人の弟は徐々に周辺の部族（キチェ、カクチケル、ツトヒル、マメ、ポコマメ、ピピルなど）を平定していった。彼らは互いに仲が悪く、団結してスペイン人に立ち向かうことができなかったのだ。サンチアゴの住民の大半を占めるのはアルバラードに従ってグァテマラにやってきたトラスカラ人やチョルラ人で、彼らはこの町をメキシコ風にナワ語でテクパンと呼んでいた。アルモロンガもナワ語で、「豊かな水が湧き出る場所」という意味であるように、マヤ語圏でありながら、地名などにナワ語の影響が強く残っている。

ペルー遠征

ベラクルスで新妻を亡くしたあと、グァテマラに帰ってきたアルバラードはしばらくは国内を治めることに専念し、サンチアゴの町造りも順調に進むかと思われたが、丁度その頃、南米でピサロがペルーを征服中だという報が伝わってきた。それを聞くや、黄金郷《エルドラド》征服の夢を捨てきれない野心家アルバラードの血はまたしても騒ぎはじめる。

彼はスペイン王からキト征服の許可を得たうえで、莫大な費用を投じて太平洋沿岸のイサパ（現在はメキシコ、チアパス州）で船を建造し、1534年初め8隻の船に450人の兵、馬227頭、先住民多数を引き連れて南に向かった。一行はエクアドルに上陸するが、雨が降り続き、先住民の案内人に逃げられて散々道に迷ったあげく、高原の寒さに震えながら、半年もかかってようやくキトの近くまでたどり着いた。だがそこにはすでにアルマグロ、ベラルカサルらのスペイン人が先に到着していた。アルバラードの兵は過酷な行軍で弱りきってとても戦えるような状態ではなく、話し合いの末、アルバラードは船、馬、兵士を彼らに譲って補償金10万ペソを受け取り、すごすごとグァテマラへ帰った（1534・8）。彼の弟や甥をはじめ多数の隊員がそのままそこに残り、インカ帝国を征服しようとしていたピサロの軍に加わった。

アルバラードは、失意のうちにグァテマラに戻り（1535・4）、サンチアゴでは誰もが彼がそのまま腰を落ち着けて国造りに専念することを望んでいた。しかし黄金郷《エルドラド》の夢を捨てきれない彼はこんどは太平洋へ進出して香料諸島すなわち東洋をめざそうと考え、王室の支援を得るためにスペインへ行くことにした。グァテマラの司令官として、メキシコ経由ではなく自分の領内から出港するために、まず無政府状態だったホンジュラスに行き、そこを平定してサンペドロ・スラの町を建設し、船で直接キューバに向けて出港した。

ベアトリスとの再婚

その頃アルバラードはメキシコの聴訴院《アウディエンシア》の判事（オイドール）からさまざまな罪で訴えられていた。スペインに着いたアルバラードはまず宮廷に出頭してそれに対する申し開きを行ったうえで、香料諸島への探検の許可を願い出た。王室はラス・カサスら人権擁護派の訴えにも耳を貸さなければならなかったが、トルコやヨーロッパ諸国との戦争に明け暮れていたため常に国庫がひっ迫していたから、一方では国に富をもたらしてくれるコルテスやアルバラードのような男たちを必要としていた。王室は訴えを退けたうえ、アルバラードを7年間と期限付きではあるが、グァテマラ総督に任命した（1538・8・9）。彼を誹謗する数多くの訴えが王室に寄せられていたにもかかわらず、改めて地位が安堵されたわけだが、その裏にはわけがあった。アルバラードはこの時、亡妻の妹ベアトリスとの結婚が決まっていて、改めてグァテマラ総督に任命されるや、すぐにウベダで式を挙げた。

前述のように、妻の実家のクエバ家はスペインの有力な貴族であるうえ、姻戚のフランシスコ・デ・ロス・コボス*はカルロス一世の重臣として当時宮廷で絶大な権力を握っていた。それはウベダにある、彼の墓所として建てられた豪壮な御堂*を見れば分かる。ベアトリスを説き伏せてアルバラードと結婚させたのがその人であった。義理とはいえ、きょうだい同志の結婚になるのでローマ教皇の許可を要したが、スペイン国王自ら教皇に働きかけ、結婚の許可がおりると花嫁に1500ペソが祝い金として下賜された。ベアトリスの持参金は1万0500ペソとされていたが、その中には姉の持参金として以前アルバラードの手に渡っていた額も含まれている。持参金は妻が死亡したり、離婚したりしたときには実家に返される慣わしであったから、それは当然であった。こうしてアルバラードは二度の結婚によって窮地を救われたうえに、総督の地位は確かなものとなった。

グァテマラに帰るにあたり、アルバラードは3隻の船、武器、火薬、大砲、道具類、食料のほか、多量の船材の購入のために莫大な借金をした。カルロス一世との間で、正式にグァテマラ総督に任命されるのと引き換えに、香料諸島、すなわちアジアへの航路を開拓するという義務を負ったためである。スペインは新大陸を自国の領土としただけでは飽きたらず、そ

＊フランシスコ・デ・ロス・コボス
カルロス一世の国務大臣で、宮廷内の最高実力者。

＊御堂
ミケランジェロの彫刻まである。

こを足掛かりにコロンブス以来の夢であるアジアへの航路を開拓しようと、アルバラードにその事業を託したのだ。アジア交易ではポルトガルに大きく水をあけられていたから、それを挽回するために、王室はラス・カサスら人権擁護派の訴えを退けて、アルバラードの先住民虐待の罪を不問にしたのであった。

この時アルバラードとともにグァテマラに渡ったのは300人の兵士、僧、役人、征服者たちと結婚しようという若い女性たちなどで、新妻のベアトリスには従兄のフランシスコ・デ・ラ・クエバが付き添った。一行はサント・ドミンゴを経て1539年、ホンジュラスに上陸した。この時ベアトリスが思いがけず内助の功を発揮した。アルバラードの留守中、ユカタンの征服者モンテホが勢力を伸ばしてその地の統治を始めており、両者の間は険悪となってまかり間違えばスペイン人同士の戦いが始まるかと思われた。だが、グァテマラ司教の仲介でベアトリスがモンテホの妻と話し合って、互いの夫を諫め、結局ふたりの征服者は領地の交換や金の支払いで平和裡にことを解決することができた。

一方アルバラードの留守中、束の間の平和を楽しんでいたグァテマラの先住民は残虐な総督が戻ってくることを知り恐れおののく。それもそのはず、彼らに課せられたのは、道路を切り開き、牛馬の代わりにこき使われる運搬作業であった。船から降ろした武器、これから太平洋岸で建設する船の碇、船道具、釘類、帆布などの材料、女たちの家具調度品など、さまざまな品を背中に担ぎ、険しい山岳地帯を何度も往復して内陸の高地へ運ぶのである。旅なれないスペイン人女性たちにとってもそれは苦しい道のりであった。一行はスペインを出てほぼ1年後の1539年9月、サンチアゴに到着した。

グァテマラは山と湖の美しい国だ。サンチアゴは富士山そっくりの山のふもとにあり、常春の風光明媚な町だった。町は築かれて12年になるが、何しろアルバラードがいつも留守なので、まだ首都としての体裁はほとんど整っていない。従ってサンチアゴに戻ってきたアルバラードは多忙を極めた。カテドラルをはじめとする建物や自らが住まう宮殿の建築、水道や治水工事などに加えて、国王との契約により太平洋岸の港ではアジアへ行くための船を建設しなければならない。中米やペルーからも続々と航海に参加する者が集まってきて、その人数を養うだけでも大変である。

アルバラードは準備を急がせ、ベアトリスの従兄のフランシスコ・デ・ラ・クエバを臨時の総督に任命して、さまざまな女性に産ませた子供5人をベアトリスに託し、慌しく最後の航海に出発していった。ベアトリスがサンチアゴに着いてまだ1年も経っていなかった（アルバラードの実質的な妻だったルイサ・シコテンカトゥルは数年前に亡くなっていた）。

❖アルバラードの死

そしてそれから2年後の1541年8月末、突然ベアトリスのもとにアルバラードの訃報が届く。なんと、アジアを目指して出発したはずのアルバラードはメキシコのノチストラン（グァダラハラ付近）でその2カ月前に没していたのだ。

アルバラードがモルッカ（現インドネシア）を目指してグァテマラを出発し、食料や水など最後の物資を積み込むためにメキシコ沿岸を航行していた時、その地方でチチメカ先住民の反乱が起こっていた。そしてその地方の司令官クリストバル・オニャテを助けるようにとい

＊エンコメンデロ
エンコミエンダ（14ページ参照）の持ち主。

う初代副王メンドサの要請を受けて、彼は船を降りて反乱の鎮圧に乗り出した。

スペイン人エンコメンデロ＊の抑圧に耐えかねて起こった反乱は、アステカやトラスカラの3万人もの先住民兵を投入しながら、鎮圧に2年間もかかり、寸でのところでメキシコの西北部からスペイン人が追い出されるほどの熾烈な戦争となっていた。しかもその反乱は18世紀末まで延々と続くチチメカ戦争の始まりに過ぎなかった。

アルバラードは1541年7月に亡くなっていた。戦いで倒れたのならまだしも、隊が敵に追われて雨でぬかるんだ坂道を上っている時、上の方にいた部下の不手際で馬が足を滑らせ、斜面を転がり落ちてきた。アルバラードはその馬の下敷きになって瀕死の重傷を負い、2、3日後に息を引き取った。金髪を振り乱して顔を真っ赤にして戦い、先住民から『トナティユー（太陽）』と呼ばれて恐れられた男の、あまりにも不本意な最期であった。どこが痛むのかと聞かれ、「痛むのは心だ」と答え、馬を滑らせた部下を責めないように言い遺したという。

アルバラードの死（「ティエリアノ・レメンシス絵文書」より）

夫の死を知らされたベアトリスの嘆きは尋常ではなかった。町全体に9日間の服喪を命じ、自分が住んでいた宮殿の内外をすべて黒く塗らせた。そして寝室に閉じこもって食べ物を拒み、眠りもせず、悲しみ嘆く声は昼夜を問わず部屋の外まで漏

ベアトリス・デ・ラ・クエバの肖像画

れ聞こえた。町の人々はその異常な悼み方に何か不吉なことが起こるのではないかと噂しはじめた。

折りしも葬儀のミサが終るや激しい雨が降りはじめ、街路には川のような水が流れた。雨が降り続くなかで9日間の喪が明ける最後の日、彼女は自分が夫のあとを継いで総督の地位に就く、と宣言した。貴族としての誇り、これまで立派に夫の留守を守ってきたという自負、夫が残した莫大な負債の支払いのためにグァテマラ総督の特権を失いたくない、といった彼女のさまざまな思いから出た決断ではあったが、女性総督の誕生という前代未聞の事態は町の人々の反撥を招いた。その翌日、公式に総督に就任する書類に『悲運の女ドニャ・ベアトリス』と署名したが、何を思ったのか、すぐにドニャ・ベアトリスの部分を線で消し『悲運の女』とのみ残した。

雨はその後も降りやまず、かえって勢いを増すばかりある。そこへ1541年9月10日の夜半過ぎ、火山活動による地震が起こり、山頂の噴火口の壁が崩れて、その中に溜まっていた大量の水が一気に山の斜面を流れ落ち、連日の雨で地盤が緩んでいた山肌が地すべりを起こした。

急を知ったベアトリスは、5才になるアルバラードの一番小さい娘を抱いて十数人の女たちとともに庭にあった小さな御堂に避難し、十字架を胸に祈り続けた。だがその建物もたちまち濁流に飲みこまれ、宮殿の中で助かったのはアルバラードとルイサ・シコテンカトゥルの長女で17才のレオノールなど5人だけだった。スペイン人50人、先住民600人の死者を出したこの災害でサンチアゴの町は壊滅し、ベアトリスが総督の地位にあったのは40時間だけだった。

その後市議会はベアトリスの従兄の貴族フランシスコ・デ・クエバを臨時総督に選んだ。彼はレオノールと結婚し、その家系がアルバラードの残した唯一の子孫となる。アルバラードの遺骸はメキシコで埋葬されたが、40年後、レオノールによってグァテマラに運ばれ、現在のアンティグアのカテドラルに妻のベアトリスとともに安置された。しかしその墓も、度重なる地震により崩れ落ちて廃墟となったカテドラルの瓦礫の下に埋まってしまっている。

なお、最初の女性総督としてはマルガリータ島（現ベネズエラ）の総督となった母と娘がいるが、彼女たちはサント・ドミンゴに住み、名目だけだったので、実質的にはたった40時間ではあるが、ベアトリスが最初の女性総督と言えよう。

【参考資料】

La Antigua Guatemala: Elizabeth Bell Ùbeda y Baeza: Editorial El Olivo 2015
Las mujeres de Venezuela: Inés Quintero 2003

04.

イネス・スアレス

ペルーとチリの征服

Inés Suárez
1507 - 1580

チリ

夫の後を追ってインディアス（新大陸）に渡り、足跡をたどってクスコまで来たが彼はすでに戦死していた。そこで知り合ったバルディビアの愛人となり、チリ征服に同行してめざましい働きでサンチアゴの建設を支えるが、ある日突然、尼になるか別の男と結婚せよと迫られる。

*太平洋を発見した
この発見によりその地は東洋の一部ではなく、全く別の大陸であることが証明された。

*ガヨ島
61ページの地図参照。

❖共同事業としてのペルー征服

1502年、ニコラス・オバンド総督が率いる最初の大々的な植民航海に加わったフランシスコ・ピサロ（1478〜1541）がエスパニョーラ島へ渡ったのは24才ぐらいの時であった。その後カリブ海や中米を転々として暮らし、1513年、バスコ・ヌニェス・デ・バルボアが太平洋を発見した*パナマ遠征にも同行している。

ピサロはパナマで先住民から、ビルーという黄金郷がはるか南の彼方にあるという話を聞きつけて、その情報をもとにディエゴ・アルマグロと僧のエルナンド・ルケとの3人の共同事業で、1524年と1526年の2度にわたりパナマから船で南下して、南アメリカの太平洋岸を探検した。アルマグロが兵士の募集と物資の調達、ルケが資金集めなど財政面を受け持ち、実際に探検隊の指揮をとるのがピサロであった。彼が大陸の海岸にとどまって先住民の攻撃とカエルや蛇を食べるほどの飢えに苛まれながら奮闘している間に、アルマグロとルケがパナマで資金を集め、兵士と食料などを補給する援軍を送るという、相互の信頼なくしては成り立たない事業であった。

その象徴的なエピソードがガヨ島*での出来事である。1527年5月のこと、隊がパナマを出てすでに1年半が経ち、兵士たちは倦み疲れていた。そこへ、パナマ総督が派遣した救援の船が到着し、有無を言わせず全員をパナマに連れ帰ろうとした。不満が極限に達していた兵士たちはこぞってパナマに帰ろうとしたが、ピサロは一本の線を引き、「自分とともにこのまま探検を続ける者はこの線を越えてこちら側に来い」とまず自分が線を跨ぎ、12人がそ

＊コルテス
36〜38ページ参照。コルテスとピサロは親戚だった。

れに続いた。『誇り高き13人』と呼ばれる伝説の男たちである。ようやく、アルマグロが送った補給の船がきたのはそれからさらに5カ月経ってからであった。この時まではアルマグロとピサロは確かな信頼関係で結ばれていた。

ディエゴ・アルマグロ

フランシスコ・ピサロ

ピサロは救援の船が到着するや、そのまま海岸線に沿って船を南下させ、トゥンベスに上陸した。南米大陸でスペイン人がはじめて目にした高度な文化をもつ大都市で、しかもそこは広大な領土を有する国の一部でしかないというのだ。ピサロはこの大陸にはアステカ王国に匹敵するような大国が存在するという確信を得て、本格的な征服の準備をするためにパナマに戻った。

ところがパナマ総督は新規の探検隊の派遣を認可しようとしなかったので、やむなくピサロはスペインに帰国して王室と直接交渉することにした。彼は、コロンブスやコルテス＊がせっかく新大陸発見やアステカ王国の征服という偉業を成し遂げながら十分報われず、王室からそこを統治する権限を与えられなかったために、成果を享受できなかったことを知っていたので、前もって王室の確約を取り付けておこうとした。そして1529年トレドでカルロス一世に拝謁し、7月26日、カルロス一世の王妃との間でトレド協約書を交わして、征服が成功した暁には総督の地位と種々の特権を与えられること、征服に携わったスペイン人はエンコミエンダを領有できることなどの確約を得た。王室は資金は出さないが、国家事業としてのインカ帝国征服を指揮する権限をピサロに与えて、その利益に与かろうとしたわけだ。しかし協約書には征服した土地の統治権についてはピサロのことしか書かれておらず、アルマグロにはインカ帝国の南にある土地の征服の許可を与え、彼のパナマ生まれの混血児の息子アルマグロ・エル・モソを嫡子と認知しただけで、ピサロ以外のガヨ島の『誇り高き13人』も騎士《イダルゴ》の称号を与えられただけであった。ピサロは4人の弟たちや従弟、募集した兵士たちを引き連れて、1530年、パナマに帰った。

ピサロのペルー征服

1531年1月、ピサロは兵士約180人、馬37頭を載せた3隻の船でパナマを出港し、3回目にして最後の遠征に出発、いよいよ本格的なペルー征服が始まる。

クスコを拠点とするインカがアンデス高原を支配する一大帝国としての組織を整えたのは1438年とされる。それからほぼ100年間繁栄を誇ってきたインカ帝国であったが、1525年のこと、11代目の皇帝であったワイナ・カパク（1464～1525）がキトで没した。おそらく天然痘かヨーロッパ人の持ち込んだウイルスによるものらしいが、スペイン人が姿を現すよりも先に抵抗力を持たない先住民の間で伝染病が猛威を振るいはじめていたのは、先にグァテマラで見てきた通りである。ワイナ・カパクは死ぬ直前に、常にそばに置いて連れて歩いていた息子のアタワルパ（1502～33）を後継者に指名したが、首都クスコの貴族（オレホン）たちは別の息子のワスカル（1491～1533）を選び、当時インカ帝国は

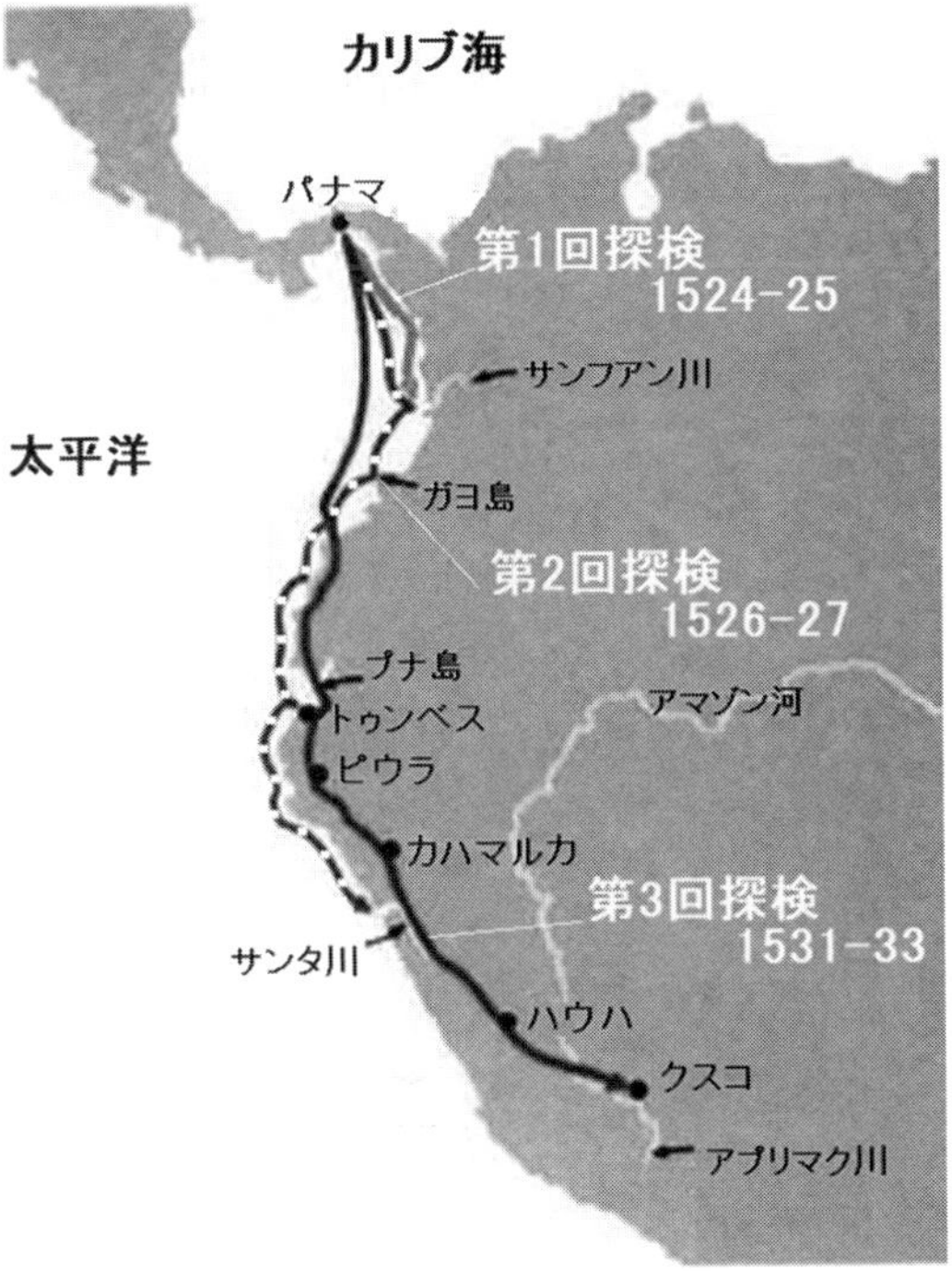

ピサロの３回の探検ルート

分裂状態にあった。ワスカルは正妃すなわちワイナ・カパクと同じ両親から生まれた妹の子供であった。

両者の間で戦いが起こり、ピサロがカハマルカに迫る直前にアタワルパ派が勝利し、クスコのワスカルは囚われの身となっていた。戦勝で気をよくしていたアタワルパはピサロをカハマルカに招待したが、ピサロはそれに乗じて初対面の席でアタワルパを捕らえて人質とし、実質的にはそこでインカ帝国が終焉した。コルテスの助言があったと言われる。そこには3万人のインカ兵がいたが、皇帝を捕虜にされると何の手出しもできなかった。戦闘も何もない、あっけない征服であったが、三度目の探検が始まってからでも2年近く、最初の探検から数えれば8年もの月日が経っており、ピサロはすでに55才であった。彼はアタワルパを幽閉して、これまで通り彼に国を治めさせたので、表面的にはインカ帝国の政治体制には何の変化もなかった。

自分を解放してもらえるなら、閉じ込められている部屋を金で満たして見せよう、というアタワルパの申し出により、インカ道を通じて国中からカハマルカに続々と金が送られてきた。スペイン人が驚嘆するような立派な道路網が幹線だけで5000キロ、全体では3万キロも整備されており、要所にはタンボと呼ばれる宿泊施設や倉庫が設けられていた。

一方アルマグロはアタワルパが捕らえられて5カ月経ってから、援軍を率いてカハマルカに到着したが、それまでに集まった金の分配をめぐってひと悶着あった。ルケはこの時すでに亡くなっていたが、元はといえば三人が同じ分け前を得る約束で始まった計画である。だがピサロの弟たちは直接征服にかかわっていないアルマグロに分け前を与える必要を認めようとせず、この問題はその後も長く尾を引くこととなった。

アタワルパはピサロの捕虜になってからも、インカの民に対してはこれまでどおり政治を行い、捕らえられていた兄ワスカルを部下に命じて処刑させていた。そしてアタワルパの約束どおり、本当に金銀が続々とカハマルカに運ばれてきた。皇帝の力を目《ま》のあたりにしたピサロはやはり彼をこのまま生かしておいては危険だと考え、9カ月の幽閉ののち、アタワルパを処刑した。1533年11月、インカの首都クスコに入ったピサロはアタワルパの兄弟のマンコ・インカ・ユパンキ*を傀儡の皇帝につけた。

*マンコ・インカ・ユパンキ
ワイナ・カパクの500人の子供の一人。当初はピサロに協力するが、暴虐ぶりに堪えかねて反乱を起こし、その子がビルカバンバに王朝を打ち立てた。王朝は1572年、最後の皇帝トゥパク・アマルの処刑で終焉。

アルマグロの処刑

このクスコの領有権をめぐってピサロとアルマグロの間に新たな対立が始まった。スペイン王とピサロの間に交わされたトレド協約書はピサロだけに有利だったのに対して、長年苦労を共にしてきたアルマグロには不公平も甚《はなは》だしかった。しかもピサロの弟たちが征服の勝利品を我が物顔で分取っていくのだから、アルマグロ派とピサロ派の間に大きな溝が生じたのは当然であった。またトレド協約書では、アルマグロにはインカ帝国の南にある土地の征服の許可が与えられていたが、クスコがどちらに属するのかは明記されていなかった。だがアルマグロは南に行けば新しい黄金郷がみつかるだろうと考えて粛々と王令に従い、全財産をかけて1535年7月3日、チリの征服に向かった。ピサロも後ろめたさも手伝って、幾らかはその遠征を援助した。

しかしチリにはインカのような黄金郷はなく、遠征は完全な失敗に終わった。アルマグロは1537年にペルーに帰還すると、クスコの領有を主張した。しかしクスコにいたピサロの弟のエルナンドとゴンサロは聞く耳をもたず、両者のあいだで戦いが起こり、アルマグロはふたりを捕らえて幽閉した。この当時、クスコにいた傀儡の皇帝マンコ・インカがスペイン人に反乱を起こしてビルカバンバに新しく王朝を打ち立てて、激しい戦いの中でピサロの弟フアンは戦死し、マンコ軍に包囲されたクスコをエルナンドとゴンサロが必死に守っている最中だったから、アルマグロから急にクスコを明け渡せと言われても無理な話ではあった。

リマにいたピサロは二人の弟が捕らえられたと知るや、アルマグロにクスコを譲ると約束したので、彼はふたりを解放した。だがエルナンドはすぐさまクスコ奪回を図り、1538年4月にクスコ郊外のサリナスで行われた戦いで、700人のピサロ軍は500人のアルマグロ軍を打ち破り、捕らえられたアルマグロはクスコの広場で処刑された。

アルマグロにはパナマの先住民女性との間に生まれたディエゴ・アルマグロ・エル・モソ（1520～42）という息子がおり、アルマグロ派はこの若者を頭目に担ぎ出した。彼らは1541年6月26日、リマの宮殿にいたピサロを暗殺し、21才のアルマグロ・エル・モソをペルー総督に就けた。しかし1年後本国から新しい総督が派遣されてくると、1542年9月16日、クスコ郊外のチュパスでアルマグロ派と新総督のあいだに戦いが起こり、敗れたアルマグロ・エル・モソは父と同じクスコの広場で斬首された。こうしてペルーでは征服後もスペイン人同士、あるいはスペイン人と先住民のあいだで相戦う内乱の時代が続いた。

イネス・スアレス

ここでペルーの征服の話をひとまずさておき、イネス・スアレスのことを話そう。

イネスはエストレマドゥーラのプラセンシアに生まれた。男たちがなだれをうって新大陸へ去ったあと、とり残された妻たちは未亡人ように社交を絶ち、黒ずくめの喪服を着て、家族や教会の監視を受けながら尼僧のように暮すことを強いられた。遊び人だった夫フアン・デ・マラガとの結婚生活はわずか2、3年で、しかもその間、裁縫や刺繍の仕事やエンパナダ*を売ることで彼女が生計を支えていたのだから、夫が出ていったあと、祖父と母がいる実家に戻っても、それほど暮らしは変わらない。子供ができなかったイネスは畑仕事をしたり、病院で尼僧を手伝って患者の手当てをしたりした。井戸を掘る場所を探しあてるという母親譲りの特技があり、その仕事もよく頼まれる。夫からの便りは7、8年の間に3通だけで、字が読めないイネスは教会の僧にそれを読んでもらい、ついでに返事も書いてもらう。

普通の女性より少しばかり行動力のある彼女はそのような生活に飽き足らず、1537年30才の時インディアスへ渡航し、カルタヘナ、パナマと夫の消息を求めて渡り歩き、最後にたどり着いたクスコで、夫はアルマグロとピサロ兄弟が戦ったサリナスの戦い（1538・4・6）

*エンパナダ
肉やオリーブの実などを入れたパン。

ペドロ・デ・バルディビア

で戦死したことを知った。ピサロははるばる一人でやってきた彼女に同情し、家とペルー人の使用人数人を与えてくれた。クスコでイネスは文字通り天涯孤独であったが、母親に教わった裁縫や刺繍の仕事で子供の時から家計を支えてきた彼女は心身ともに逞しかった。ペルーではまだ職人も少なく、裁縫の仕事はいくらでもあったし、彼女が作るエンパナダは飛ぶように売れた。戦争続きで怪我人も多く、尼僧から教わった病気やけがの治療の知識も大いに役にたった。こうしてクスコで暮らしはじめた時、イネスの前にペドロ・デ・バルディビア（1497〜1553）という男が現れた。

バルディビアは彼女より2才年長の34才で、当時クスコでも一、二を争うエンコメンデロであった。彼はサリナスの戦いでピサロ軍の指揮官を務めたのだが、敵として戦った敗軍の将アルマグロの男気に打たれ、彼が処刑されるまでの3カ月間、牢獄を訪れて会話を重ねるうちに、ピサロから授けられた銀山などのエンコミエンダを投げうって、アルマグロが果たせなかったチリ征服に乗り出すつもりになっていた。狡猾なピサロのやり方は彼の性に合わず、ペルーから離れてその影響から逃れたいという思いもあった。チリへの道は遠く、過酷な旅となることはアルマグロから聞いていた。しかも金も銀も出ないが、そこには植民に適した豊かな土地があるという。地道に働こうという者だけの理想郷が作れる、と語るバルディビアに、イネスは共感を覚えた。ただ一つ、バルディビアにはスペインに残してきた妻がいるため正式に結婚できず、イネスは愛人という立場に甘んじなければならない。本来ならば教会の反対で一緒に行くことも許されなかったのだが、ピサロがイネスを家政婦として同行するという特別許可を与えてくれた。

バルディビアのチリ征服

バルディビアとイネスがクスコからチリへ向かって出発したのは1540年1月で、ピサロが暗殺される前年のことである。彼らがクスコを出発した時のスペイン人の同行者はたった11人で、もちろんイネスは唯一のスペイン人女性である。あとは荷担ぎのペルー人、黒人奴隷、そして隊員の愛人のペルー人女性たちであった。スペイン人500人、ペルー人8000人で鳴り物入りで出発したアルマグロの隊とは較べようもない。それでも途中で参加する者やあとを追いかけてくるグループがあったりして、人数は徐々に増えてゆき、最終的にはスペイン人110人となった。

アルマグロがアンデス山中のインカ道を行ったのに対し、バルディビアは彼が帰途通った、比較的なだらかな海岸沿いの砂漠を通るルートをとった。だがそれは想像を絶する厳しい旅であった。先住民女性のなかには妊娠している者もいたし、家畜も連れているのだから、歩みは遅い。アルマグロの遠征の時に食料を強奪されて苦汁を舐めさせられた先住民は、またスペイン人が来たとみるや、食料を隠したり井戸に毒を投げ込んだりして逃げてしまい、隙をみては家畜や女を掠め取ろうとする。砂漠に入る前にイネスは女たちを指図して暑さ寒さを避けるためのマントや干し肉などの保存食を用意し、なるだけ家畜を太らせた。水が底をつ

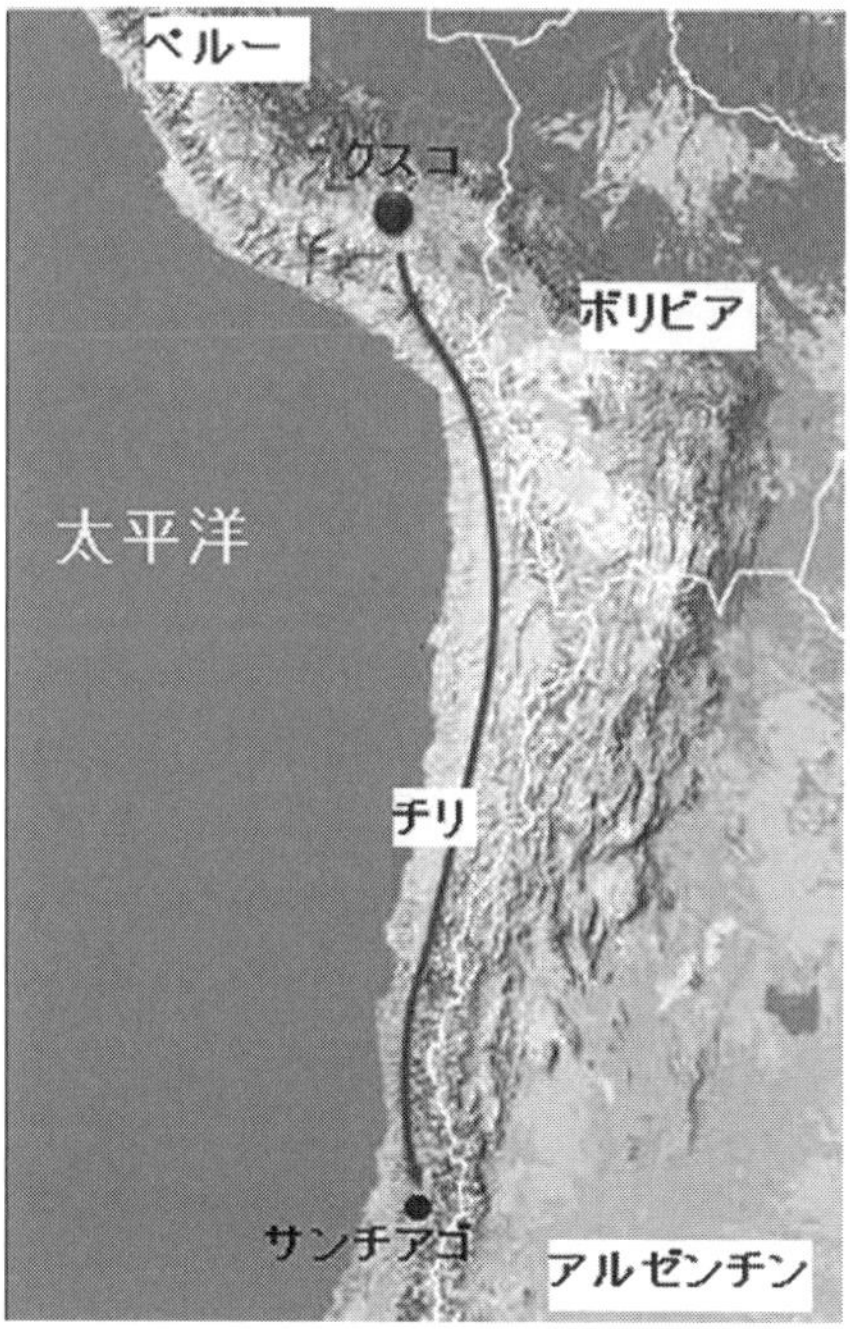

バルディビアの遠征（1540～41）

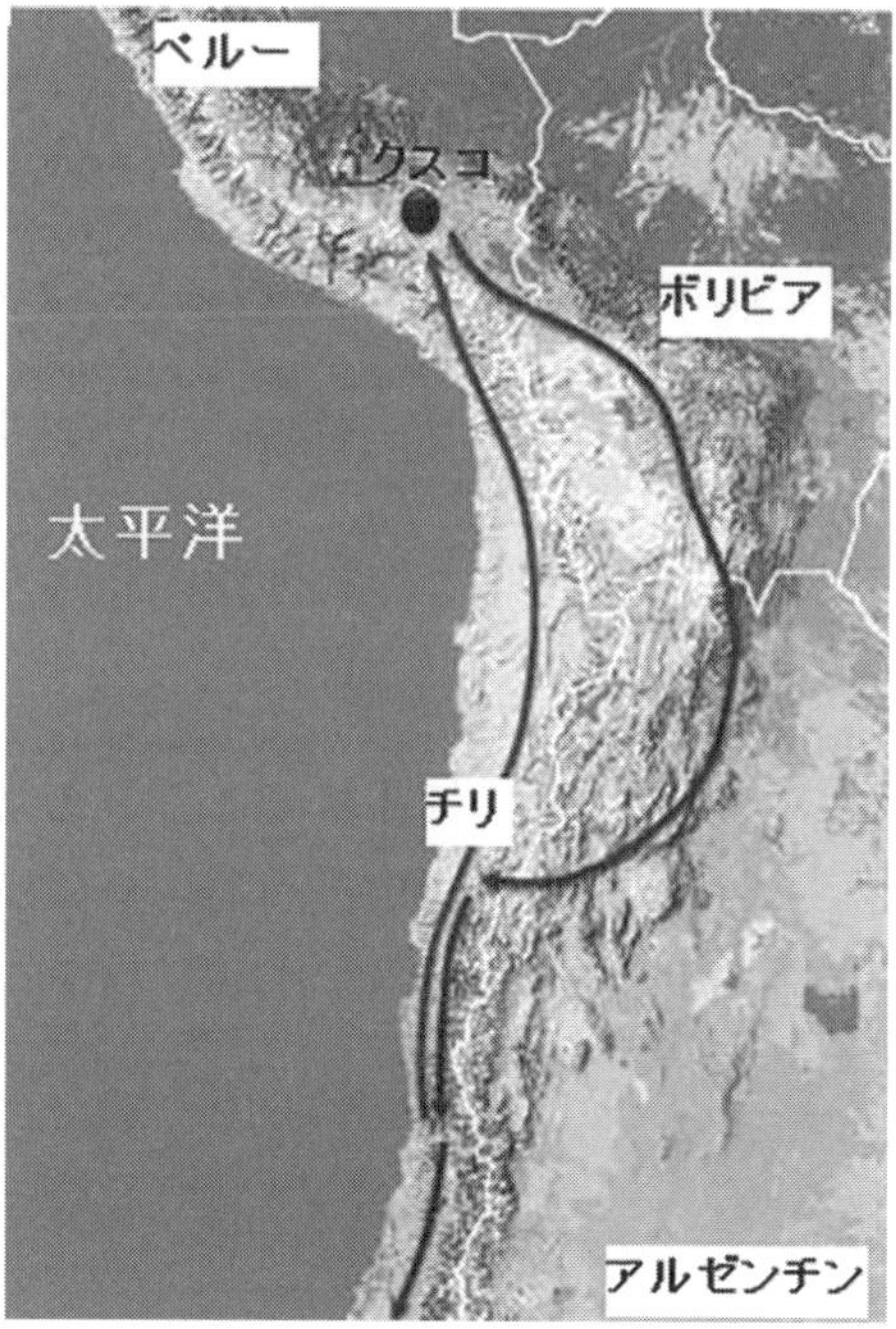

アルマグロの遠征（1535～37）

いた時には、例の地下水脈を見つける特技を使って隊を救うこともたびたびである。砂漠地帯を過ぎると先住民の襲撃はいっそう激しくなり、怪我人の手当ても彼女の重要な役目となった。必要な時には手足を切り落とすような外科手術まで行い、食料が少なくなると食べ物に工夫をこらすイネスは隊にとってなくてはならない存在であった。常に向上心が旺盛な彼女はそんな旅の中でも、バルディビアから武器の扱い方や防具のつけ方を習い、神父から読み書きを教わるのだった。クスコを出て11カ月後、ついに隊は、目指すマポチョ河畔の平野に着いた。現在のチリの首都サンチアゴである。

　周辺にはその昔インカ帝国から来た人々の末裔である1万人ほどの住民が住み、道路や畑もよく整備されていた。彼らはこちらの様子を伺うだけで、新参者を歓迎する雰囲気ではないが、といって攻撃してくるわけでもない。物々交換で食料を得たりすることはできたが、友好関係を結ぶには至らなかった。だがスペイン人の本当の敵はこれより南に住む、俗にアラウカノと呼ばれるマプチェ族であった。勇猛果敢で、まるで戦争のために生まれたような種族である。どんな拷問を受けようと口を割ることはなく、何よりも自由を尊び、金、地位、名誉などには一切執着を持たず、自分が担いで運べるだけの物しか所有しない。いかなる者にも頭を下げることを潔しとしないが、戦争の時だけトキと呼ばれる臨時の指導者を戴く。その結束の堅さにより、インカ帝国もそこより南へは勢力を伸ばすことができなかった。アルマグロも彼らの抵抗により、チリの征服を諦めてペルーに戻らざるを得なかったのだった。

サンチアゴの建設

1541年2月、バルディビアはマポチョ河畔にサンチアゴの町を築き、スペイン人150人、ペルー人400人で町造りが始まった。そして1年後、建物も増え、ようやくスペイン人の町らしい体裁が整ってきたところへ、まるでそれを待っていたかのように、マプチェ族の大々的な攻撃が始まった。しかも前もって北の町を襲い、バルディビアが救援に出掛け、サンチアゴには半数の男しか残っていない時を狙って襲撃してきたのだ。敵は何十倍もの人数で防ぐすべもなく、ほとんどの建物が焼け落ち、町はいまにも全滅かと思われた時、イネスが、「人質を殺せ！」と叫んだ。

牢には、7人のトキが反乱を防ぐための人質としてつながれていた。驚く男たちを尻目に彼女は次々に人質の首を切り落とし、それを敵の真っ只中に投げ込んだのだ。度肝を抜かれた敵がたじろぐ隙に、防具をつけた彼女は馬にまたがり、味方を鼓舞して回り、この彼女の機転

サンチアゴを守るイネス・スアレス。マヌエル・オルテガ作（1897年）。

によって町は寸でのところで全滅を免れた。建物、食料、家畜、衣服、畑の作物など、すべてを失ったサンチアゴで、かろうじて残った雛や家畜を育て、種を蒔き、工夫を重ねて人々を飢えから救ったのも彼女であった。しかし空腹に耐え、ぼろを纏いながらも、バルディビアと心を一つにして同じ目的にたち向かっているという充実感で彼女の心は満たされていた。

　ところがサンチアゴに来て6年後、突然バルディビアはペルーへ行き、王命を受けて内乱を鎮めるために派遣されてきたラ・ガスカ*の軍に加わった。そしてその時の功績により、ラ・ガスカから正式にチリ総督に任じられ、幾つもの讒訴《ざんそ》に対する釈明を聞き入れられて、名誉を回復することができた。が、僧であるラ・ガスカは、イネスとの内縁関係だけは許そうとせず、彼女をスペインまたはペルーへ送って尼僧院に入れるか、でなければ正式に結婚させよ、と命じた。イネスにとって、それはまさに青天の霹靂であった。今になって心血を注いで守ったサンチアゴを去ることは到底考えられず、ましてや修道院に入れられることなど真っ平である。かといって有無を言わさず他の男と結婚させられるのでは誇りが許さない。そこで彼女はバルディビアが最も信頼していた部下、ロドリゴ・デ・キロガを自ら夫に選び、正式に結婚した。

　イネス42才、キロガ38才であった。キロガにはペ

＊ラ・ガスカ
77ページ以降参照。

ルー人女性との間に生まれた幼女がいたが、母親が亡くなったあと、子供のいないイネスがこの女児を引き取って育てていたから、この結婚は少しも不自然ではなく、誠実な人柄の夫は終生彼女を大切にし、ふたりは共に70才を越える長寿を全うし、サンチアゴの繁栄に多大の貢献を果たした。

バルディビアの方はペルーから戻ったあと、サンチアゴをキロガに託し、南に遠征して幾つもの町を築いたが、やがてマプチェ族の反乱で殺される。イネスがキロガと結婚して4年後のことであった。ところがその後、生前バルディビアが本国から呼び寄せていた妻がサンチアゴにやってきた。まだほとんどスペイン人女性がいない小さな町で、イネスはこの未亡人とどんな関係を築いたのだろうか。

【参考資料】
Las Mujeres y Las Horas: German arciniegas: Editorial Andrés Bello 1986
Inés del alma mía: Isabel Allende: Editorial Sudamericana 2007
『インカ帝国探検記』増田義郎、中央文庫（改版）、２０１７年
『インカ帝国史』シエサ・デ・レオン、岩波書店、２００６年

05.

フランシスカ・ピサロ・ユパンキ

征服者ピサロの娘

Francisca Pizarro Yupanqui
1534 - 1598

ペルー

身にインカ皇帝と征服者ピサロの血を受け継ぎ、動乱の中で父を殺されるが、義理の叔母の献身的な保護を受けて成長し、ペルー随一の金持ちとして多くの若者を惹きつけたが、突然王室の命令でスペインに送られることとなる。そして幽閉中の叔父に会いに行くが、思いがけず彼と結婚することになり、ふたりで力を合わせてピサロ家の再興に尽くした。だが夫の死後は没落貴族と再婚して宮廷に入り、人生の最後を楽しんだ。

イネス・ワイラス

1532年11月、フランシスコ・ピサロはインカ帝国を陥落させた。捕虜となったインカ皇帝アタワルパは彼の歓心を引くために、当時17、8才だった異母妹のキスペ・シサをピサロに与えた。彼女は洗礼を授けられ、イネス・ワイラス・ユパンキと呼ばれるようになる。ピサロとイネスの間に生まれたフランシスカ（1534～98）とゴンサロ（1535～43）には征服者とインカ皇帝の血が流れ、スペイン側から見てもインカの側から見ても最高位の後継者であった。ピサロはイネス・ワイラスと正式な結婚はしていないが*、フランシスカとゴンサロを嫡子とすることを王室から許可されている。

フランシスカは1才違いの弟ゴンサロとともにリマの宮殿の中で王女のように育てられた。しかしその頃ペルーはスペイン人と先住民、あるいはスペイン人同士が血で血を洗う動乱の時代にあった。1536年4月、ピサロの傀儡のはずだったインカ皇帝マンコ・インカが反乱を起こした*。そのためにクスコばかりかリマまでもマンコの将軍キス・ユパンキに包囲されて全滅の危機に見舞われた。この時、イネス・ワイラスの母コンタルワチョが娘と孫を救うために1万人を率いて北のワイラスから駆けつけ、400人のリマ市民を救った。コンタルワチョは皇帝ワイナ・カパクの妻としては身分の高い方ではなかったが、ワイラス地方の政治、経済、行政の権力を握る族長であった。また、インカは一夫多妻だが、コヤと呼ばれる皇帝の姉妹の正妃は皇帝と同等の尊敬を受けていた。

フランシスカが4才の時、ピサロはイネス・ワイラスを棄てて、彼女のいとこにあたるア

＊正式な結婚はしていない
教会での結婚ではなく、インカ式の結婚をした。

＊マンコ・インカが反乱を起こした
63ページ参照。

ンへリーナ・ユパンキに心を移し、その女性との間に二人の男児をもうけている。アンへリーナはアタワルパが処刑される日までその側にいた、彼の正妃であった。狡猾なピサロはイネスが自分の小姓のフランシスコ・アンプエロと恋仲になったという噂を流させ、彼には然るべき役職を、イネス・ワイラスには相当のエンコミエンダを与えたうえでふたりを結婚させ、いかにも自分が鷹揚《おうよう》であるかのように見せかけた。

ピサロはこの時、3才のフランシスカと2才のゴンサロを母親から引き離して、異父弟マルティン・デ・アルカンタラとその妻イネス・ムニョス（1484～1594）に養育を託した。渡航中に子供を亡くした彼女は自分に託された幼い姉弟にあるだけの母性愛を注いで育てた。イネス・ムニョスはペルーでドニャの敬称で呼ばれた最初の女性である。動乱の時代のことで毒殺の恐れもあり、ピサロの宮殿の裏方は彼女が取り仕切った。創意工夫の人で、現地の材料で料理に工夫を凝らし、あるいは港に入ってきた豆の中に麦が混じっているのを見つけて発芽させ、3年後には人に配れるまでに増やしている。リマの建設が始まって6年後には市議会でパンの値段を1ポンド1レアルと決められたほどで、小麦の栽培もすでにそれほど広がっていた。彼女は後年、ペルー最初の織物工場を建てた起業家であり、得た財を僧院に寄付して孤児や混血児《メスティソ》の教育に気を配った篤志家でもあった。

ピサロの暗殺

ピサロは3回目の本格的な征服*に乗り出す前にスペインに帰国し、兄弟や従弟を引き連れてペルーに戻ってきた。以来ピサロにとって、それまでの仲間よりも、血のつながる彼らが

＊3回目の本格的な征服
60ページ参照。

＊カヤオ
リマの港。


最も信頼のおける協力者となった。

1541年6月26日ピサロ（1471～1541）が宮殿でアルマグロ派に暗殺され、この時イネスの夫のマルティンも一緒に殺された。そしてアルマグロの息子のアルマグロ・エル・モソ（1522～42）が権力を握った。ピサロの弟たちはこの時どうしていたのだろうか。


異母弟エルナンド（1502～78）［ピサロ家唯一の正嫡の男子］……アルマグロを処刑したことに対する釈明のため、その2年前スペインへ渡り不在。

異母弟ファン（1511～36）［母はピサロ家の荘園の水車小屋の娘（La Molinera）］……マンコ・インカの反乱の時、クスコで戦死。

異母弟ゴンサロ（1510～48）［ファンの弟、母はピサロ家の荘園の水車小屋の娘（La Molinera）］……黄金郷《エルドラド》を探してアマゾン地方探検中で不在。

異父弟マルティン・デ・アルカンタラ（1500以前～41）［ピサロ家の女中であったピサロの母（La ropera）がのちに結婚して生まれた。イネス・ムニョスの夫］……ピサロと共にリマの宮殿で殺される。


スペイン人として教育されたフランシスカにとって、幼い時に引き離された母親の影は薄く、父親だけが絶対的な存在であった。だが父と叔父が同時に殺され、他の叔父たちもリマに居なかったから、フランシスカとその弟が頼れるのは未亡人となったイネス・ムニョスだけだった。気丈な彼女は殺された義兄ピサロと夫の遺骸を引き取って清め、夜中に自らの手

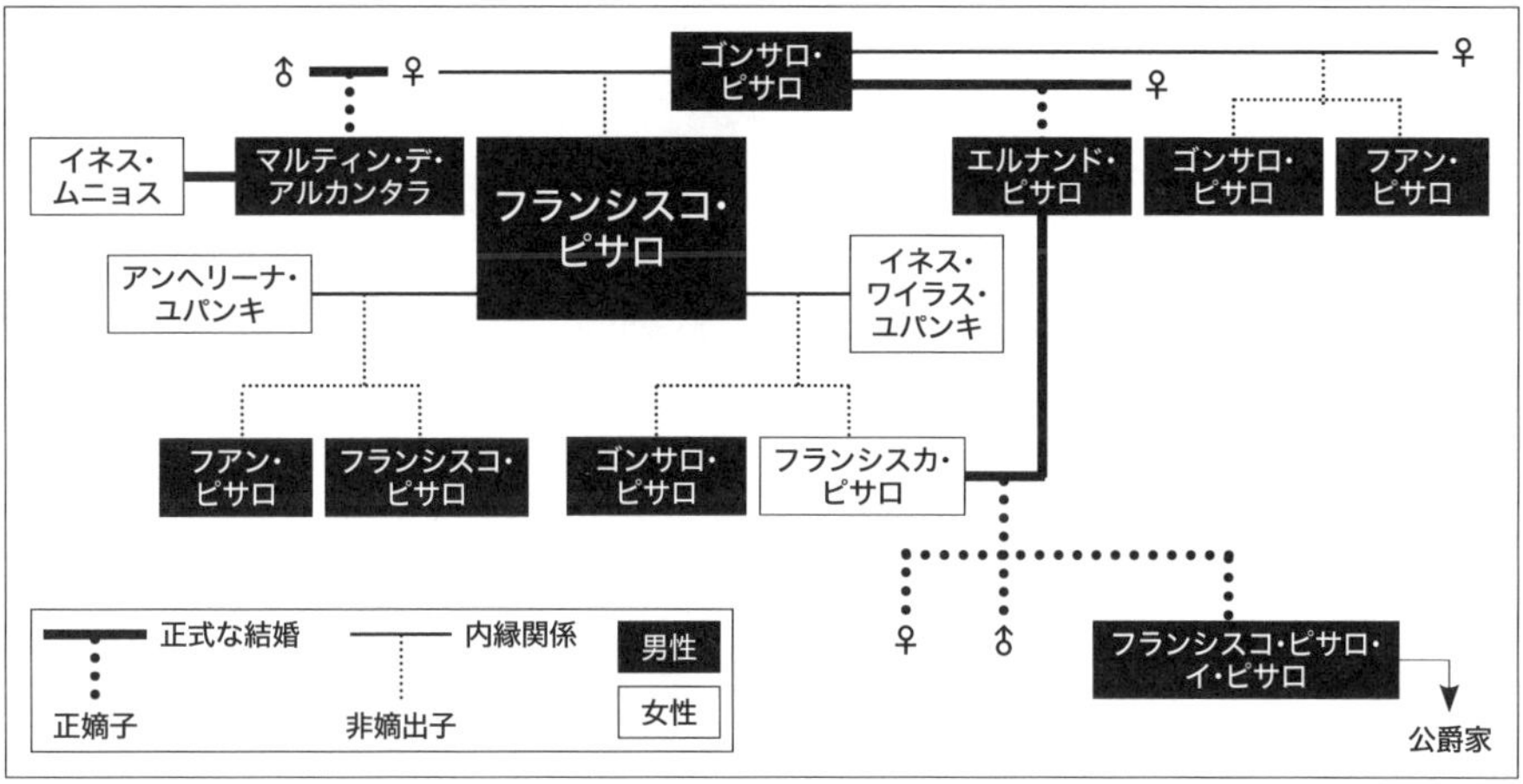

ピサロの家系図

で当時建設中だったカテドラルの庭に埋葬した。そして数日後、喪服に身を包みゴンサロの手を引いて市議会に現れ、幼いふたりの身の安全と財産の保全を願いでた。突然の政変で誰もが保身のために右往左往する中で、彼女の勇気ある行動はリマの人々を驚嘆させた。

この政変の直前、ピサロとアルマグロが争うペルーの政情を杞憂した王室は、バカ・デ・カストロという役人をペルー総督として派遣していた。ところが彼は逆風にさえぎられてペルーに行き着くことができず、やむなくコロンビアに上陸したが、病気にかかり3カ月間そこを動けなかった。彼はピサロが殺されたことを知ると、キトで自分がピサロに代わるペルー総督であることを宣言した。

一方、リマで政権を握ったアルマグロ派はイネスと子供たちをカヤオ*から船に乗せ、島に置き去りにするように命じたが、子供たちを不憫に思った船長は彼らをエクアドルに上陸させた。イネスはふたりを連れてキトに行き、バカ・デ・カストロに保護を求めた。新総督は彼女にトルヒーヨで待つように言い残して、自身はリマに向かった。

リマのアルマグロ・エル・モソは新総督がリマに向っていることを知ると、500の兵を率いてクスコへ退却する。両者の間で何度か手紙が交わされたが交渉は決裂し、1542年9月、ウアマンガ郊外のチュパスで対決した。そして戦いに敗れたアルマグロ・エル・モソは父親と同じクスコの広場で処刑された。

イネスと子供たちはリマに帰ったが、この時突然弟のゴンサロが夭折し、ピサロが所有していた数々のエンコミエンダを一人で相続することとなったフランシスカは、図らずもペルー随一の資産家となった。アンヘリーナが生んだ二人の異母弟は、まだ正嫡にする手続きが終わっていなかったため、相続権がない。この頃ピサロの弟ゴンサロがアマゾン地方での黄金郷《エルドラド》探しに失敗してリマに戻ってきたが、新総督バカ・デ・カストロの圧力を受けて自分のエンコミエンダのあるチャルカス*（現ボリビア）へ退いていった。

スペイン本国では、人権擁護派のラス・カサス神父が先住民保護を訴え、王室はそれに乗じてエンコメンデロの権限を大幅に制限する『新法』*を出して征服者たちの権限を取り上げようと図った。その一環として1543年、ヌニェス・デ・ベラを初代ペルー副王として派遣した。副王は1544年初めパナマに到着するや、たまたまそこに居合わせた300人の先住民を解放させたのをはじめ、ペルーに上陸してからも行く先々で厳格に新法を実行し、あるいは修道院や官吏からエンコミエンダを取り上げ、リマに到着すると早速新法の実施を宣言した（ちなみにメキシコの初代副王メンドサはエンコメンデロの抗議により新法の執行を見合わせるという、柔軟な態度をとっている）。

たちまちペルー中に不満と抗議の声が湧き起こった。エンコミエンダを一代限りとするなど、征服に払った犠牲の代償として得た権利を放棄させられるエンコメンデロにとって、それは死活問題であった。彼らはピサロ兄弟でペルーに唯一残っているゴンサロを旗印に担い

＊チャルカス
202ページの註参照。

＊『新法』
1542年に出された、ラス・カサスたち先住民保護を主張する人々の主張に沿って作られた法律。エンコミエンダを一代限りにする、新しいエンコミエンダは認めない、などコンキスタドールの権限を大幅に制限した。

で反乱を起こした。

反乱軍がリマに迫ると、疑心暗鬼となった副王は周囲の者を疑いはじめ、リマ市民から尊敬されていた人物を殺してしまったため、人心は副王から離れ、リマの聴訴院《アウディエンシア》は副王をスペインに追放することに決め、ゴンサロの手に政権を委ねた。

ところが副王ヌニェス・デ・ベラは船がカヤオを出港すると、彼をスペインに送り届ける任を負った者をうまく丸め込んで味方につけ、キトで兵を集めて軍を起こした。ゴンサロは兵を率いて後を追い、1546年1月キトのイニャキトにおける戦いでそれを破り、副王は戦死した。

こうしてゴンサロはエクアドルからチャルカスに至るペルー全土の支配者となった。反乱が最高潮に達した時には、ゴンサロをフランシスカか、あるいはインカ皇女と結婚させて、ペルーの王に戴こうという動きまであった。12才になっていたフランシスカは偉大なインカ皇帝、ワイナ・カパクの孫にして、亡きピサロの唯一の正嫡であり、しかもペルー一の財産家である。フランシスカもただ一人の身寄りである叔父に父の面影を見出し、彼を慕っていた。

❖ペルー平定者（パシフィカドール）ラ・ガスカ

だがこの反乱はスペインがそれまで経験したことのない、王室への真っ向からの挑戦だったので看過するわけにはゆかず、異端裁判所審議官のペドロ・デ・ラ・ガスカをリマの聴訴院《アウディエンシア》の議長として派遣することにした。ラ・ガスカは任を引き受ける条件として直接カルロス一世に白紙委任状を求め、許可される。そして現地を知るアロンソ・アルバラード（ペドロ・デ・

アルバラードの甥）など、3、4人の供だけを連れてスペインを出発した。

1546年6月、サンタ・マルタ（現コロンビア）に着いたラ・ガスカはそこで初めて初代副王が殺されことを知った。普通ならショックを受けるところだが、征服者たちの恨みの的だった副王がいなければ、仕事はそれだけやり易くなる、と考えたところがさすがである。ゴンサロはパナマに船隊を派遣して、船の出入りを厳しく見張っていたが、ラ・ガスカは王権を振りかざすこともなく振る舞いはあくまで謙虚で、どんな大軍を率いてやってくるのかと待ち構えていたゴンサロの部下たちは従者数人しか連れてこなかったことに拍子抜けして、彼の風采の上がらない容姿を嘲笑したぐらいだった。しかしサラマンカ大学やアルカラ大学で学び、それまで政界、宗教界で数々の要職に就いてめざましい成果をあげてきた人である。ひとたび口を開けば、理論整然とした弁舌で威厳を見せつけた。彼は過去を水に流すことを強調し、融和と許しを示唆する手紙を持たせた修道士を各方面に派遣した。効果はてきめんで、王室に弓引くことを恐れた人々は雪崩をうってラ・ガスカの側に走った。

1548年4月、クスコ郊外のサクサワナで両者は対決したが、ゴンサロはほとんど戦うことなく囚われ、首謀者48人が処刑された。ラ・ガスカはリマの聴訴院《アウディエンシア》の議長に就いて国内の混乱を鎮め、1550年無事任務を終えて帰国した。彼は『ペルーを平和にした者（パシフィカドール）』と呼ばれる。

ゴンサロが処刑された後、再びフランシスカの後見人となったのは、イネス・ムニョスと彼女の新しい夫のリベラであった。ゴンサロの喪が明けると、フランシスカはいかにもリマっ子らしくお洒落な服装に凝り、リマの男性のほとんどがペルー一の資産家である彼女との結

1548年クスコの広場におけるゴンサロ・ピサロの処刑

ペルー平定者ペドロ・デ・ラ・ガスカ

婚を望んだと言われるくらいで、部屋には大勢の求婚者からの贈り物が満ち溢れた。こうしてフランシスカは15才から17才まで、イネスとその夫の庇護のもとに華やかな娘時代を楽しんだ。だが一身に二つの文明を引き継ぎ、ピサロという魔性に満ちた姓をもつ若者たちがペルーに存在すること自体を危険視したラ・ガスカは、彼女たちをスペインに送る命令を下した。出発は急で、リベラは大急ぎで財産を処分して旅費を作らねばならなかった。フランシスカは出発に際して5000ペソを寄進し、リマのカテドラル内に今も残る父のための御堂を作らせたほか、多くの施しをし、母のイネス・ワイラスや育ての母イネス・ムニョスにも財産を贈った。

1551年、17才のフランシスカをはじめとする5人の若者がスペインへ向かった。引率者は母イネス・ワイラスの夫のアンプエロで、若者は彼の娘、すなわちフランシスカの異父妹のイサベル、アンヘリーナが生んだ二人の異母弟、そして叔父ゴンサロの娘で、全員がワイナ・カパクの血を引く混血児《メスティソ》であった。船がペルー北部のチンボテに寄港した時、祖母の地ワイラスから先住民の一団が何日もかかってアンデスを下り、さまざまな贈り物を手にして別れを告げにきた風景は、生涯フランシスカの瞼に焼き付いていたことだろう。それは彼女にとってペルーとの永遠の別れとなった。

フランシスカの結婚

叔父たちの中でただひとり残っているエルナンドは、スペイン北部のメディナ・デル・カンポにあるモタ城に幽閉されていた。彼はアルマグロを処刑した罪に問われて釈明のために帰国し、1543年に投獄されて、既に8年間そこに暮らしていた。

エルナンドは上背があり、がっしりとした人を威圧する風貌で、字も読めないピサロと違い、高等教育を受けた正規のスペイン軍人であり、叔父たちの中でただ一人のピサロ家の正嫡である。幽閉生活とはいいながら贅沢三昧の生活を送り、狩りにもでかけ、モタ城にきて1年後には没落貴族の美しい女性を愛人にして二人まで子供をもうけていた。財産を増やすことにも熱心で、獄中から訴訟を起こし、宮廷にも遠慮なく注文をつけるという、自由に他所に行けないこと以外は何の不自由もない生活を送っていた。彼は姪が来ると分かると愛人を僧院に追いやり、いそいそとフランシスカ一行を迎えた。4才で別れた姪はすっかり成人し、もはや一人前の女性だった。彼女はスペインへ渡った暁には宮廷に入り、自分にふさわしい貴公子と結婚することを漠然と夢見ていたから、モタ城には叔父に会うために立ち寄っただけ、のはずだった。しかし予想もしなかったことが起こる。

征服者の宮殿の角に彫られたエルナンドとフランシスカの像

　エルナンドは姪たちを歓待するとともに、フランシスカにひとりの女性として自分の力で生きて行くという自覚を目ざめさせた。すなわち、今まで他人任せにしてきた財産が少なからず減少していることを気づかせ、自衛することを教えた。確かにこれだけの財産と責任を背負う女性が甘やかされた子供のままでいれば、それこそ狼に囲まれた子羊のようなものである。とはいえ財産管理に関する複雑な法律や手続きについては叔父に頼らざるをえず、エルナンドは彼女にさまざまなことを教えつつ、ついに自分がフランシスカにとって不可欠な存在であり、ピサロ家を支えてゆくにはふたりが一緒になって力を合わせてやっていくしかない、と思わせることに成功した。スペインに渡った翌年、18才のフランシスカは30才以上も年の離れた叔父と結婚し、モタ城で幽閉生活を共にすることになった。

　彼女は夫から、王室がいかに貪欲であくどく利権を侵害してくるかを教えられ、自分を守るために財産の全体像を把握し、弁護士を雇い、必要な指示をだし、注文をつけ、債務の返済を要求し、あるいは慈善や宗教目的の寄付をする方法を学んでいった。最初の間は夫のやり方を注意深く見ているだけだったが、そのうち自分で書類にサインし、夫のやり方に注文をつけるまでになった。

ときには財産管理のため、トルヒーヨを訪れ、父や夫の生地に親しんだ。ペルーのエンコミエンダは管理人の手から取り戻し、代わりに夫の執事を派遣した。裁判沙汰や訴訟はもはや日常生活の一部で、あらゆる類いの係争があった。中でも父ピサロの殺害に少しでも関与した者に対する追及の手は絶対に緩めなかったし、王室から派遣されてきたバカ・デ・カストロや副王ブラスコ・ヌニェス・デ・ベラに取り上げられた財産もしっかりと要求した。遠いペルーにある財産管理は困難で、膨大なエネルギーを要した。ふたりはリマ郊外の農園を売ろうとするがこれにも裁判がついて回り、莫大な投資を必要とする鉱山の運営はさらに大変だった。母の夫アンプエロとの間には渡航費を誰が負担するかという裁判や、銀製品が注文通りに仕上がらなかったという理由で、銀職人との間に延々と続いた裁判まであった。

そんな生活の中でもフランシスカは次々に3男2女の子供を生んだ。しかしうち2人は夭折し、ついでペルーから一緒に来た異母弟までを亡くしたあとは慈善事業に熱が入る。しかし弟の遺産はしっかりと、再婚した彼の未亡人に返還を求め、エルナンドも亡くなった弟ゴンサロとフアンの財産を取り戻すことに成功し、またスペイン国内にも、エルナンドが帰国した時に持ち帰った金で買った多くの財産があった。夫妻は一族の財産をひとつにまとめて長子相続財産を設立して、フランシスカの父に与えられた貴族の称号コンキスタ侯爵家を興すことをめざした。父のピサロは侯爵の称号は与えられたものの侯爵領は授からなかったので、『侯爵領なき侯爵（マルケス・シン・マルケサド）』と呼ばれていた。

1561年、エルナンドは17年に及ぶ幽閉生活を解かれてトルヒーヨに帰り、まるで英雄

トルヒーヨの広場にあるピサロ像。左側に「征服者の宮殿」が見える。

の凱旋のような歓迎を受けた。一家はこの日のためにフランシスカが350キロメートルの道のりを時々往復して精魂こめて手入れしてきた郊外の農園に住み、町の中央広場にはピサロ家と征服者たちを記念する豪壮な宮殿を建てた。何しろこの町は30人もの高名な征服者《コンキスタドール》を輩出しているのだ。

1577年になってようやく、夫妻の財産を合わせた長子相続財産の設立が認められたが、エルナンドはそれを見届けた翌年に76才で没した。しかもそれに追い打ちをかけるように、結婚した娘と孫、長男がたて続けに亡くなり、彼女に残されたのは次男のフランシスコただ一人となってしまった。傷心のフランシスカは普通ならば僧院に入るところだが、夫を亡くして3年後の47才の時、息子の結婚相手の兄である没落貴族と再婚し、トルヒーヨを去ってマドリードに居を移した。そしてマドリードに自分たちが住む家の他に夫の両親にも家を買ってやり、宮廷に入って贅沢三昧の華やかな生活を始めた。それを維持するために、長子相続財産にこそ手をつけなかったが、自分の財産をどんどん切り崩し、これまでエルナンドとともにあらゆる努力をして貯めたのと同じぐらいの情熱を傾けて財産を消費した観がある。しかし息子のフランシスコは母親の総てを受け容れて、彼女の思うがままにさせた。1598年にフランシスカは64才で亡くなり、予定通り息子が長子相続財産を引き継いだ。一家が熱望したコンキスタ侯爵の称号が与えられたのはその孫の代になってからであったが、その家系も1756年には完全に途絶えている。

【参考資料】
『インカ帝国探検記』増田義郎、中央文庫（改版）、2017年
『征服者ピサロの娘　ドーニャ・フランシスカ・ピサロの生涯 1534-1598』マリア・ロストウォフスキ、世界思想社、2008年
『インカとスペイン　帝国の交錯』網野徹哉、講談社、2008年
La Mestiza de Pizarro: una princesa entere dos mundos: Alvaro Vargas de Llosa Aguilar 2003

06.

メンシア・デ・サナブリア

ラプラタ地方の夜明け

Mencía Calderón de Sanabria
1510/14？- 1564/70？

パラグアイ

メンシアは亡き夫に代わり、３隻の船を率いてスペインを出航し、パラグアイに向かった。船には３００人の植民者が乗り、その中には自分の娘３人のほかに、現地で征服者たちと結婚しようという50人の独身女性がいた。だが航海は海難事故、先住民の攻撃、ブラジルとの国境争いによる確執などで、波乱万丈の旅となる。６年がかりで目的地にたどり着いた彼女たちはパラグアイにスペイン文化を根付かせ、ラプラタ地方開発の礎となった。

*レグア　1レグアは約5キロメートル。

南米大陸の探検

15世紀、アジア、アフリカへの海外進出はほぼポルトガルの独占で、カナリア諸島より南で発見された領土はローマ教皇によってすべてポルトガルに与えられていたが、コロンブスが新大陸を『発見』すると、スペインはこれに異をとなえた。そこでスペイン出身の時のローマ教皇アレハンドロ六世（在位1492～1503）は大西洋のカボ・ベルデから100レグア*西に一本の線を引き、その東をポルトガル領、西をスペイン領として、いとも簡単に地球を真っ二つに分けた。だがポルトガルがそれに異をとなえ、両国で交渉した結果、翌1494年トルデシーヤス条約が結ばれ、境界線をさらに270レグア西に進めることで合意した。

これによって1500年に偶然発見されたブラジルはポルトガル領となった。その2年後にはポルトガル船に乗ったイタリア人、アメリゴ・ヴェスプッチ（1454～1512）がはじめてリオデジャネイロに上陸し、さらにアルゼンチンのリオ・ガイェゴまで南下して、これはアジアではなく未知の大陸ではないかと考えた。このため、新大陸はコロンブスではなく彼の名に因んでアメリカという名で呼ばれることになる。1513年になってヌニェス・デ・バルボア（1475～1519）がパナマ地峡を横切って太平洋を発見し、ようやくそこは大陸だということが証明された。それ以来太平洋へ抜ける水路を探してさまざまな探検隊が南米大陸の大西洋岸を南へと下っていった。

1516年スペインが派遣した3隻の船からなるファン・ディアス・デ・ソリスの隊もその一つで、ラプラタ河を発見した時、河巾が150キロもあったので、いよいよ太平洋への出

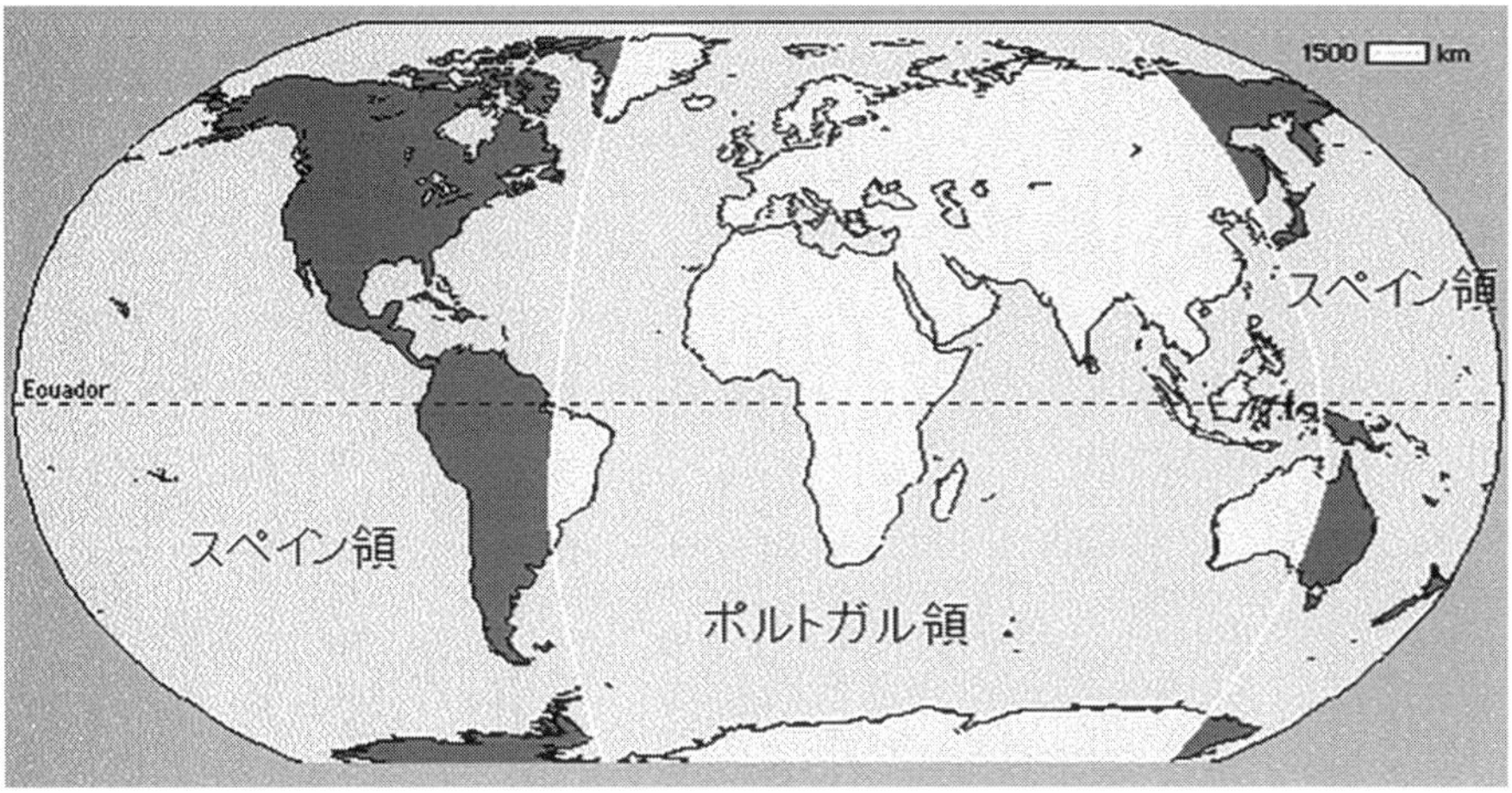

トルデシーヤス条約（1494）によるスペイン領とポルトガル領

口を見つけたか、と喜んだが、真水だったので河だとわかった。河口に分け入り、ソリスたち8人が土地の領有を宣言しようと上陸したが、先住民の攻撃をうけて、それを見た船員たちは彼らを置き去りにしたまま、ブラジル方面へ逃げ帰ってしまった。

3年後の1519年、スペインが派遣した5隻からなるフェルディナンド・マゼラン（1480?～1521）の隊がラプラタ河からさらに南に下り、とうとう大陸の最南端のマゼラン海峡にまで到達し、アジアへの航路を見つけた。だがマゼラン自身はフィリピンで先住民に殺され、エルカノが残った隊員を率いて世界一周を達成した。3年に及ぶ航海で帰還したのは、216人中19人のみであった。この航海により、フィリピンは米西戦争でアメリカ領とされる1899年までスペイン領となった。

ソリスの隊が去ってから11年後の1527年、再びラプラタ河に分け入ってきたのはセバスティアン・カボトが率いる3隻の船であった。マゼランと同じ航路をたどってモルッカ（香料諸島）をめざしていたカボトは、ブラジル沿岸で取り残されていたソリスの隊員2人に出会った。ソリスたちを置き去りにして逃げた3隻の船のうち1隻がブラジル沖で難破して、そこに18人が取り残されたのだった。その2人がラプラタ河の上流には銀の山があるという情報をもたら

＊ラプラタ地方
現在のアルゼンチン、パラグアイ、ウルグアイなど、ラプラタ河地域の総称。

したため、カボトは急遽ラプラタ河を探検することにした。河口に入っていくと、ソリスとともに上陸して11年間先住民の間で暮らしてきた隊員が現れた。彼の案内でパラグアイまで河を溯《さかのぼ》って探検したあと、現在のロサリオ付近にラプラタ地方＊最初の要塞エスピリトゥ・サントを築く。だが先住民の攻撃に耐え切れず、2年後には放棄してスペインへ帰国した。

ラプラタ河はその後7、8年の間は静かであったが、1536年のこと、突如14隻からなる大船団が河口に姿を現した。スペイン王が派遣した初代ラプラタ地方長官ペドロ・デ・メンドサ（1487~1537）が1500人を率いてやってきたのだ。

話は溯るが、ブラジル沖で難破してそこに取り残された18人のソリスの隊員のひとりだったアレホ・ガルシアは、先住民が話すグアラニ語を覚えてカリオ族の間で暮らすうちに、ラプラタ河の上流には銀の山があることを知った。彼はよほどカリスマ性のある人物だったらしく、1525年、4人の仲間とともに2000人の先住民を率いてパラグアイからチヤコ地方を経て、インカ帝国南端のチャルカスにまで迫った。彼がピサロよりも10年も前にインカ帝国と接触した最初のヨーロッパ人である。そして金銀などの戦利品を持ってブラジル沿岸に戻ろうとしたのだが、途中で殺されてしまった。他部族との争いによるものか、味方同士の分け前の争いによるものかは分からないが、彼と先住民女性との間に生まれた息子がまだ幼かったために殺されずに残され、ブラジル沿岸まで戻ってその話をヨーロッパ人にもたらした。その頃にはもう、ブラジルの開発が進み、新大陸におけるスペインとポルトガルの確執が始まっていて、カボトからもたらされた、銀の山があるという報告を受けたスペイン王室は、ポルトガルや新興のイギリスに先を越される前にラプラタ地方を領有しなければならないと考え、メンドサの大船団を派遣したのだった。

❖メンドサの大隊とアスンシオンの発見

しかし地方長官（アデランタド）に任命されたメンドサはコルテスやピサロなどのような百戦錬磨の征服者《コンキスタドール》と違って、宮廷で王の小姓として育ち、はじめから地方長官《アデランタド》という輝かしい称号を与えられていた。１５００人の隊員の中には自身の愛人をはじめ10人ほどの女性、8人の神父に貴族の次男三男などがいて、まるで宮廷さながらであった。船には戦闘のための馬は72頭も積まれていたが、植民に必要な牛や豚などの家畜はおろか、鋤や鍬などの農具、種や苗木、魚を取る網さえもなかった。しかも彼らが上陸したブエノスアイレス近辺には家を建てようにも木や石さえもなく、ただあるのは見渡す限り茫洋と広がる大草原（パンパ）だけだ。

そこに住むケランディー族はしばらくは食料を貢ぐなどしていたが、スペイン人が彼らの女や食料を奪おうとしたことから戦いが始まると、たちまち猛烈な飢えがやってきた。メンドサは事態を打開しようとフアン・デ・アヨラスを隊長とする２００人をラプラタ河上流の探索に送り出したが、自身は病が重くなり、１５０人の主だったものを連れて帰国の途についた。だが赤道を越える前に病死した。梅毒だったと言われる。

一方ラプラタ河を溯ったアヨラスは上流で植民に適した場所をみつけ、ブエノスアイレスに１００人を残し、あとの隊員を率いてパラナ河とパラグアイ河の交差するあたりに砦を築いた。そして砦をドミンゴ・マルティネス・デ・イララ（１５０９〜56）に任せて、自分は

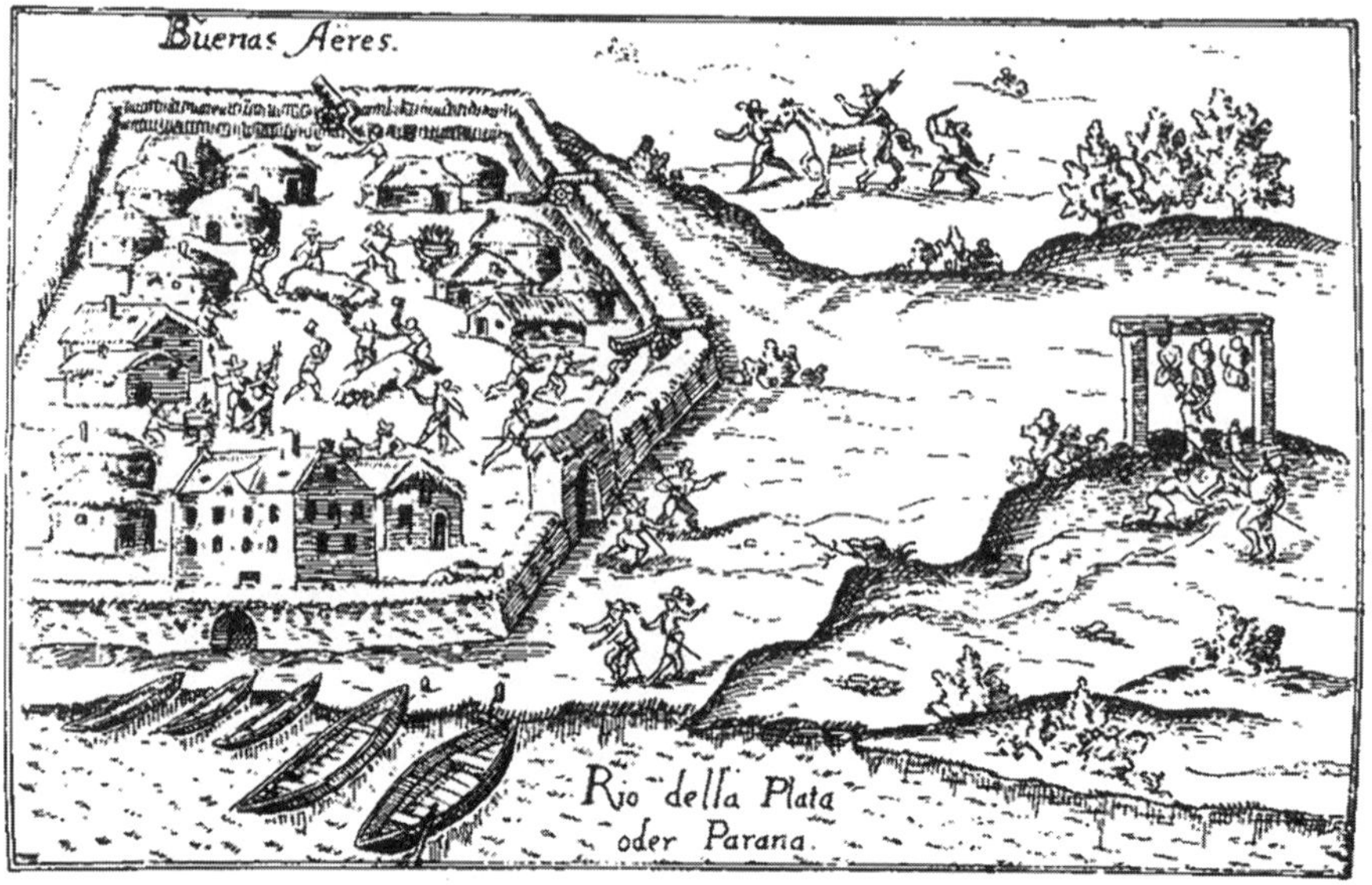

1536年建設直後のブエノスアイレス。ドイツ人兵士ウルリッヒ・シュミドル著『ラプラタ旅行記』の挿し絵

137人を率いて銀の山の探検に出発した。そしてほとんどボリビアに到達していたのだが、あと一歩と言うところで引き返してしまい、戻ってみると砦は放棄され、付近を探しまわっているうちに先住民の攻撃をうけて全滅した(1538)。

イララは部下のサラサールが河の上流に港にするのに適した場所をみつけたので、そこに移動してしまっていたのだった。そこが現在のパラグアイの首都アスンシオンである(1537年8月15日建設)。ブエノスアイレスを放棄して全員がアスンシオンに移り住んだが、このとき船に積み込めなかった馬12頭がとり残された。40年後、彼らの子孫がブエノスアイレスを再建しようとして戻ってきた時には、それが野生馬の大群となってパンパを駆け巡っていたという。

アスンシオンの付近に住んでいたグアラニ族は350人のスペイン人を受け入れて、700人の女性を彼らに与えた。ここでもメキシコやグァテマラで見てきたように、敵対する他部族に対抗するために、女性を贈って姻戚関係を結び、スペイン人を味方につけようとしたのだった。また、スペイン人が持っていた武器や鉄の刃物などは彼らにとって非常な魅力だった。

グアラニ族はすでに焼畑農業を行っており、男は狩猟、女は畑仕事と野生の植物の採取で生活していたので、首長《カシケ》は何人もの妻をもちその働きで養われていた。スペイン人も彼らに倣って何人もの女性を侍《はべ》らせ、アスンシオンでは続々と混血の子供が生まれ、グアラニ族は義兄弟としてスペイン人を援助した。だからここでは白人の方が先住民化したのだった。パラグアイは現在でもほとんどの人がスペイン語とグアラニ語を話すという、南米でも特異な国である。

そのような状態の中へ1542年、メンドサの後任の地方長官《アデランタド》としてアルバル・ヌニェス・カベサ・デ・バカ（1490～1559）が本国から送られてきた。彼はブラジル沖に着いた時、ブエノスアイレスがすでに放棄されたことを知ると、船はブエノスアイレス付近からラプラタ河を溯ってアスンシオンに向かわせたが、自身はブラジル沿岸から126頭の馬と250人の兵を率いて、3カ月半かかって1600キロメートルの陸路を踏破しアスンシオンに入った。なにしろ彼は8年かかって北米大陸を横断した強者《つわもの》＊であった。

カベサ・デ・バカは、そこにいるスペイン人がすっかり現地化してまるで『マホメットの天国』のような、グアラニ族と何ら変わりない放縦な生活ぶりをみて衝撃をうけた。そこで、風紀を正してアスンシオンをスペイン人の町らしくしようと努めたが、反対に住民の反撥をうけ、本国に送り返されてしまった（1545）。イララは1548年

アルバル・ヌニェス・カベサ・デ・バカ

＊8年かかって～横断した
1528年フロリダ探検で嵐に遭い、生存者4人で金を求めて西に向かい、1536年メキシコ北部のクリアカンで救出された。のちに旅行記『遭難者たち』を出版。

になってようやく念願のボリビアの銀の山ポトシに到達したが、時すでに遅く、3年前からペルーからきたスペイン人の手で開発が始まっていた。アスンシオンはあくまで銀の山に至る通過点のはずだったが、もうあとはそこに腰を落ち着けるしかなかった。

サナブリア隊の出航

王室はこれまで期待をことごとく裏切られてきた。まず、1500人ものメンドサの隊は飢えと先住民の攻撃で瓦解し、ようやく大西洋岸に築いたブエノスアイレスは持ちこたえられずに放棄されてしまった。アスンシオンでは道徳は忘れ去られてスペイン人は先住民に同化し、混血児が大量に生まれ、スペイン人同士が互いに争い、すぐ近くまで南下してきたポルトガルの領土拡張に対して何の手立てをとることができない。スペインに送り返されてきたカベサ・デ・バカの報告によって、王室は現地にスペイン女性を送って風紀を正し、アスンシオンをスペイン人の町らしくすべきだと考え、第三代目の地方長官《アデランタド》を任命するにあたり、命令書の中にスペイン人女性を連れて行くことを付け加えた。

そして、1550年4月ラプラタ地方に向かった3隻の船に乗った300人の中には、子供連れの家族のほかに50人の独身女性がいた。しかもこの船団を率いるのはメンシア・デ・サナブリアという、3人の娘を連れたまだ30代半ばの未亡人であった。その2年前、彼女の夫が第三代目のパラグアイ長官に任命され、メンシア自身が出身地のメデイン*で同行する女性を募った。ところが出発を目前にして夫が急死し、代わって18才の長男が司令官に任命されるが、物資の調達が間に合わず（？）、彼はあとから来ることにして、メンシアが隊を率い

***メデイン**
スペインのエストレマドゥーラ地方、コルテスの出身地。

て出発することになった。年齢からみて長男は先妻の子で、理由は分からないが、とうとう現地に来ることはなかった。メンシアを補佐するのは、アスンシオンを発見した、現地を熟知するサラサールである。彼はカベサ・デ・バカを本国に送り返すためにスペインに来ていたところであった。

船団は1550年4月スペインを出航したが、航海に危険はつきもので、メンシアの船もフランスの海賊に襲われた。海賊の方も大勢の女性をみて面喰らったのか、品物を略奪されただけで済んだ。まだ海賊にも女性を尊重するという仁義があったようだ。メンシアは海賊に、女性たちはだれも犯されなかったという証明書を書かせている。しかし厳しい航海中にまだ幼かった末娘を亡くした。

メンシア・デ・サナブリア

ブラジル沿岸で

8カ月後、ようやく、カベサ・デ・バカが8年前に上陸したブラジル南部のサンタ・カタリーナ島に到着したが、彼女たちの船は傷みが激しくもう使用に耐えないほどで、1隻の船は途中で難破したのか行方不明となり、残った1隻で島と本土の間を往復して人や物を運んだが、この船も最後には岩に砕け、船長をはじめ11人が死んだ。結局この年（1550）のクリスマスを共に祝うことができたのは、一緒に出航した300人のうち120人のみであった。

海岸に孤立した彼らは船の廃材を使って小型の船を造ることにした。幸い気候も良く、豊かな自然の恵みのおかげで食料は確保できた。女たちは船の帆を繕ったり、食事作り、薪集めをし、力仕事をする男たちに励ましのことばを掛けてともに働いた。まもなく、15才になったメンシアの長女マリアは隊の若者と結婚して、1年後には子供が生まれた。隊には二人の神父がいて、毎日のミサや結婚式、洗礼もとどこおりなく行われていた。この間船長の未亡人もサラサールと結婚している。1年後船が完成すると、王室との取り決めに従って、隊はなるだけポルトガルとの国境に近い場所に移り、そこをサン・フランシスコと名付けて、2年半孤立無援のまま暮らした。

新大陸におけるスペインとポルトガルの国境はトルデシーヤス条約によって決められていたが、ポルトガルはそれを無視し領土を拡張し続けていたから、危機感をおぼえたスペイン王はメンシアに町を築いて領土を確保することを命じていた。だが釘やその他の鉄製品や材

＊サン・ビセンテ　1532年ブラジルで最初に建設された町、サンパウロから近くサントスの側。

木は船を作るのに使い果たし、畑に撒く種はなく、衣服はすりきれ、火薬も残り少ない。時折トゥピ族の襲撃もあった。とうとうメンシアはサラサールに命じて、船でポルトガル人の町、サン・ビセンテ＊へ種や火薬を買いに行かせた。

この時はじめてスペイン人の隊がすぐそこにいることを知ったサン・ビセンテの司令官トメ・デ・ソウザ（1503〜79）は全員でサン・ビセンテに移ってくるように勧めた。メンシアは、後からくるはずの長男のためにもサン・フランシスコを確保しておきたかったが、女性たちにいつまでも不自由な暮らしを強いるわけにはゆかず、しかも赤ん坊までいる今、自分たちだけでそこで暮らし続ける自信はない。そこで妥協案として、銃を持たせた兵士4人を残して形式的にはサン・フランシスコを領有したままで、一行を率いてサン・ビセンテに移った。

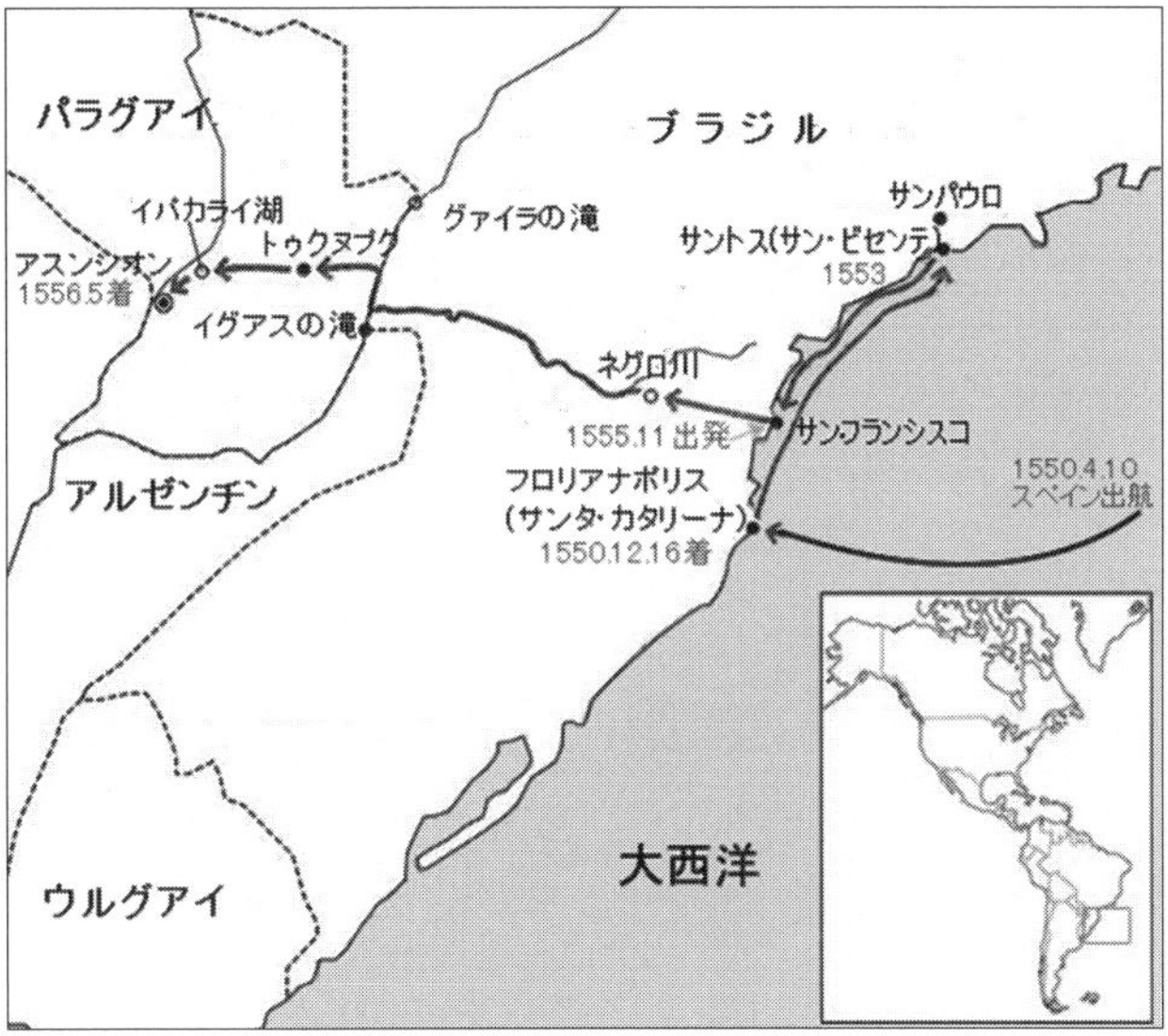

メンシア・サブリナ隊の行程

そこには彼女たちが初めて接する豊かな新大陸の文明があった。見渡す限り緑のサトウキビ畑、そこかしこで働く黒人や先住民の奴隷たち、美しく塗られた木造の家、贅沢な調度品……司令官は彼女たちを肘掛け椅子に坐らせ、豪華な食事、ポルトガル産のワイン、音楽などでもてなした。歓待に酔いしれた女性たちはまるで天国に来た心地であった。しかしまもなく、聡明なメンシア（この時38才）はこの

＊シュミドル
90ページの挿絵参照。

待遇がサン・フランシスコの建設を阻むための『金の檻』であることに気がつく。領土の拡張を図るポルトガルは、すぐそこにスペイン人の町を造られては困るのだ。メンシアは援助を拒み、一行を引き連れて、町外れの廃屋に移り住んだ。しかし司令官の支援なくしては自分たちだけでアスンシオンに向かうことも、また本国にこの状況を知らせることもできず、幽閉されたも同然となった。

そんなところへ幸運にも、アスンシオンからドイツ人兵士シュミドル＊がヨーロッパへ帰るためにサン・ビセンテにやってきた。スペイン王カルロス一世は神聖ローマ帝国のカルロス五世でもあったから、メンドサの隊にはスペイン人だけではなく、ドイツ、オランダ、ベルギー出身の兵士もいて国際色豊かだった。

メンシアとサラサールはスペインを出てからこれまでの経緯を書いた手紙をシュミドルに託し、彼はそれを銃身に隠してヨーロッパに運び、手紙は様々な人の手を介して無事宮廷に届けられた。シュミドルはドイツに帰還後、『ラプラタ旅行記』を出版し、それは実際にブエノスアイレスやアスンシオンの建設に参加した第一次目撃者の証言として貴重であると同時に、アルゼンチン最初の文学作品ともなった。

メンシアの手紙を受け取った王室は、5年間も消息が途絶えていた彼女たちが無事でいることを知って喜ぶが、すでに隊は全滅したものと考えて、新しい地方長官《アデランタド》を任命していた。しかしポルトガル政府から通行許可書を取り、メンシアのもとに送った。本国からの通行許可書が届いた以上、ソウザもこれ以上一行を留め置くことはできず、手厚く準備を整えて彼女たちを送り出した。

メンシアは女性たちに、自分についてサン・フランシスコに残るも、スペインに帰る船に乗るも好きにするようにといったが、全員が彼女に従った。ただ、サラサールは彼女たちと別れ、新妻の船長の未亡人とその二人の娘を伴って、小さな隊を組み、そこからアスンシオンに向かった。隊にはパラグアイに初めて導入する牛を連れてゆく者もいた。

陸路パラグアイへ

メンシアたちが1年半ぶりサン・フランシスコに戻ってみると、目に飛びこんできたのは残してきた4人の兵士の頭蓋骨がトゥピ族の槍の先につき立てられて風に晒されているおぞましい光景であった。それでも彼女は皆を勇気づけて、町の再建にとりかかったが、ある日突然、トゥピ族の激しい攻撃を受け、数人の男が殺された。メンシアももはやこれまでと、サン・フランシスコを放棄し、アスンシオンに向かう決心をした。

昼なお暗い原始林に道らしい道はなく、男たちが大鉈で切り開いて道を作りながら進むという困難な旅である。しかもトゥピ族の襲撃があるのでなるだけ早く海岸から離れてグアラニ族の圏内に入らなければならない。また猛獣、毒蛇、虫さされと、密林のなかは危険に満ち、疲労や熱病による死者も続出し、神父のひとりが熱病で亡くなった。それでも内陸に入ると、攻撃の心配はなくなり、グアラニ族にカヌーで河を渡してもらえたりして旅も少しは楽になった。途中でイグアスの滝を見たりしながら5カ月かかって1600キロの道を歩き、アスンシオンに入った一行が大歓迎を受けたことはいうまでもない。スペインを出て6年の月日が経っていた。

モンテビデオに立つエルナンダリアスの像

旅の途中で生まれて母の腕に抱かれてアスンシオンにやってきたメンシアの孫フェルナンド・トレホ・デ・サナブリアはフランシスコ会に入ってクリオーヨ*で最初の司教となり、アルゼンチンのコルドバ大学の基を築いた。彼の母のマリアは夫を亡くしたあと再婚して8人の子供を生んだが、そのひとりがクリオーヨとして初めてのラプラタ地方司令官となり、しかも5度もその地位に就いてラプラタ地方発展の基礎を築いたエルナンダリアスである。

このようにメンシアの孫たちはその地方発展の礎となったが、一緒にやってきてそこで結婚した女性たちも夫の混血児を自分の子供と同じように教育し、スペイン文化を根付かせ、『土地の息子』と呼ばれたパラグアイ生まれの若者たちがこののちラプラタ地方に次々と町を打ち立てていくことになる。40年前に放棄されたブエノスアイレスを再建したのも彼らであった。アスンシオンからブエノスアイレスにかけてのパラグアイ河とパラナ

コルドバ大学にあるフェルナンド・トレホ・デ・サナブリアの像

河流域では今に至るまでグアラニ文化の影響が色濃く残されている。

【参考資料】

Mujeres de la Conquista: Lucía Galvez: Planeta 1990
Algunas mujeres de la conquista: Josefina Plá: Asociación de las mujeres 1985
Por que Hernadarias: Francisco José figuerola: Editorial Plus Ultra 1981
Historia argentina de Descubrimiento, Población y Conquista de las Provincias del Río de la Plata: Rui Díaz de Gusmán: Editorial Plus Ultura 1969

＊クリオーヨ
現地生まれのスペイン人。

07.

イサベル・バレト

南太平洋の女性提督

Isabel Barreto
1567? - 1612?

ペルー

夫が昔行ったソロモン諸島を目指して、彼の指揮のもと、総勢378人が乗る4隻の船でペルーから南太平洋探検に向かったが、隊員の不仲や先住民の攻撃、食料や水の不足などのうちに夫が病死し、彼女自身が提督（アルミランテ）として、ただ1隻残った船を鉄の意志でフィリピンまで率いた。史上唯一の女性提督。

メンダーニャの最初の航海

イサベル・バレトは1567年頃スペイン北部のポンテベドラで生まれた貴族出身の女性で、ポルトガルの航海士でインド領の司令官であったフランシスコ・バレトの孫とも、あるいはペルーの征服者でポルトガル出身のヌニョ・ロドリゲス・バレトの娘ともいわれる。イサベルは10人の兄弟とともに、10才ぐらいでペルーに渡ってきたとされるが、ペルーで生まれたという説もある。ヌニョ・ロドリゲス・バレトは1574年、黄金郷《エルドラド》を求めて探検中に熱病に倒れ、その後一家がどこでどのように暮らしたかは分からない。イサベルが歴史に登場するのは、1585年のリマだが、その前にまず彼女の夫となるアルバロ・デ・メンダーニャ（1542~95）のことを話しておこう。

黄金熱に浮かされたスペイン人たちは、はるか西の彼方に黄金に満ちた島が存在するというインカの人々の話を聞き、それは旧約聖書の中にある、ソロモン王が金銀、宝石を採取していたという伝説の地オフィルに違いないと考えた。リマの聴訴院《アウディエンシア》の議長であったロペ・ガルシーアの甥、アルバロ・デ・メンダーニャもそれを信じたひとりだった。ちょうど副王の謎の急死により、ロペ・ガルシアが臨時に副王代理を務めていた時のことで、彼は甥の要求に応えて、探検を許可した。

1567年11月、隊員150人、フランシスコ会士4人、黒人奴隷20人を乗せた2隻の船はリマの港カリャオを出発し、太平洋を西へ向かった。翌年2月サンタ・イサベルと名づけた大きな島に上陸し、メンダーニャは首長のビレ・バナラと友好関係を結ぶことに成功し、そ

アルバロ・デ・メンダーニャ

の付近の島々をソロモン諸島と名付けた。彼らが発見したのはのちに『太平洋の楽園』といわれる島々であったが、すべてが牧歌的というわけではなく、ある島で饗宴に招かれたところ、何と供された皿に盛られていたのは人間の脚だった。メンダーニャは穴を掘って丁重にそれを埋葬したが、折角のご馳走を台無しにされた島民をがっかりさせてしまった。彼はできる限り平和裡に島民と友好関係を結ぼうとして、隊員には島民に対する暴力や盗みを禁じ、ビレ・バナラから言葉を習った。島で小回りのきくベルガンティン船を建造して付近の海域を探索し、数多くの島を見つけたが、ガダルカナル島と名づけた島で住民がわずかな金の装飾品を身につけているのを見つけたという報を受け、メンダーニャはそこが伝説の地オフィルに違いないと思いこみ、すぐさまビレ・バナラに別れを告げてその島へと向かった。だが上陸したとたん、矢の雨が降り注ぎ、その場で2人の隊員が殺された。それが悪夢の始まりで、それからというものどの島に行っても激しい攻撃を受けるばかりだった。また部下との対立や長雨続きの悪天候にも翻弄され、ついに彼は黄金郷《エルドラド》探しを諦め、ソロモン諸島をあとにして帰国の途についた。もともとわずか25才の何の経験もない若者が海の荒くれ男たちを統率することは不可能だったのだ。帰りの航海もカリフォルニア沿岸まで流されて散々苦労したあげくようやくメキシコにたどり着き、カヤオに帰ったのは出航して22カ月後で、150人中32人の隊員を失い、ほとんど全員が負傷していた。そしてこの航海に1万ドゥカドを投資したメンダーニャはすべてを失った。

イサベルとの結婚

しかし彼はソロモン諸島征服を諦めず、リマに到着した第五代副王トレドに探検の許可を求めるが、副王は彼の伯父のロペ・ガルシーアとは不仲で、彼の願いはにべもなく却下された。メンダーニャは国王にも手紙を書くが何の回答も得られず、とうとうスペインに渡りフェリペ二世（在位1556～98）に拝謁して、ソロモン諸島がいかに将来性のある所か、キリスト教化すべき先住民がいかに多く住んでいるかを訴え、王から直々に探検の許可書を授かることに成功した。そしてスペインで探検の参加者を募り、備品その他の準備を整えてリマに帰り、第七代副王トーレス・イ・ポルトガルに資金援助を請《ねが》った。ところが当時リマは大地震の直後で、新しい探検への出資を検討するどころではなく、彼の計画は頓挫した。

メンダーニャがイサベルと出会ったのはその頃のことである。その美しい女性は誇り高く勝気でしかも野心家、そして何よりも彼女には多額の持参金があった。「もしも航海が成功すれば、君はソロモン諸島の司令官（ゴベルナドール）の妻となり、侯爵夫人の称号も夢ではない」と囁かれれば、両親から冒険者の精神を受け継ぎ、まだ20才にもならないイサベルの血が騒いだのも無理はない。確かにフェリペ二世の命令書は「探検が成功すれば、子孫代々を王の臣下とし爵位を授ける」と結ばれていた。1586年イサベルは彼と結婚し、夫の事業の最強の支援者となった。だがその夢が叶うにはさらに10年の歳月を要し、結局航海が実現したのは第八代副王メンドサ（在位1589～96）の後押しによるもので、航海の資金はイサベルの持参金だった。

イサベル・バレト

最初の航海から27年が過ぎ、メンダーニャももう53才になっていた。ふたりが乗り込んだ首艦のサン・ヘロニモ号は1595年4月カヤオを出港してペルー沿岸を北上し、トルヒーヨやサニャで他の船と合流したが、最初から問題が続出し、将来の多難さを思わせた。ことに航海長のキロスと兵士の隊長マリノは何かにつけて衝突するのだが、マリノは誰とでも諍《いさか》いを起こすことからみても問題のある人物で、船団は大変な火種を抱え込んでしまったようだ。

メンダーニャの2度目の航海

ともかくも4隻からなる船団は1595年6月、最後の寄港地パイタを離れ西北に向かった。総勢378人でロレンソ、ディエゴなどイサベルの兄弟4人、イサベルの妹マリアナの夫で航海士のロペ・デ・ベガ、僧3人、修道士1人、黒人奴隷など成人男子280人に、イサベル姉妹とその従者など、98人の女性や子供がいた。中には妻と子供5人を連れて乗りこんだ者もあったが、船の中で結婚相手を見つけようという女性たちもいて、出航後すぐに15組のカップルが誕生した。船には食糧や薪、水瓶1800個のほかに植民に必要な道具、家畜、種や苗なども積みこまれていた。

35日後に最初の島が見つかり、翌日島の南側に回ると3~10人乗りの70隻のカヌーが現れた。400人ばかりの人々の肌や歯は白く、立派な体格で手足も長く、目つきも良い。全裸で顔や体に青い刺青をし、好奇心からか、カヌーで船の後を追いかけてくる。のちに過酷な状況に追い込まれた時、どうしてこの最初の島に留まらなかったのかと後悔する者もいた。

ついで3つの島が現れ、メンドサ副王夫人に因んでマルケサス（侯爵夫人）諸島と命名した。そしてその一つにメンダーニャ夫妻以下隊員が上陸し、国王の御名においてその島を領有する儀式を行った。しかし最終目的はソロモン諸島のサンタ・イサベル島だったので、メンダーニャは船を修理し、水や薪、食糧を積みこんで出発命令を下した。そのままそこに留まって一刻も早く落ち着きたいと考えた家族連れの隊員たちからは不満の声が上がったが、メンダーニャはソロモン諸島まではあと少しだからと彼らをなだめて出航した。しかし陸地はなかなか現れず、水が不足しはじめると再び不満が噴出し、目的の島を通り過ごしたのではないかという者も出てきた。

ようやく一つの島にたどり着いたがそこは目指すサンタ・イサベル島ではなく、サンタ・クルス島と命名した。だがイサベルの妹マリアナの夫ロペ・デ・ベガが指揮する182人を乗せた船が行方不明となった。島からは50隻のカヌーがやってきて、乗っている男たちは色が黒く、縮れた髪を色とりどりに染めて歯まで赤く塗っており、簡単な衣服を着、首飾りや腕飾りをつけていた。メンダーニャはここでマロペという首長と友好を結ぶことに成功した。隊はしばらくそこに留まり、行方不明になった僚船を探したり、周囲の島を探索したりしたが、さまざまな問題が持ち上がってきた。イサベルの兄ロレンソと軍隊長マリノが対立し、そこにイサベルとその兄弟たちが加わり火に油を注いだ。そしてとうとうマリノが島民を殺すに及んで、優柔不断なメンダーニャもイサベルの言を聞き入れて、命令に従わないマリノとその仲間数人を反逆者として処刑した。さらに、隊員のひとりがもっと多くの食料を提供させようとして、鷹揚だったマロペを殺してしまったものだから、島民に対する見せしめとして、メンダーニャはこの隊員までも殺さねばならなくなった。その上、それから40日後、今度は彼自身がマラリアに罹って突然亡くなる。

女性提督（アルミランテ）

死の直前、彼はイサベルに地方長官《アデランタダ》として地上の統率権を、彼女の兄ロレンソに提督（アルミランテ）として海上の統率権を委ねるという遺言を残した。ところが数日後、その兄までもが先住民の毒矢に倒れ、彼はイサベルを後継者に指名して死んだ。こうして彼女はスペイン史上最初の女性提督《アルミランテ》兼地方長官《アデランタダ》となった。

イサベルは夫と兄の死を悲しむ暇もなく、苦境の中で今にも爆発しそうな不満を抱えた集団を一人で率いることとなった。サンタ・イサベル島がどこにあるかを知っていたのはメンダーニャだけで、しかも彼は何の書き物も残さず、27年も昔のおぼろげな記憶を頼りに隊をここまで率いてきたのだった。それまでも彼がサンタ・イサベル島への海路を本当に知っているのかどうかを危ぶむ隊員も多かったが、いよいよその危惧が現実のものとなった。

イサベルが最初に下した決断は隊員を船に集めて出航することであった。一刻も早く落ち着きたかった家族持ちの隊員は不満だったが、頼みの綱であったマロペを殺してしまっては、この島で先住民と共存することはもはや不可能で、船の傷みは激しく、ペルーに戻るには遠すぎた。そこで相談の結果、探検を諦めて、アジアにおけるスペイン人の拠点であるマニラに向かうことになった。だがマニラまではまだ900レグア（5000キロメートル）もあり、浅瀬の多い危険極まる海域である。しかも航海長のキロスはもともと船に女性を乗せるべきではないと主張していたほどで、イサベルが夫を操り、何事にも口出しすることに嫌悪感を募らせていたのだから、ふたりはことあるごとに衝突した。残された記録はキロスの航海日誌だけで、我々が知ることができる情報は一方的なものとなるが、イサベルは冷酷非情にも、マニラへの出航に反対する船乗り数人を絞首刑にした、と記している。

3隻の船は1595年11月サンタ・クルス島を後にしたが、このあと1隻の船が脱走して離れていった。その船はミンダナオでイエズス会の修道院に保護されたことがのちに分かる。だが彼らの振る舞いに憤慨した修道院長は船長らを投獄し、指揮官たちはのちにマニラに送られて反逆罪で裁かれた。それからさらに、嵐の中でもう1隻の船が救援を求めてきたが、イサベルは暗闇の中で近づくのは危険だとして要請に応じず、船は行方不明となり、結局全ての僚船を失った。のちにその船は死者たちを乗せたまま幽霊船のように漂流していたのが見つかったという。

サン・ヘロニモ号も食糧は底をつき、水は腐り、死者が出ても男たちは死体を海に投げる力もなかった。島が近づくと先住民から椰子の実や果物を分けてもらうことができたが、小舟を失ったので上陸できず、ひたすら先を急いだ。恐らく目指していたサンタ・イサベル島の沖合を通ったはずだが、もはや果たしてそれが目的の島かどうかを調べる気力も失《う》せていた。このみじめな航海の間もイサベルと航海長キロスの間には諍いが絶えない。船も帆はぼろぼろになって操具もほとんど失い、辛うじて航行できる状態だった。キロスは荷を軽くするために大砲を棄てることを提案したが、イサベルは「これは国王陛下からの預かり物です」

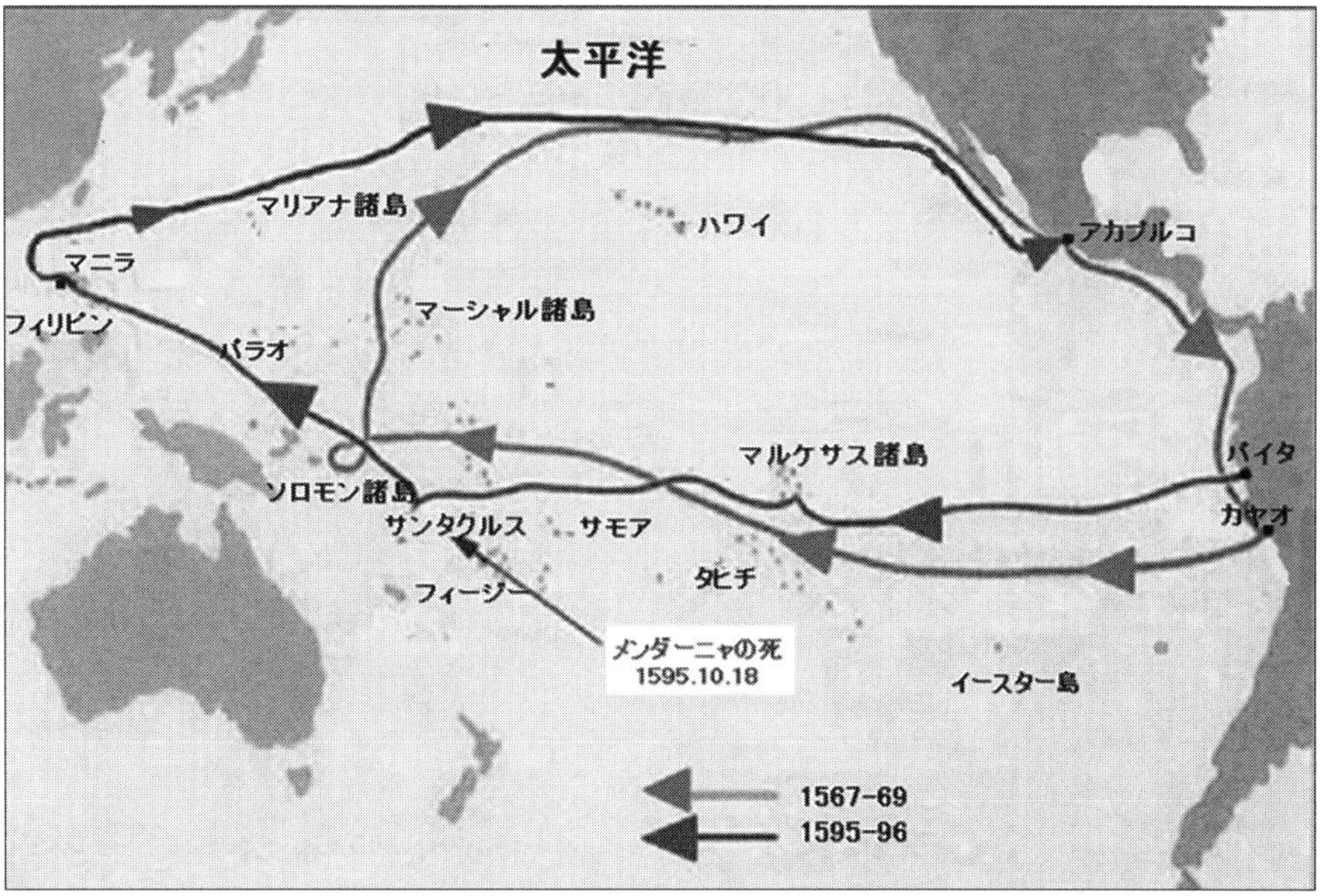

メンダーニャの２回の航海

といって取り合わない。

彼は飢え死にするよりもここで食べたほうがよいと食糧を配ることを要求するが、イサベルは購入費4万ペソは自分が出したのだからと拒絶する。彼女は目的地に近づけば近づくほどますます居丈高になり、そのような要求は暴動として、マニラに着いたら裁かれるだろう、と脅し文句を吐いたという。キロスもまた、航海術を知らないメンダーニャに代って働いたのに、その代償を受け取っていない、また命という代償を払った者もたくさんいる、そもそも所在もはっきりしない島への航海に全員を連れ出したメンダーニャに責任があると主張し、とうとうイサベルが折れて、子牛を一頭提供した。その翌日、通りがかった船からマニラまであと40レグア（220キロメートル）と聞き、ようやく全員が胸をなでおろした。とある島の沖合に停泊すると先住民が米などを売りにきて、キロスは自分の金で2袋買い、皆に分けてやったが、イサベルは値段が余りにも高いといって買わなかったと、キロスはイサベルがいかに冷酷で、吝嗇《りんしょく》で、利己的だったかを書き募るのだが、話し半分としても凄まじい。船がマニラに近づいた時、救援の船がきて、乗りこんできた役人はまだ豚その他の食糧や水が残っているのに皆が飢えているのを見て驚いた。イサベルは夫のミサをあげるために取っておいた物だと弁明するが、役人はそれには耳を貸さず、すぐさま豚を殺して皆に分け与えるように命じた。サンタ・クルスを出て50人が命を落としたが、残っていた20甕《かめ》の水、小麦などを配っていれば死者の数はもっと少なかったはずだと、キロスは記している。ペルーを出た時120人だったサン・ヘロニモ号の乗員はマニラに着いた時には35人になっており、しかもそのうち数人は病院に収容されてから亡くなった。

しかしイサベルは自分の権利と義務をはっきりと認識し、責任を受け止め、確信をもって決断を下したからこそ、困難な航海を乗り切ることができたということも確かだった。彼女はメンダーニャの志を自分のものとし、財産、青春、安楽な生活を犠牲にしてこの航海に賭けた。海の荒くれ男たちを相手にして彼らに打ち勝つ唯一の方法は、エゴイストや冷酷さという鎧を身にまとうしかなかったのだろう。

船はペルーを離れて8カ月後の1596年2月、マニラに到着した。港にはペルーから太平洋を横断するという偉業を成し遂げた最初の女性提督《アルミランテ》を一目見ようと大勢の市民が押しかけた。彼らはソロモン諸島と関連づけてイサベルを『シバ（サバ）の女王』と呼び、彼女の名は長くフィリピンの人々の口の端に上った。

イサベルの再婚

こうしてイサベルは伝説の人となったが、まだ29才の美貌の未亡人の人生がここで終わるわけがない。フィリピン司令官の宮殿に身を寄せた彼女の前に現れたのは、前司令官の弟で名誉あるサンチアゴ騎士団の団員、フェルナンド・デ・カストロで、この時同じ宮殿に住んでいた。イサベルの両親と同じガリシア出身で、まだ若いながら数々の戦争に参加し、船団を率いてフィリピンとアカプルコの間を往復したこともある海のベテランである。メンダーニャの喪が明けた1596年11月、イサベルは彼と結婚した。

サン・ヘロニモ号は堅い木を使ってグァヤキル（現エクアドル）で作られた船で、帆や舵などの装具はほとんど失ったが、船そのものは非常に堅牢だったから、修理すれば十分使えた。船はキロスを航海長として、イサベルとその夫のカストロ、ペルーから来た人々、メキシコへ渡る人々など150人を乗せて、1597年8月マニラを出港し、3カ月後アカプルコに着いた。マニラの建設は1571年だが、アカプルコ—マニラ間のガレオン船航路は1565年から始まっていた。

イサベルと夫はメキシコから国王フェリペ三世（在位1598～1621）に新しい探検の許可を求めて手紙を書くが回答は得られず、1609年頃、その後生まれた二人の子供を連れてスペインへ渡った。しかしやはり許可を得ることはできず、ペルーへ帰り、イサベル所有のグアナコ（アルゼンチン）にあるエンコミエンダに落ち着いた。

だがその同じ頃、イサベルはキロスがフェリペ三世からソロモン諸島探検の許可と国家支援を授けられたことを知り、抗議の手紙を書くが無視され、直接談判するためにカヤオに出向いて8年ぶりにキロスと会って対決した。ふたりの間で激しいやりとりが交わされたが、今や新しい王令を手にしたキロスの方が優位であった。1605年12月、イサベルと夫は臍《ほぞ》を噛みながら、カヤオを出航していく300人を乗せた3隻の船を見送り、これでイサベルの提督《アルミランテ》の称号は消滅し、『シバの女王』は永遠にその王国を失った。

イサベルは1612年、45才で没してペルーのカストロビレイナに埋葬されたとされているが、スペインのガリシアにも、ある屋敷に年配の女性が二人の子供と住んでいて、土地の女性が「あの白い髪の方がドニャ・イサベルといって、ソロモン諸島の総督でシバの女王と言われていた人だよ」と子供たちに教えていたと言い伝えられている。

さてキロスは無事にソロモン諸島を発見できたのだろうか？　否である。彼の航海の目的はソロモン諸島というよりも伝説の地「南の大陸（テラ・アウストラリス）」を発見して、そこにキリスト教徒の楽園を築くというものであった。すくなくとも彼はそう主張して、国王やローマ教皇から支援を取り付け、布教のために6人のフランシスコ会士を同行していた。1606年4月、バヌアツで大きな島を発見しそこを『精霊のオーストラリア』と名付けて植民を開始するが、内紛や先住民との争いが絶えず、別の島を探しに出たものの、元の島に戻れなくなり、そのままメキシコに帰ってしまった。取り残されたバエス・デ・トーレスはそのあとマニラに向かったが、途中ニューギニアとオーストラリア大陸の間を通り、そこにトーレス海峡の名を残している。そして20世紀の初めまで、オーストラリアのカトリック系の学校では「オーストラリア大陸の発見者はキロス*」と教えられていたということである。

キロスはこの航海が失敗に終わった後も、貧困や病気に苦しめられて狂人扱いされながら、新たな航海を企画してヨーロッパであらゆる関係者に面会し、手紙を書きまくって訴え、奔走をつづけるその姿には鬼気迫るものがあった。だがそれがようやく功を奏して1615年

＊オーストラリア大陸の発見者はキロス
オーストラリアは16世紀初頭、ポルトガル人クリストバン・メンドンサが発見していたが、トルデシーヤス条約に抵触するために伏せていた、という説もある。

探検の許可が下り、準備のためにペルーに戻る途中のパナマで命尽きた。彼もまたメンダーニャやイサベル同様、海に取り憑かれた航海者の一人であった。

【参考資料】

Doña Isaber Barreto, Adelantada de las islas Salomón: Manuel Bosch Barrett: Editorial Juventud,S.A. Barcelona 1943

Mujeres de acción: Vicente Ma. Marquz de la Plata y Fernández: Editorial Castalia 2006

『オセアニア史』山本真鳥、山川出版社、２０００年

シドニーに立つペドロ・キロスの像

08.

カタリーナ・エラウソ

尼僧兵士

Catalina de Erauso
1585?/1592 - 1650

アメリカ大陸各地

修道院の窮屈な生活に耐えられず、そこを脱走した彼女は、男装でスペイン北部を放浪した後、新大陸（インディアス）へ渡った。そして商人、兵士、用心棒、運送屋、役人の助手などさまざまな職業について南米大陸を縦横無尽に渡り歩き、数々の罪を犯したが、高徳の司教に導かれて改心する。その後有名人となり国王や教皇から男装の許可が与えられ、以降も男性として生涯を過ごした。

スペイン国内の放浪

スペインからインディアスへ渡るのは一攫千金を夢見る男たちばかりという時代に、たったひとりで渡航し、しかもそこを縦横無尽に駆けめぐった女性がいた。彼女の名はカタリーナ・エラウソ、スペイン北部のサン・セバスティアンに生まれたバスク人である。

カタリーナは4才の時から2人の姉とともに、伯母が院長を務めるドミニコ会の修道院に預けられ、おかげで女性は字が読めないのが普通だった当時としては珍しく高い教育を受け、ラテン語まで教えられた。伯母は修道院長だったということから生家のエラウソ家はかなり上層の家系だったことが分かる。姉2人のほかに4人の兄弟がいた。

15才になり、いよいよ正式に修道女となる誓いをたてる日が目前に迫ったある日、彼女は未亡人になって修道院に入ってきた年長の尼僧と暴力沙汰の諍いを起こして厳しく叱責され、そのあと隙をみて僧院から脱走してしまった。ちょうど1600年のことであった。

女性の一人旅など考えられない時代で、以来男に扮して人生を過ごすことになる。最初に行ったビトリアで雇ってくれたのは高名な学者で、彼女にラテン語の素養があると知ると学問を続けさせようとしたが、学校に閉じ込められるのがいやで早々にそこを逃げ出し、たまたま出会った馬追いについてバヤドリードへ行った。

丁度そこに宮廷が滞在中で、イディアケスという宮廷の要人が彼女を同じバスク人と知り、小姓として採用してくれた。仕事にも慣れてようやく腰を落ち着けた矢先、主人の家に訪問客があり、彼女が扉を開けると、そこに立っていたのは父だった。しかし父は幼い時に手

スペインとフランスにまたがるバスク地方

放し、男の恰好をしたカタリーナを見ても自分の娘だとは気がつかない。しかも父は、尼僧院を逃げ出して消息が分からない娘を探してくれるように主人に頼むのだった。彼女が預けられていた修道院は主人の祖先が創設したもので、代々イディアケス家がパトロンを務めていたため、父はその縁を頼ってこの有力者に娘の捜索を頼みにきたのだった。しかし懐かしい父の胸に飛びこみたいと思うものの、一旦自由な世界を知ってしまった今では、規則だらけの修道女の生活に戻るのは耐えがたい。そしていったん修道女の誓願を立ててしまえば、もう生涯そこを出ることはできないのだ。

カタリーナはその夜のうちに主人の家を抜け出し、また放浪生活に戻った。生来抜群の適応能力が備わっていたとみえて、孤児と偽って人々の同情を引きながら住み込みの使用人になったり、羊飼の仲間に加わったり、あるいは馬子として、さまざまな偽名を使いながらスペイン北部を転々と渡り歩いた。けんかで人を傷つけ、相手の傷が癒えるまで1カ月間牢に入れられたこともある。そんな無頼な生活を送るうちに、当世の多くの若者と同じく、彼女の胸にもインディアスに行きたいという願望が芽生えた。文無しにとって最も手っ取り早い方法は水夫になることだった。乗客として乗船するにはさまざまな規制があったが、船員にはそれほど厳しい調べはない。インディアスへの航路には古来から北の海で働き、航海術に長《た》けたバスク人の船乗りが多く、彼女は同郷の船長に頼み込んで見習い水夫に雇ってもらった。カタリーナはそれからも常に

*オランダ
16世紀半ばから独立運動が始まり、1609年に正式にスペインから独立。

あらゆる場面でバスク人に助けられることになる。

❖インディアスへ

1602年、17才ぐらいのカタリーナはフランシスコ・デ・ロヨラと名乗って水夫として船に乗り込んだ。船の中でひまに任せて兵士たちから剣の扱い方を教わったが、のちにそれが非常に役立つことになる。彼女が最初に踏んだインディアスの地はベネズエラ東部のアラヤ半島だった。船団はそこで塩を盗掘していくオランダ*船を追い払ったあと、カルタヘナを経てパナマのノンブレ・デ・ディオスに向かった。当時パナマの住民は500人だが、太平洋と大西洋を結ぶ唯一の拠点だったから、常に2000人の人がいた。ペルーやチリなどからスペインへ送られる銀などの産品は太平洋側の艦隊に護衛されてパナマに着くと、ロバの背に乗せられて1週間がかりでパナマ地峡を横切り、カリブ海側のノンブレ・デ・ディオスで大西洋航路の船に積み込まれるのだった。その風景は1914年、80キロメートルのパナマ運河が出来るまで続いた。

カタリーナは船がスペインへ向けて出港する前に、恩があるはずの船長を刺して金を奪い、船から逃亡した。そして太平洋岸のパナマ市へ渡ると、そこで出会ったバスク人でペルーの商人ウルキサの下で働くことになった。主人に従ってペルーへ行く途中、マンタ沖で船が難破して海に投げ出され、多くの人が命を落とした中で奇跡的に主人と共に助かり、無事にペルーのトルヒーヨに着いた。ウルキサの下で働くうちに商売を覚え、主人の信用を得て商品や3人の奴隷を与えられてサニャの店を任されることになった。1542年にリマが建設さ

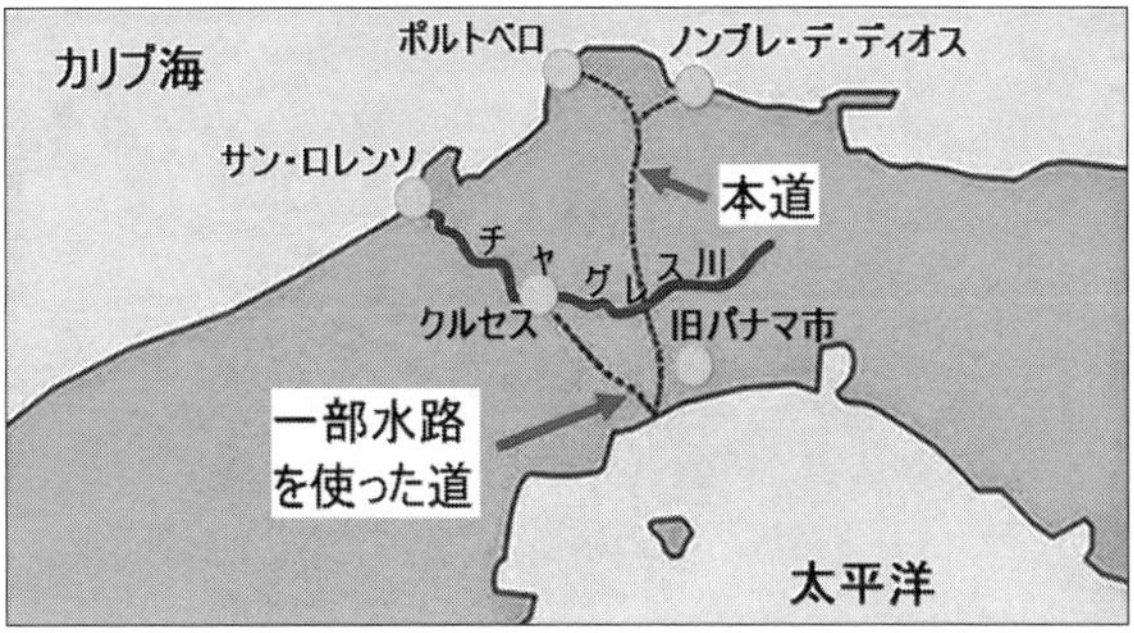

パナマ地峡を渡るルート

れて半世紀以上が経ち、ペルーの内陸部には、昔のインカ道に沿って点々とスペイン人の町が築かれており、サニャもそんな町のひとつだった。主人のウルキサはすべてに鷹揚で、カタリーナも彼の信頼に応え、商売も順調で、このまま行けばまともな人生を送れたかもしれなかった。が、インディアスの荒々しい世相と彼女の持って生まれた激しい気性はそれを許さなかった。

劇場で前に座った男に頭を引っこめろと言ったという、ごく些細なことから始まったけんかでカタリーナは人を傷つけ、一旦は教会に逃げこみながら役人に捕らえられるという事件が起きる。主人が遠くの町から駆けつけてきて交渉してくれたお陰で、牢から出されて教会に戻された。教会の中は聖域であって官憲も踏みこめず、犯罪者といえどもそこでは捕らえられない、中世から続く不文律があった。カタリーナはこの先もその慣習を大いに利用する。しかし相手は執拗にどこまでも付きまとってきて、とうとうカタリーナはその男を刺し殺してしまった。彼女は主人からもらった紹介状を持ってリマへ逃れ、ソラルテという大商人の下で働きはじめた。

リマはヌエバ・エスパニャのメキシコ市と並んで、副王とその下部機関である聴訴院《アウディエンシア》、カテドラル、大司教座が置かれ、南米に置ける政治と宗教の中心地である。ペルー域内で産出された金銀はすべてここに集積されてカヤオから積み出され、パナマを通って本国へ送られた。代わりにヨーロッパやアジアの品物が大量に輸入されて商業は隆盛を極め、南米随一の繁栄を誇っていた。市内には7つの在俗教会、12の修道院、8つの病院のほか、老人や孤児

リマの中央広場であるアルマス広場（1680年）

を保護する施設、宗教裁判所、大学が置かれ、政治と宗教の中心舞台であるアルマス広場では、祭りの行事はもちろんのこと、罪人の処刑、宗教裁判、サーカス、闘牛などが行われた。そして普段は大勢の人が行き交いする、市民の憩いの場でもある。

豊かなリマでは人々は贅沢を好み、扱われる商品も高額で、したがって商売も桁違いに大きい。じきに新しい主人ソラルテの信頼を得たカタリーナはその家に住み込んで家族同様の扱いを受けるようになったが、思いがけないことが起こった。主人の妻の妹が彼女に恋をしたのだ。しかし女性であるカタリーナはそれに応えることができない。追われるようにしてソラルテの家を出ると、ちょうど街角でチリに行く兵士1600人を募集しているのに出くわし、即座にその場で応募して報奨金を受けとった。

兄との再会

チリでは先住民の反抗が続き、なかなか制圧することができず、最前線は兵士の墓場とまで言われていたくらいで、これには主人も驚いて、受け取った報奨金は自分が返済してやるから思い止まるように言ったが、彼女の意思は堅かった。1604年、19才の彼女は大勢の兵士とともにリマから船で直接チリ南部の町コンセプシオンへ運ばれた。上陸して司令官の副官が隊員名簿を作成している時、彼女の番がきて、サン・セバスティアン出身と名乗ると、副官は突然ペンを放り出して彼女を抱きしめ、バスク語で父母や兄弟、修道女になっているはずの姉妹たちの消息を聞きだそうと彼女を質問攻めにした。何と彼はカタリーナが2才の時に別れた兄ミゲルだったのだ。アロンソという男性名を名乗っていた彼女はついに最後まで兄に自分の素性を明かすことはなかったが、兄は何くれとなく面倒を見てくれて、コンセプシオンにいた間、実の弟のように可愛がってくれた。

最前線における彼女の戦いぶりは男に勝るとも劣らず、後に幾人もの上官から高い評価を得ている。敵を恐れず果敢に戦い、重傷を負ったこともあった。一人で敵を追いかけて奪われた軍旗を取り戻すという功績を挙げ、ついには士官に昇格した。しかし血の気の多さも敵を相手にしている時はいいのだが、賭けトランプではいつも諍いを起こし、ついにはけんかのあげく相手を殺してしまったことまであった。本来なら死刑になるはずの彼女を救ったのはいつも同胞のバスク人である。バスク人*はスペイン人社会では少数派だが、働き者で社会的に成功する者が多く、それが嫉妬を招き往々にして他のスペイン人との間に軋轢が生じた。それがまた結束を強めることとなり、バスク人同士が互いに助け合う慣わしがここインディアスでも生きていた。この後もカタリーナは幾度となく危機に陥っては同胞のバスク人に助けられることになる。

しかしチリに来て9年後、ついに悲劇が起こった。友人の決闘に加担し、暗闇の中で誰とも

＊バスク人
有名なバスク人としてイグナシオ・ロヨラ、フランシスコ・ザビエル、シモン・ボリバル、チェ・ゲバラなど。

分からず刺し殺した相手が兄のミゲルだったのだ。常のごとく教会に逃げこみ、物陰から埋葬される兄を見送らなければならなかった彼女の胸も、この時ばかりは張り裂けそうであった。この一件のあと彼女は軍を脱走し、陸路コピアポまで北上したあと凍死の危険をおかしてアンデス山脈を越え、トゥクマン（現在アルゼンチン）を目指した。ラプラタ地方からポトシへ、牛馬やロバ、マテ茶、食料、材木などを供給する中継地として栄えた町である。彼女はそこからアルト・ペルー（現ボリビア）のポトシに向かった。

アンデスの高原で

その頃、首都リマでさえ人口2万人というのに、ポトシは15万人の南米最大の人口を擁す町であった。銀以外の何物をも生産せず、徹底した消費社会で、必要な品物はすべて外部から運びこまれる。蜜にむらがる蟻のようにその富に引き寄せられてきた人々は、世界中から集められた最高級品をまるで熱に浮かされたように貪欲に消費した。食料などの日常生活用品は周辺の地域だけでなく遠くはラプラタ地方（現アルゼンチン、パラグアイ、ウルグアイ）からも運ばれてくる。ダンス教室14、賭博場36、刺青師700人、プロの賭け事師800人、120の高級売春サロンという数字を見ただけで、いかに特異な町だったかが分かろうというものである。

鉱山労働者が疲労を抑えるのに噛むコカの葉*はクスコの東部に広がる温暖多湿の地で先住民を使って栽培され、多くのスペイン人がここにコカ畑を開拓して、大きな儲けを得ていた。同じような効果のあるマテ茶も毎年4万アロバ（450トン）がラプラタ地方から運びこまれ

*コカの葉
204ページ参照。

＊ワンカベリカ
リマの近く。

ポトシ銀山の内部

ていた。また南部のアレキパ近郊ではブドウの栽培が盛んで、そこで生産される葡萄酒や魚も塩漬けだけでなくチチカカ湖、太平洋で獲れた鮮魚まであった。これらの品物はリャマやラバを使った先住民やメスティソの運送業者によって運搬され、そのためのロバやラバも産地はラプラタ地方である。繊維業も盛んで、旺盛な需要を満たすために周辺地域の産業が活発化し、食料の供給のためには大農園（アシエンダ）が発展した。すなわちポトシの消費を起爆剤として地域一帯のすべての産業が活発化したのだが、ポトシには36もの豪華な装飾の教会を除いては目ぼしい建物や煉瓦造りの家は少なく、誰もがここを仮の住まいとしか考えていないことは明らかだった。

桁違いの華やかさの一方で、強制的に駆り出されて鉱山で働く先住民の悲惨さは地獄さながらである。ミタはインカの時代からアンデス地方で行われていた、18才から55才の男子住民を鉱山や建設などで働かせるための輪番制度であった。副王トレド（在位1569~81）の時代にそれを制度として復活させ、毎年アンデス南部の先住民の7分の1にあたる総勢1万3000人がポトシに、水銀の生産地ワンカベリカ＊に3280人が送りこまれていた。鉱内での労働は1日16時間で事故も多い。ミタを終えてもそのまま熟練労働者としてポトシに留まるものも多く、働き手を失ったアンデスの村々に荒廃を引き起こしていた。だが鉱山労働は賃金が良いので、17世紀初めには9900

人の労働者のうち半数が賃金労働者となっていた。

さて、何のつてもなくポトシにやってきたカタリーナは名前もアロンソ・ラミレス・デ・グスマンという勇ましい名に変え、たまたま広場で出会ったバスク人商人に雇われたのを手始めに、この先7年間アルト・ペルーやペルーの各地を渡り歩いて、実にさまざまな仕事に手を染めた。仲買人、役人の助手、用心棒、先住民制圧部隊の隊員、殺し屋、集金人、裁判所の犯罪調査員、運搬業、兵士など、まるで当時流行していた悪漢小説の主人公さながらで、一つ一つのエピソードがまた、小説の題材になるほど波乱万丈であった。チチカカ湖畔で偶然、チリにいた時の上官に出会い、商人としての経験を買われて彼が組織する遠征隊の兵站《へいたん》の仕事を任され、物品の補給、運搬用のロバや人足の手配をするのがこの時期の最後に従事していた仕事であった。

司教との出会いと帰国

だが恒常的に賭博がらみの暴力的な事件を引き起こしたり、巻きこまれたりして幾人の人を傷つけたり、殺したりしたことか……そのたびに教会に逃げこんだり、同胞のバスク人に助けられてはうまく逃げおおせてきた。しかしそのような無頼者の暮らしにもいよいよ年貢の納め時がきた。ウアマンガ（現アヤクチョ）でのこと、いつものごとく賭博場で揉め事を起こし、捕らわれかけたところを老司教カルバハルに救われる。高徳の司教の慈悲にあふれる諫言はかたくななカタリーナの心を解きほぐし、彼女ははじめて自分の来《こ》し方をすべて包み隠さず話して犯した罪の許しを乞い、自分が女であることを告白した。司教は彼女の話に一

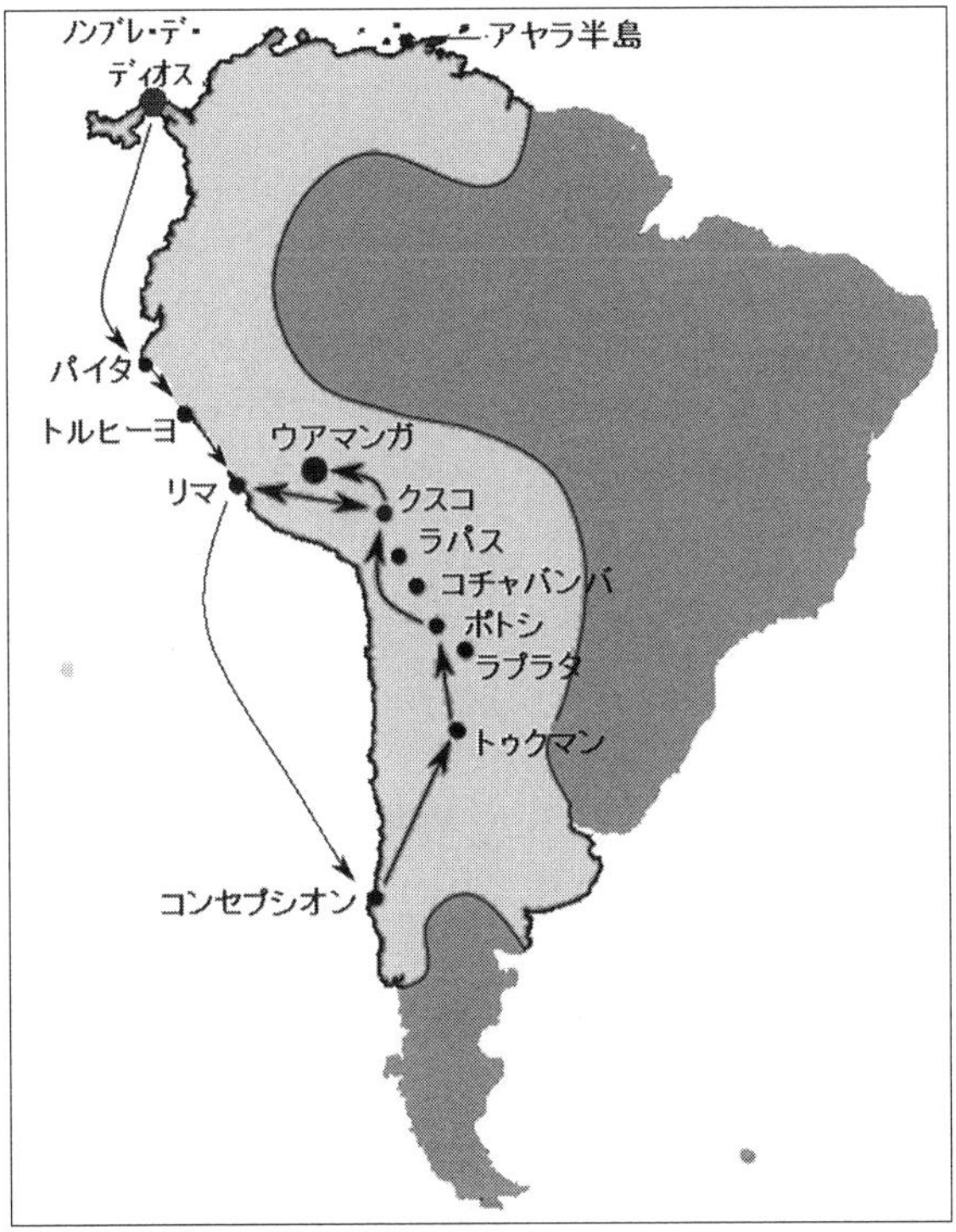

カタリーナの南米大陸における足跡

切口を挟まずに静かに耳を傾け、時には彼女と共に涙を流しながら慰め、彼女を諭して神の御前に跪くよう勧めた。

あのハンサムで腕っ節の強い、戦場でも決闘でも勇猛なことで有名なグスマンが実は女性でしかも元尼僧だったことが分かると人々は驚愕し、噂はまたたく間に高原の町々を駆けめぐった。司教は本国へ彼女が実際に尼僧としての誓願を立てたのかどうかを問い合わせる手紙を送ると同時に、世間の好奇心から守るためにウアマンガで唯一の女子修道院に彼女を入れ、できることなら修道女に戻そうとしたが、決して無理強いはせず暖かく見守った。しかし5カ月後、突然司教が亡くなると(1629)、今度はリマの大司教が、好奇心からか親切心からかは定かではないが、彼女をリマの修道院に移すように命じた。リマへの移動はこれまでと違って、修道女の服を着せられて大勢の僧や修道士にかしずかれ、輿《こし》に乗せられての旅であった。大司教は副王の前でその半生を語らせたりして、彼女は首都でも有名になった。ようやく2年半後、サン・セバスティアンのドミニコ会女子修道院から、彼女は修道女の誓願をたてる前に出奔したと

カタリーナ・エラウソの肖像画

いう調査結果が届いた。晴れて修道院から解放されたカタリーナは元の男装に戻り、24年ぶりにスペインへ帰国し、故郷で兄弟や姉妹たちと再会した。この時39才であった。

当時マドリードに帰っていたチリ時代の上官は口を揃えて彼女の兵士としての有能さを讃え、戦場での働きに報いるように嘆願したため、王室もそれを認めて士官の称号を許し、年金を与えた。1624年に周囲から勧められて手記を書きはじめたが、どうした訳か、2年後に筆を折っている。手記は彼女の周辺の人々の間で回覧されたようだ。だがそれからも、フェリペ四世（在位1621～65）や貴族たちの宮廷に招かれてこれまでの半生を語り、あるいはローマへ行って教皇ウルバノ八世（在位1623～44）に拝謁したが、この時教皇から男装の許可が与えられた。こうしてすっかり有名人になった彼女は行く先々でもてはやされるが、そのうち社交界で人々の好奇心を満たすことに倦み疲れたのか、姿を消して消息を断った。

その後のことはあまりはっきりしないが、1630年ごろ故郷のサン・セバスティアンで父の遺産を妹に譲る書類に署名している。だが自由なインディアスへの思いを断ち切ることができなかったようで、メキシコに渡った。1630年、セビリャで船を待つ間に描かれた肖像画が残されており、美人とまではいかないにしろ、醜くはない。背が高く、黒髪を断髪にして常に剣を携え、人には大男の印象を与えたが、手だけがふっくらとしていて時おり女らしい動きを見せたという。1639年と1645年にメキシコのベラクルスにいたという証言があり、相変わらず剣と短剣を身に着け、堂々とした体躯であった。ロバや黒人を使ってベラクルスとメキシコ市の間を人や物、貴重品、家畜などを運ぶ運搬業を営み、責任のある仕事ぶりで人々から信頼されていたが、1650年頃オリサバ*付近でロバに囲まれて亡くなっているのが見つかった。

女性の居場所といえば家の中か修道院しかなかった時代に、誰にも頼らず全く自由に生きたカタリーナの人生は彼女自身が書いた手記や、そのあと現れた偽の手記、あるいは伝記などによって広く知られ、特にペルーでは伝説として語り継がれている。

【参考資料】

La monja alférez: Lucas G. Castillo Lara: Planeta Biblioteca Andina 1992

＊オリサバ
メキシコ市とベラクルスの中間にある町。

Mujeres de Acción en el Siglo de Oro: Vicente Ma. Marquz de la Plata y Fernández: Editorial Castalia 2006

09.

聖母グァダルペ

褐色の聖母

Nuestra Señora de Guadalupe

——

メキシコ

1531年にテペヤクの丘に顕れた褐色の聖母は貧しい者、虐げられた者ばかりでなく、時を経るにつれクリオーヨにまでメキシコへの帰属意識を植え付けて独立の旗印となった。いまも全メキシコ人の心のよりどころであり、奇蹟が起こった12月12日は盛大に祝われ、グァダルペ寺院への参拝客は絶えない。

*3人のフランシスコ会士
34ページも参照。

*ペドロ・デ・ガンテ
カルロス一世の異母兄ではないかと言われる。ガンテはガンのスペイン語読み。

キリスト教布教

コルテスがメキシコ征服に乗り出した当時、ヨーロッパでは宗教改革の嵐が吹き荒れ、征服が終わった1521年、マルティン・ルターはカトリックから離れてプロテスタントの源流を作った。危機感を覚えたカトリック側では、カトリックを内部から立て直そうという反宗教改革が始まった。丁度その時スペインにもたらされた新大陸はカトリック再生のために神から遣わされた新天地と考えられ、征服と並行して、燃えるような情熱と使命感をもった先住民布教が始まった。

ペドロ・デ・ガンテによる公教要理のテキスト

1523年、最初にメキシコにやってきたのは3人のフランシスコ会士*であった。最年長のファン・デ・テクトはガン（ベルギー）の修道院長でカルロス一世の聴聞師だった人であり、国王から直々に請われて派遣されてきた。彼ともうひとりの神父はコルテスのイブエラ遠征に同行し、その途中で亡くなったが、メキシコに残ったペドロ・デ・ガンテ*はテスココ*に先住民のための最初の学校を作ったのをはじめ、1570年に亡くなるまでの50年間、メキシコ市のサン・フランシスコ教会で子供たちの教育に生涯をささげた。絵や身振りを使って布教し、メキシコ高原に500の御堂を建てたと言われる。彼が自分で工夫して作ったナ

*テスココ　メキシコ市の湖の対岸。

12人のフランシスコ会士（ウエホチンゴ教会壁画）

ワ語の公教要理（カテキスモ）は1525年、アントワープで印刷され、のちにメキシコで再印刷されている（原本はマドリードの国立図書館所蔵）。

続いて1524年、12人のフランシスコ会士がスペインから到着した。彼らはメキシコ高原に4カ所の拠点を築いて活発な先住民布教を繰り広げた。その中のひとりトリビオ・ベナベンテは、擦り切れた僧服を着ていたことから、ナワ語で貧しい者を意味するモトリニーアというあだ名で呼ばれ、彼もそれを喜んだという。神父たちは先住民に改宗を迫り、神殿や像などを破壊する一方で、ナワ語を習い、先住民のことを理解するために熱心に彼らの文化を研究して、まるで文化人類学者のような数々の歴史記録（クロニカ）を残している。征服者たちの記録によれば、テノチティトランに向かう途中にあったどの神殿にも絵文書がうずたかく積まれていたというが、ほとんど焼き尽され、現在まで残されているものは非常に少ない。

モトリニーアは1人の神父が1日に5、6000人に洗礼を授け、しかもそんな状態が15年ぐらい続き9000万人を洗礼した、と書き残している。ホースで水をまいて洗礼したという話もあるくらいだが、一概に神父たちを責め

*千年王国思想
終末の日が近いから、至福の王国に入るために悔い改めよ、と説く思想。

るわけにはいかない。受洗していない人間は奴隷にしても良いとされていたので、洗礼を急いだということもあったし、また世の終わりが近いので最後の審判までに魂の救済を急がねばならないという、千年王国思想*の影響による中世的な事情もあった。

フランシスコ会に続いてドミニコ会やアウグスチノ会など他の修道会の布教も始まり、メキシコの各地には数年のうちに多数の教会や修道院が建てられていった。16世紀初期の教会はいずれも大きな前庭（アトリオ）を持ち、そこに面して開放式の御堂があるのが特徴である。人口が多すぎて人が教会に入りきれなかったことから、屋外でミサを行うために考案された様式であった。だがヨーロッパ人が持ち込んだ伝染病により先住民人口が激減すると、開放式御堂は16世紀の遺物となる。

言葉で教義を伝えることが難しいので、視覚に訴えようとしたため、教会にはさまざまな工夫が凝らされた装飾や絵画が多用された。16世紀に建てられた教会の前庭には、聖書の物語と関連のある品々を彫りつけた美しい十字架が立てられていることが多い。前庭《アトリオ》の中や開放式御堂の前では宗教劇が演じられたが、それも重要な布教手

先住民石工の手になるテペヤクの教会の十字架

段であった。

司教スマラガ

フアン・デ・スマラガ（1468～1548）は国王カルロス一世直々の命を受けて、最初の司教として1528年メキシコに渡ってきた。その前年、王は聖週間*（セマナ・サンタ）をバヤドリードのフランシスコ会の僧院ですごした。そこの僧院長がスマラガで、その人格に感銘をうけた国王は、メキシコに司教を送ることになった時、彼を指名した。司教はメキシコに印刷機を携えてきたが、これは大学の創設と並んで非常に重要なことで、当時のスペインは新大陸を植民地としてではなく、スペインの延長と捉えていたことが分かる。ちなみにブラジルでは全植民地時代を通じて最後まで印刷機や大学は導入されなかった。スマラガは先住民貴族子弟のためのトラテロルコ*の学校や最初の病院を創立し、大学設立（1551）の準備など大きな貢献を果たしたが、何といってもその名を有名にしたのは、彼がメキシコに来て2年後に起こったグァダルペの聖母の奇跡であった。

聖母は人と神をつなぐ仲介役としてカトリックのなかで重要な役目を果たしてきた。そして聖母はさまざまな形をとって人の前に姿を現した。そのひとつが、先住民と同じ褐色の肌をしたグァダルペの聖母マリアの奇跡である。その聖母はメキシコの征服が終わって10年が経ち、強制的な改宗によってようやくカトリックが先住民の間に根付きはじめた1531年12月9日に顕《あらわ》れた、と伝えられている。

＊聖週間
セマナ・サンタ。イースター、復活祭の1週間。

＊トラテロルコ
テノチティトランの市場があった場所。

テペヤクの丘で

メキシコ市の北はずれに洗礼名をファン・ディエゴ・クアウトラトアチンという、先住民の中でも最も低い階層に属する男がいた。1531年12月のその朝も彼は住んでいるクアウティトランからいつものようにミサにあずかろうと、まだ暗い中をトラテロルコに向かって歩いていた。約3時間半の道のりである。丁度その途中にあるテペヤクの丘にさしかかった時夜が明け、鳥のさえずりがして耳を澄ますと「ファニートよ、私の一番小さい息子よ」と彼の名を呼ぶ声が聞こえた。訝《いぶか》りながら丘に登ってみると、そこに美しくも神々しいお姿のひとりの女人が立っておられ、彼は思わずその場に跪いた。するとその人は「私は聖母マリアです。司教のところに行って、私がこの場所に教会を建てることを望んでいると伝えなさい。あなた方を愛と慈悲と救いで包み、だれもが私と悲しみや痛みを分かち合えるようにするためです」と仰《おお》せられた。

ディエゴは町に入るとすぐに司教館へ向かった。司教スマラガは徳の高いフランシスコ会士であったが、当然のことながら、彼の話をにわかには信じようとせず、「奇跡は聖書の中に語られていることだけで十分だ」と言った。ディエゴがしおしおと丘に戻ると、聖母は同じ場所でディエゴを待っておられた。「お言いつけどおりにしましたが、信じてもらえませんでした。私のように卑しいものがあなたの使者を務めることなどできません」と報告した。すると聖母は「使者になれる者はたくさんいますが、あなたがその役目を務めることに意味があるのです。明日また司教のところへ行って、あなたを遣わしたのは聖母マリアであると伝えなさい」と仰られた。「喜んで参りますが、きっと同じことでしょう。とにかく司教様にお会いして、午後ここへ報告に参ります」と答え、家に帰った。

翌日曜日（10日）の朝、ミサのあと司教館に行き、泣きながら前日と同じことを訴えた。司教は、どんなお姿だったか、その場所は、とさまざまな質問を投げかけ、ディエゴの答えからそれは聖母マリアとだと思えたが、なおもこのみすぼらしい男の言葉を信じることができず、「お前の訴えだけで教会を建てるわけにはいかない。何か証拠となるものを持ってきなさい」と言った。ディエゴはその足で聖母のもとに行きそのことを申し上げると、聖母は、「よろしい。明日またここへ来なさい。証拠になるものを用意してあげましょう。今度はきっと信じてもらえます。そしてあなたにもご褒美をあげましょう」と言われ、ディエゴはその言葉に安心して家へ帰った。

だが翌日の月曜日、彼は丘には行けなかった。一緒に住んでいる伯父が疫病で倒れ、その看病で家を出ることができなかったからだ。夜になると伯父は、「死期が近いから、教会へ行って臨終の儀式を司る人を呼んできて欲しい」と彼に頼んだ。

12日火曜日の朝、ディエゴは教会に急いだ。丘の下まで来たとき、聖母との約束をどうしようかと一瞬迷ったが、瀕死の伯父のために一刻も早く人を呼びに行かなければと自分に言い聞かせ、そこを通りすぎようとした。それをご覧になった聖母は丘から降りてきて、「どうしたのか」と聞かれた。彼は事情を話し、「用事が済んだらすぐに戻って参ります」と言った。すると聖母は「伯父の病気のことは心配しなくともよい。彼は治ります。それより丘に登ってごらんなさい。花がたくさん咲いているから、それを摘んで司教のところへ持って行き

ティルマを広げるディエゴ

なさい」と命じられた。ディエゴが丘に登ってみると、そこには明らかにこの土地のものではない美しいバラが咲き乱れていた。丘は岩だらけの荒地で、しかも氷が張るほど寒さというのに、芳しい香りを放つ花々は、真珠のような露をたたえている。ディエゴがティルマ*の裾を広げ、摘んだ花を包んで丘から降りてくると聖母は、「この花が私の言葉の証しです。司教の前でティルマを広げ、自分に起こったことをすべて話しなさい。花は司教以外のだれにも見せてはなりません」と仰せられた。

ディエゴはかぐわしい花の香りに包まれて、自信に満ちた足取りで司教館に向かった。待たされている間、司教の従者たちは好奇心から彼が抱えているものを見ようと手をのばすのだが、触ったとたん花は宙に消えてしまうのだ。その事を聞かされた司教スマラガはすぐさま今までのことは信仰を試すための試練だったことに気がついてディエゴを呼んだ。彼が司教にバラを見せようとティルマを広げたとたん、花は床に飛び散り、白いティルマには聖母マリアの像が浮かび上がっ

＊ティルマ
先住民のマント。

＊マゲイ
竜舌蘭。

た。この奇跡を目にした司教はその場に跪き、かれの言葉を信じようとしなかったことを悔やみ、聖母に許しを乞うた。

ようやく聖母との約束を果たすことができたディエゴが心も晴れ晴れと家に帰ると、驚いたことに伯父は聖母の予言どおりすっかり快復していた。しかも聖母は伯父の前に顕れて、ディエゴを司教のもとに遣わしたことを伝え、自分は聖母マリアであると告げられたという。

この話はすぐに町中に知れ渡り、人々がそのティルマを一目見ようと押しかけたので、司教はそれを大寺院の祭壇に移した。顕れた絵はほぼ5世紀を経た今なお大した傷みもなく、テペヤクの丘に建つグァダルペ寺院に飾られている。ディエゴは2002年、ラテンアメリカで最初のカトリックの聖人に列聖された。

❖『ニカン・モポゥワ』

このグァダルペにまつわる話は単なる言い伝えや伝説ではなく、奇跡から25年後に書かれた文書が存在する。ニューヨーク公立図書館所蔵の『ニカン・モポゥワ（＝かく語られた）』ということばで始まる、マゲイ＊の繊維でできた紙にナワ語で書かれた3つの文書で、原作に近い写本とみられている。作者のアントニオ・バレリアノ（1522〜1605）は先住民の首長《カシケ》の家系の人で、先住民子弟のキリスト教教育のためにトラテロルコに建てられた学校に学んだ、ナワ語

NICAN
MOPOHVA,
MOTECPANA INQVENIN
Acattopa quimottititzino çe

アントニオ・バレリアノの著『ニカン・モポゥワ』

を母国語としながらスペイン語、ラテン語も出来るという、当時第一級の教養人である。文書はディエゴの死後8年経った1556年頃書かれており、バレリアノはディエゴと接した人物から話を聞き取って書いたものと思われる。現代におけるナワ語研究の第一人者であるレオン・ポルティーヤ博士（1926〜2019）は、「この文書の構成は大変精巧で、貴族が用いた格調の高いナワ語で書かれており、作者のこの言語に対する造詣は非常に深い。聖母が普通の人の前に顕れたという話はスペイン各地に多くあり、バレリアノは学校でその場面を描いた絵を数々目にしていたはずだ。1556年といえば、グァダルペ信仰はすでにある程度の広がりを見せていた。教会の内外でも盛んにさまざまな宗教劇が上演されていたから、バレリアノはそれに触発されてメキシコ文学の珠玉といえるこの美しい物語を書いた、という想像も十分成り立つ」と述べ、ナワ文学の至宝、と評している。

聖母が顕れたテペヤクの丘には、その昔トナンツィン（ナワ語でわれわれの母の意、豊穣の女神）を祀《まつ》る神殿があった。しかもその主祭日は12月の初めで、ディエゴの奇跡が始まる12月9日とほぼ重なる。人々は昔からその時期になるとそこにお参りに来ていたのだから、たとえ今度は別の神を拝むためであったとしても、抵抗を感じなかったはずだ。しかも彼らはトナンツィンという言葉をそのまま聖母にあてはめて用いていた。また古来、丘は生命を再生させる雨の神が住む場所であったし、その丘の上でディエゴが見た花畑は『花咲く土地』として先住民の宇宙観の中にも存在した。明らかにキリスト教のマリア像の形をとりながら、褐色の肌をしたトナンツィン・グァダルペは二つの文化の融合、二つの異なった宇宙観の統合であり、まさに始まろうとしていた混血のメキシコを予見させるものであった。だから舞台は必然的に母神トナンツィンが祀られていたテペヤクの丘でなくてはならなかった。

❖グァダルペ信仰の広がり

しかし、主人公の一人とされるスマラガ司教がグァダルペについて書いたものは何も見つかっていないし、16世紀中にフランシスコ会士をはじめとする多くの宗教関係者が膨大な量のメキシコの歴史記録（クロニカ）を書き残しているが、その中にグァダルペの聖母の出現について述べられているものはひとつも見当たらない。全コロニアル時代を通じてグァダルペは、特に社会の上層部ではほとんど無視され、かえって高位聖職者たちは民衆の間に広がりを見せるグァダルペ信仰を苦々しく見ていたくらいだった。土俗信仰とキリスト教が渾然一体となった似たような話がメキシコのあちこちに現れ、教会はそれらを迷信として根絶しようと躍起になっていたからだ。しかしディエゴに象徴される、日頃から虐げられ、貧困や飢饉、疫病、洪水など、あらゆる不幸に晒されながら社会の底辺に生きていた人々は、かれらをあるがままの姿で受け容れ、すべてを許し、癒してくれる聖母を必要としていた。それもヨーロッパ人の聖母ではなく、自分たちと同じ褐色の肌をした自分たちの聖母＝トナンツィンでなくてはならない。

だからグァダルペ信仰はまず先住民、ついでメスティソから支持されて、さらに社会の発展とともにクリオーヨを含む全メキシコ人からメキシコの象徴と認識されるに至った。そして遂にはクリオーヨにまでもメキシコへの帰属意識を植えつけて、かれらを精神的にスペインから切り離してしまう役割を果たした。実はクリオーヨも本国生まれに劣る準スペイン人

ミゲル・サンチェス著
『聖母グァダルペのマリア像』

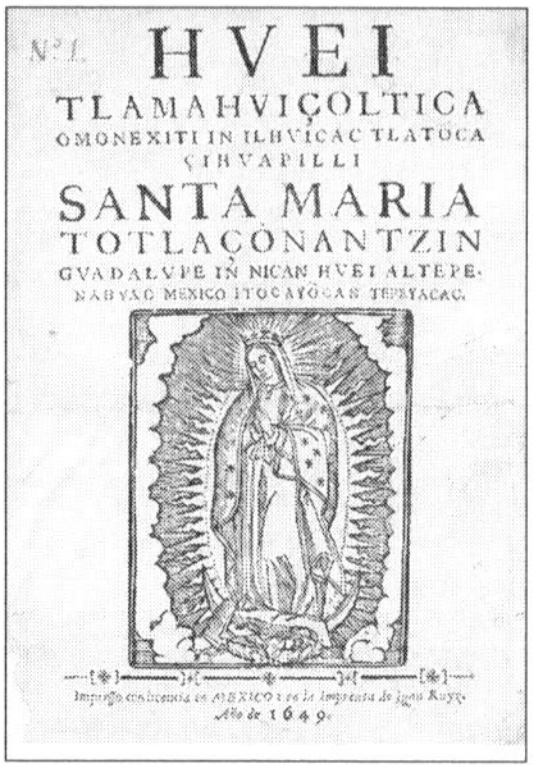

ルイス・ラッソ著
『ニカン・モポゥワを収録した著作』

として、さまざまな形で差別されていたからだ。

『ニカン・モポゥワ』は長い間埋もれたまま忘れ去られていたが、ようやく1世紀後、これをもとにして書かれた2冊の本が相次いで出版されて以来、世に知られるようになった。テペヤクの助祭ルイス・ラッソ（1605?~60?）がナワ語で書いたものと、神学者のミゲル・サンチェスによる『聖母グァダルペのマリア像』である。ルイス・ラッソの本の中には『ニカン・モポゥワ』がそのまま収録されている。ミゲル・サンチェスの本の方はスペイン語で書かれ、彼はこの本の前にサン・フェリペについて書いた本を出している。サン・フェリペは1597年に長崎で殉教した26聖人の中の唯一のメキシコ人で、クリオーヨのフランシスコ会士であった。ミゲル・サンチェスがサン・フェリペとグァダルペについて書いたのは決して偶然ではなく、高まりつつあったメキシコ人としての自覚に呼応するものであった。そしてメスティソもクリオーヨも共にメキシコ人、という意識を持ちはじめたことが、スペインからの独立という動きにつながっていったことは自然の成り行きであった。1810年、イダルゴ神父が上げた最初の独立の叫びは『聖母グァダルペ万歳』で始まり、彼が掲げたのはグァダルペ像の旗印であったことはその当然の帰結といえる。

グァダルペという名はどこから来たのかについては、いくつかの説がある。中にはトナンツィンやシワコアトゥルなど、『われわれの母』を表すナワ語に結びつける説もあるが、聖

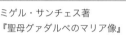

母が顕れた場所に最初に置かれたのがスペイン人の誰かが持っていた、小さなエストレマドゥーラのグァダルペの聖母像だったことから、その名が定着したという説が説得力をもつように思える（当時絵や彫り物、旗などは製作することができたが、現地で聖像の複製を作ることは教皇令によって禁止されていた）。当初丘の上に立てられた御堂は単に「我々の聖母の御堂」と呼ばれていた（先住民は昔から変わらず、神の母＝トナンツィンと呼んでいた）。そしてそのスペイン製のグァダルペ像に代わって現在の絵が置かれるようになってからも、グァダルペという名前が残されたのではなかろうか。

スペインのグァダルペは12世紀、エストレマドゥーラのカセレスの近くに顕れた。やはり褐色の肌で、スペインを占領していたモーロ人へのキリスト教布教を意識して生まれたもの

聖母グァダルペ

のようだ。無数のダイヤモンドをぎっしりとちりばめたたいへん豪華な衣装をまとっている。中南米の各地にはメキシコのグァダルペと並んで、エストレマドゥーラのグァダルペを祀る教会も多く建てられている。中でもボリビアのスクレにあるグァダルペ教会（1602年建立）の像が有名だ。スクレはポトシ銀山への入口として発展した町で、像にはポトシの富を享受した人々の寄進によるさまざまな宝石がはめ込まれていて、やはり大変豪華である。

黒いマリアや黒いキリスト像はキリスト教が広まったローマ時代後期から旧大陸各地で見られた。スペインではバルセロナに近いモンセラットの聖母が有名だが、実は日本にも黒いマリア像がある。明治36年（1903）にフランス人パピノ神父の設計で建てられた山形県鶴岡教会にある、フランスのデリブランド修道院から寄贈された、同修道院の聖母像の複製がそれである。聖母は同じ褐色の肌をした幼子キリストを抱き、パイプオルガンなどとともに、畳敷きの日本的な雰囲気のなかに溶けこみ、美しい教会建築と共に静謐《せいひつ》な雰囲気をたたえている。

【参考資料】

El guadalupanismo mexicano: Francisco de la Maza: Fondo de la Cultura Economica 1984

Tonantzin Guadalupe: Miguel León-Portilla 2001

10.

ソル・フアナ・イネス・デ・ラ・クルス

メキシコの女流詩人

Sor Juana Inés de la Cruz
1648/51? - 1695

メキシコ

副王の宮廷で天才少女の名をほしいままにしながら、修道女となった。僧院でも詩を書き続け、当時最高の詩人となり、副王夫妻をはじめ超一流の人々がそこを訪れてもてはやされるが、それを苦々しく見ていた神父たちから蔵書などすべての物を取り上げられ、文学活動を封じられて、不遇のうちに生涯を閉じた。

*ソル　ソルは尼僧の名につける敬語。
*メキシコ市郊外　ネパントラ。

少女時代

全コロニアル時代を通じて最も高名な女流詩人ソル＊・フアナ・イネス・デ・ラ・クルス、すなわち尼僧フアナは、1651年メキシコ市郊外＊の農園で生まれた。そこはスペイン南部のアンダルシアから渡ってきた祖父母が教会の土地を借り受けて大勢の小作人や奴隷を使って大々的に経営していた農園で、祖父は2カ所にそのような農園をもっていた。

フアナの祖父母はメキシコで11人の子供をもうけ、そのひとりがフアナの母親のイサベル・ラミレスである。イサベルはスペイン人軍人アスバへと一緒になり、3人の娘が生まれて、フアナが二番目だった。両親が正式に結婚していなかったため、フアナたち三姉妹は『教会の子』すなわち私生児として教会に登録されたはずだが、フアナの洗礼証明書は見つかっていない。フアナが生まれて間もなく、母親は彼と別れて別のスペイン人軍人ロサノと一緒になり、その後弟1人、妹2人が生まれた。母親はその軍人とも正式に結婚していないが、フアナたち3人が全く父親の庇護を受けなかったのに対して、3人の弟妹は父親から結婚の持参金や教育費などの経済的援助を受けている。母親のイサベルは字も読めない人であったが、父の死後、遺された農園を引き継いでひとりで切り盛りするほどの女丈夫であった。フアナの叔母や姉など一族の女性の多くが同じような生き方をしているが、それが非難されたり、負い目となったりすることはなく、社会的にも容認されていた。多くの労働者や奴隷を使っての農園の経営は肉体的にも精神的にも大変な仕事で、男勝りでなくてはとてもできなかったはずで、そのような一族の中で育ったフアナが例外であるわけがなく、彼女もまた強靱な精神

＊オクタビオ・パス
20世紀のメキシコを代表する知識人。詩人、批評家、外交官。


の持ち主であっただろうことは想像に難くない、とオクタビオ・パス＊は述べている。

ファナは3才の時、姉について2、3キロメートル離れた町にある寺子屋（アミガ）に通ううちに、姉よりも先に字を覚え、8才で宗教詩を作り、近隣に知れ渡るほどの天才少女であった。日頃から農園で働く先住民とも接していたので、ナワ語も自然に覚えた。

知的に早熟な少女だったファナの好奇心を目醒めさせたのは、祖父の蔵書であった。メキシコのバロック時代の巨匠カブレラが描いた一枚のファナの肖像画が残されている。絵はファナの死後半世紀経ってから描かれたものだが、背景には4000冊といわれた彼女の蔵書が描きこまれ、その一部は彼女が遺産として譲り受けた祖父の蔵書であった。旺盛な知識欲から、男装して大学に行きたいと言い出すほどであったが、それが無理だと分かると、祖父の書斎にこもり、その蔵書を片っ端から読破していった。頭が悪くなるからと、好物のチーズを食べなかったり、何かを憶えられない時には髪の毛を一房づつ切って自分を罰するというほどの努力を

ミゲル・カブレラが描いたソル・ファナの肖像画

したとも語っている。

祖父も亡くなり、異父弟が生まれた8、9才の頃、彼女はメキシコ市に住む母方のおばの家に預けられた。多感な思春期の7、8年を他人の家で過ごさねばならなかったことを考えるといかにも痛々しいが、ここでも知識欲が彼女の孤独を癒す心の支えとなった。裕福なおばの夫がフアナにラテン語の家庭教師をつけてくれたおかげで、彼女はたった20回の授業でラテン語文法を習得した。当時学問に関する書籍はすべてラテン語で書かれていたから、そのおかげであとは独学で学問を身につけることができた。

フアナ、宮廷に入る

フアナが美しく成長した15才ぐらいの時、おばの夫は彼女を副王宮殿に連れて行き、着任したばかりの副王、マンセラ侯爵（第25代メキシコ副王、在位1664〜73）に目通りさせた。父もペルー副王を務めた名門の出のマンセラ侯爵アントニオ・セバスティアン・デ・トレドとその夫人はフアナをたいそう気に入り、女官として採用されたことから彼女の運命が大きく変わる。ドイツ系の副王夫人レオノール・カレト（1611６〜74）は文学を愛し、フアナのたぐいまれな理解力や学識をいつくしんで彼女を話し相手とし、その良きパトロンとなった。フアナは義務的な仕事を課せられることもなく、宮廷という恵まれた環境の中で第一級の文化人と交わり、思う存分勉強し、詩作の修行に励むことができた。これまで教育らしい教育を受けてこなかった彼女にとって、副王宮廷は学問だけでなく、行儀作法や社交、生きて行くうえで必要な諸々の知恵を身につける最高の場となった。もちろんその中には世渡りの如

マンセラ侯爵アントニオ・トレド

才なさや、力のある人におもねるといった処世術、あるいは政治的手腕や駆け引きなども含まれるのだが……。

何十年ものちにマンセラ公が当時のことを懐かしんでつぎのようなエピソードを愉快気に語ったという。副王宮殿にその当時の第一級の神学者、哲学者、数学者、歴史家、詩人、人文学者など40人を集めて、彼らにファナの学識を試させたことがあった。学者たちはそれぞれの専門分野の質問を浴びせかけたが、彼女はそのどれにも才気溢れる答弁をして賞賛と尊敬を勝ち得て、魂に性別などないということを証明して見せたのだった。それほどの知性と学識に加えて、天性の明朗な性格と美貌に恵まれていたのだから、宮廷の人気者となったのは当然である。

❖宮廷から僧院へ

ところが宮廷に入って2年ほど経った17才ぐらいの時、ファナは突然華やかな宮廷生活を捨て、跣足《せんそく》カルメル会の聖ヨセフ修道院に修練女として入る。カルメル会はサンタ・テレサ・デ・アビラ*やサン・ファン・デ・ラ・クルス*などの高名な詩人修道士を輩出していたから、もしかしたらそれに対する憧れがあったのかもしれない。しかしファナが入った修道院はあまりにも戒律が厳しく、驚いた彼女は健康を害したとして3カ月でそこを出てマンセラ

***サンタ・テレサ・デ・アビラ**
カルメル会修道女。16世紀の神秘主義の詩人。

***サン・ファン・デ・ラ・クルス**
カルメル会修道士。16世紀の神秘主義の詩人。

アントニオ・ヌニュス神父

侯爵夫人の副王宮廷に舞い戻った。帰るべき家というものを持たなかった彼女には他に行き場がなかった。

それから1年半後、副王夫妻の聴聞師で彼女が非常に尊敬していたイエズス会士アントニオ・ヌニェス神父（1618〜95）がフアナにもう一度修道院に入り直すことを勧めた。神父は結婚できない若い女性にとって、それが最良の方法であると固く信じていたからだ。

彼女が宮廷の中でどのような生活していたかは彼女自身も語っていないし、よくわかってはいない。だからこそ人々は勝手に想像をふくらませて、のちにいろいろなエピソードを作りだした。例えば、彼女を修道院に向わせたのは失恋や叶わぬ恋だったといった類のものだ。だが彼女は多くの恋の歌を書いてはいるが、そのような説を証明するものは何もない。宮廷ではそこに出入りする重臣とフアナのような女官の間で恋愛遊戯が盛んだったが、男性はほとんどが年配の既婚者だったから結婚ははじめから想定されていなかった。

然るべき男性と結婚するためにはそれ相応の家柄や持参金が必要だったが、それが期待できない女性は、彼女の母親のように内縁関係に入るか、娼婦になるか、あるいは修道院に入るかするぐらいしか道がなく、自立してひとりで生きていく場は当時の社会には想定されていなかった。だからいくら美貌と才能に恵まれていたとはいえ、私生児として生まれ、持参金を用意できる境遇でもないフアナの選択肢は自ずと限られていた。一方、人々は死後、自分の魂が最後の審判を受けると信じていたから、魂の救済のために祈りを捧げてもらおうと喜んで修道院に多くの財を寄進し、あるいは自分の子供を修道院に入れた。ファアナの場合も、おそらくはヌニェス神父の仲介で、そのような篤志家のひとりが修道院へ入るための持参金3000ペソを提供してくれた。それはファアナの異父妹の父親が娘の結婚に際して用意した持参金を上回る金額であった。

ファアナは修道院に入れば自由に学問が出来なくなるのではと恐れたが、ヌニェス神父は「宗教的な義務が学問の妨げになることはない」と諭し、さらに彼女が「幼少の時から親しみ馴染んできた書物を捨てて行かねばならないのではありませんか」と聞くと、「教会は常に修道女が学問をすることに好意的であった」と答えて彼女を安心させた。ファアナは熱烈な宗教心からというよりも、職業として修道女になることを選んだのだ。

ヌニェス神父は副王の聴聞師であるばかりでなく、34年間宗教裁判所の審問官を務めている。高徳の誉れ高く、いつも貧者のような黒い服を着ていて、極端な近視で、そのお陰で女性の姿がよく見えず、生涯童貞を守れたのだろう、とかげ口を叩かれていた。だがメキシコ生まれのクリオーヨであるために、大司教や司教といった高位の聖職者になる道は初めから閉ざされていた。

ファアナのために新しく選ばれたのは、戒律の比較的緩やかな聖ヒエロニムス会修道院で、メキシコ市の中心部にあり、副王宮殿からもそう遠くはない。その修道院はスペイン人とクリオーヨの正嫡の子女しか入れなかったが、ファアナはこの時初めて、顔も知らない父の姓アスバヘを使い、ファアナ・イネス・デ・アスバヘ・イ・ラミレス・デ・サンティヤナと、正嫡の子であるかのように名乗り、辻褄を合わせた。彼女がアスバへの姓を用いたのはこの時が初めてであった。

1669年2月、副王夫妻、高位聖職者、政界の有力者、家族が見守る中、ヌニェス神父の主導で18才のフアナは厳《おごそ》かな誓いをたてて聖ヒエロニムス会の修道女となった。名門の出でもなく、裕福な家の子女でもない一修道女のために、これほどの名士が一堂に会することは前代未聞であった。フアナはこの時母親からは女奴隷をひとり贈られている。名前も修道女（ソル・）フアナ・イネス・デ・ラ・クルスと改め、こののち26年間この建物から一歩も出ることなく46才で生涯を終え、そこに埋葬されることになる。

僧院の生活

17世紀末当時のメキシコ市の人口はスペイン人とクリオーヨが合わせて2万人、メスティソ、インディオ、ムラト*、黒人も入れると8万人で、そこに29の男子修道院、22の女子修道院があった。修道院は祈りの場であるだけでなく、子弟教育の学校、病院、孤児院、養老院などの機能をもち、身寄りのない人々の収容施設でもあり、現在国家が担っている教育と福祉の役割を果たしていた。

ふつう修道院というと、廊下の前に小さな独居房（セルダ）がずらりと並んだ風景を思い浮かべるものだが、フアナの入った聖ヒエロニムス会修道院では、修道女が寝起きする独居房《セルダ》の多くは一戸建てで、寝室のほかに浴室・台所を備えており、中には広々とした二階建てもあった。修道院には世俗の身分制度がそのまま持ちこまれ、3人から5人もの召使に身の周

*ムラト
白人と黒人の混血。

さまざまな会の修道女の制服。全列左端がヒエロニムス会の修道服

りの世話をさせている修道女もいた。反対に持参金を用意できない女性は修道院の下働きをする修練女となり、数としてはむしろこちらの方が多い。

ファナの独居房《セルダ》も二階建てで、母親から贈られた奴隷がひとり同居していた。修道院では大食堂で全員がそろって食事をするのが普通だが、聖ヒエロニムス会修道院では戸建ての建物を持っている修道女は、料理も食事も大食堂ではなくそれぞれ自室でする。建物は敷地の中に新しく建てられたり、売買されたり、あるいは賃貸しされたりした。修道院は少女たちの教育機関であり、行き場のない女性を収容する養護施設や老人ホームの役割も果たしていたから、修道女や修練女以外にも大勢の女性がそこに寝起きしていた。当時そこには87人の修道女とそれ以上の修練女、そして彼女たちに仕える召使や奴隷が約200人おり、それに収容されている女性たちを加えれば、男性の姿がないだけで、ほとんどひとつの町の規模である。そこには閉鎖社会ならでの嫉妬、陰謀が渦巻き、俗世間と変らないような事件が起こり、時には殺人まであったという。

修道女には僧院長、副院長をはじめさまざまな役職があり選挙で選ばれたが、フアナも後年会計係を務めた。持参金の半分は生涯の生活費に、残りの半分は投資に回され、修道女たちは結構な配当を得て、宝石や財産を所有し、仲買人を通じてさまざまな経済活動を行っていた。会計係として9年間修道院の資産運用を任されたフアナには実業家の才があったとみえ、自己資産もうまく運用してかなりの蓄えを持ち、姪の修道院入りの持参金を援助したりしている。当時の教会の資本運営は年に5%の利潤が普通だったといわれる。フアナはそのほかにも詩人としてさまざまな機会に詩作の注文を受け、その方でも結構な報酬を得ていた。

裕福な修道女たちは清貧の誓いも何のその、宝石や衣装を競い合ったり、贅沢な生活に走ったりしたが、フアナのお金の使い道は書籍、楽器、趣味の天文学の器具などの購入が主で、あとは幅広い交際に必要な贈り物、あるいは甥や姪など親戚の若者への援助で、修道院の補修のために私財を投じたことも一度ならずあった。修道院の建物の維持や普請の監督も会計係の仕事である。フアナは2度修道院長に指名されたが、断っている。

清貧の誓いはそれほど厳しくはなかったとしても、外出だけは絶対に許されない。しかし聖ヒエロニムス会修道院はそれほど戒律が厳しくなかったので、面会室で客の訪問を受けて会話を交わすことは自由だったから、フアナは世間から完全に隔離されていたわけではない。しかもそこは副王宮殿からそう遠くはなかったので、マンセラ副王夫妻も文学を愛好する人々を引き連れて足しげく彼女を訪問し、文学や哲学談義が交わされたり、詩が朗読されたりして、その間、修道院の面会室はフアナのサロンのようであった。そこで披露される彼女の詩はサンタ・テレサ・デ・アビラに代表されるようなキリストを熱愛する宗教詩とはおよそほど遠い、世俗的なテーマの感情をあらわにした先鋭的な詩、あるいはエロスに満ちた官能的な恋愛詩などであった。

マンセラ侯爵が任期を終えて帰国したあとも、高位聖職者や有力者、文化人、音楽家、果ては闘牛士などまでが彼女を訪れては友好関係を結び、聖ヒエロニムス会修道院はとうとう信仰とはあまり関係のない、知的な文化の発信地と化した。彼女の詩人としての令名はますます高まり、新しい副王が着任するごとに歓迎の詩の制作を依頼され、あるいは教会の祝日に歌われる小唄や宮廷の行事のための詩を作り、フアナは修道院から一歩も出ることなく、ゆるぎない宮廷詩人としての地位を築いていった。

マンセラ公は9年間も副王の地位にあり、その間フアナは夫人のレオノール・カレトの寵愛を受け、それはフアナが修道院に入ってからも変わることなく続いた。だが1674年、副王が任期を終えて帰国する時、夫人はメキシコ市を出てベラクルスへ向かう途中で急逝し、ひとりで帰国した副王の方は再婚して、その後も長くスペインの宮廷で活躍した。

マンセラ侯の後任の副王は着任早々急死したため、大司教であったパヨ・エンリケスが副王を兼任したが、彼もフアナの談話室をよく訪れた。

❖ラ・ラグナ侯爵夫人マリア・ルイサ

その次の副王ラ・ラグナ侯爵トマス・デ・ラ・セルダはパヨ・エンリケス大司教のいとこであった。フアナは歴代の副王から愛され、庇護されたが、とりわけ彼女に大きな影響を与

＊パレデス女伯爵
男子後継者がいない場合、女性が爵位を継承することがあった。歴代のパレデス伯爵24人中6人が女性。

え、心からの友情を結んだのは、1680年から6年間メキシコ副王であったラ・ラグナ侯爵の夫人、マリア・ルイサ（1649〜1729）である。彼女自身もパレデス女伯爵＊の称号を持つ高貴な生まれで、しかも絶世の美女であった。ほぼ同年配のフアナは、さまざまな機会を捉えては、マリア・ルイサにその美貌を讃える詩を贈り、お返しに贈られてくる品は彼女の部屋にうず高く積み上げられ、同僚の羨望を招いた。勿論それは副王夫人と宮廷詩人という主従関係ではあったが、互いに聡明で非凡な才能の持ち主であったふたりの間にはそれを越えたプラトニックな心の結びつきがあったことが、数多い詩の中にうかがえる。ラ・ラグナ副王夫妻がメキシコで暮らした6年間がソル・フアナの人生のうちで最も幸せで充実した時期だった。夫人はスペインに帰国したあとも熱心なパトロンとしてその地位と財力でフアナを支援し、夫人の尽力でマドリードで作品集が出版されてソル・フアナの令名は一躍スペインや南米各地にまでとどろき、彼女が書いた劇はマドリードやリマでも上演されるようになった。

前述のミゲル・カブレラが描いたフアナの肖像画の背景には4000冊といわれた蔵書が描かれているが、好奇心の旺盛な彼女は文学や哲学だけでなく、科学や天文学、数学にも興味を抱き、書籍のほかにも楽器や科学機器、実験道具、定規、ファンから贈られた数々の珍しい品などさまざまな物を所蔵していた。1669年に修道誓願してから1690年までのほぼ20年間、彼女は歴代の副王の庇護を受け、これらの収集品に囲まれて、ほぼ修道院に入る前に思い描いていたような理想的な生活をしてきたといえる。だが、突如としてそれが崩れる日がやって来た。

神学論争

これまで彼女はあらゆることに闊達な意見をのべてきたが、神学論争だけは注意深く避けてきた。宗教裁判が怖かったからだ。ところがプエブラ司教、フェルナンデス・デ・サンタ・クルスと交換していた手紙のなかで、高名なイエズス会士アントニオ・ビエイラ*が40年も前に書いた論文に対する批判をふと漏らしてしまい、しかもその手紙を司教が出版してしまった。メキシコ宗教界の最高権威であるアギアル・イ・セイハス大司教*はビエイラとは個人的にも親しく、彼を大変尊敬していた。大司教は闘牛や闘鶏、演劇などの市民の娯楽を禁止するほど厳しい人で、女性嫌いとしても有名で、それまでも、修道女でありながら臆面もなくエロスに満ちた詩や劇を書くフアナの文学活動を苦々しく思っていた。そして彼女の聴聞師ヌニェス神父を通じてそれを止めさせようとしたが、歴代副王の手厚い庇護を受けていた彼女は柳に風と聞き流していた。この頃にはヌニェス神父も諦めて彼女を見放し、聴聞師をやめてしまっていた。

しかし今回ばかりはただでは済まなかった。そこにはメキシコの大司教アギアル・イ・セイハスとプエブラの司教との勢力争いもからんでいて、フアナのビエイラ批判がプエブラの司教によって利用されたとする研究者もいる。

この当時気候の変調が激しく冷害、暴風雨、洪水が頻繁に起こ

***アントニオ・ビエイラ**　ポルトガル人イエズス会士。ブラジルで布教活動をした進歩的改革者。

***アギアル・イ・セイハス大司教**　スペイン人。メキシコ大司教はメキシコ最高位の聖職。

アギアル・イ・セイハス大司教

り、1692年、虫害による飢饉や疫病でメキシコ市で食料不足が生じ、市民の暴動が始まった。暴徒は食品貯蔵庫を襲撃し、副王宮殿にまで火をつけようとした。そしてそれを抑えられなかった副王ガルベ伯爵（1688〜96）の権威が失墜し、代わって宗教の力で民衆をなだめたメキシコ大司教が評価されて副王と大司教の力関係が逆転し、副王はもうソル・フアナを守るどころではなかった。それに追い討ちをかけるように同じその年、マリア・ルイサの夫、ラ・ラグナ公がスペインで急逝した。大司教に睨まれ、相次いで後ろ盾を失ったフアナの元にくる訪問客はばったりと途絶え、小心な同僚の修道女たちは彼女に近寄ろうとはせず、フアナは極端な孤独に陥り、身の危険さえ感じるようになった。追い詰められた彼女は妥協するしかなかった。

　具体的に何が起こったのかは分からないが、フアナは1693年ごろ突然、ヌニェス神父に修道女としてふさわしくない生活を送ってきたことの赦しを乞い、聴聞師として戻ってくれるように懇願した。神父から出された赦しの条件は、蔵書や収集品のすべてと共に文学を捨てるという、彼女にとってはあまりにも過酷な贖《あがな》いであった。4000冊とも言われた、当時のメキシコでも有数の蔵書は二足三文で売り払われて散逸し、所持していた実験道具、楽器その他の収集品、装身具も貧者に与えてほしいと大司教に強要されすべて売り払い、貯えも取り上げられる。

　1年間の試験期間を経て、フアナは改めて修道女となる誓願書に自分の血で署名した。だがその翌年、疫病に罹った同僚を看病していて自らも感染し、46才でこの世を去った。奇《く》しくもヌニェス神父もまた、その2カ月前に没していた。大司教はフアナの死後にまで、独房に人を送り、残っていたものすべてを持ち去ったという。

ソル・フアナの作品は失われたものも多く、全部が出版されたわけではない。作品は大部分が詩だが、随筆、小説、喜劇もあり、そのほとんどはメキシコではなくスペインで出版された。20世紀末頃にはメキシコやポルトガル、ペルーなどでソル・フアナのいくつかの作品、あるいは作品に関する論評やその写本が発見されてソル・フアナへの関心はますます高まっているようだ。

【参考資料】
Mexico y la Cultura (Alfonso Reyes): Secretaría de Educacion y la Cultura 1961
Cultura femenina novohispana: Josefina Muriel: UNAM 1982
Sor Juana Ines de la Cruz o Las Trampas de la Fe: Octavio Paz: Fondo de la Cultura e Económica 1983
『信仰の罠』オクタビオ・パス、林美智代訳、土曜美術社出版販売、２００６年
『知への賛歌　―修道女フアナの手紙―』ソル・フアナ、旦敬介訳、光文社、２００７年

II.

シカ・ダ・シルヴァ

奴隷娘のシンデレラ物語

Xica da Silva

1735 - 1796

ブラジル

奴隷娘シカの今度のご主人ジョアンはこの地方最高の名士であるダイヤモンド採掘請負人。何とその彼がシカを妻として扱いはじめた。シカは次々に13人の子供を生み、自らも多くの奴隷を持つ身分となる。やがてジョアンは父親の死によりポルトガルへ去ってゆくが、残されたシカにはこれまでと同じ、白人のセニョーラとしての生活ができるようにしておいてくれた。

*バンデイランテ
『旗を掲げて行進する者』の意味。

ブラジルの開発と黒人奴隷

ブラジルの開発は16世紀初め染料となる「ブラジルの木」を採ることから始まったがすぐに刈りつくされ、代わって砂糖産業が始まる。砂糖の生産には多くの労働力を必要とし、そのために黒人奴隷を導入すると同時に、奥地に住む先住民を奴隷化する奴隷狩りが盛んに行われた。サンパウロではバンデイランテ*と呼ばれる、先住民を捕らえて奴隷として売ることを専門にする一団が現れ、数百人から時には千人以上の武装集団を組んで奥地探検に乗り出した。彼らは先住民狩りのほかにも、金鉱を探したり、スペイン領を侵略して領土を拡大したり、あるいは地理や風土の調査で国土防衛に多大の貢献を果たしたことから、ブラジルでは現在も国土開発の旗手として英雄視されている。バンデイランテはトルデシーヤス条約（1494）で決められた境界線を平気で無視してスペイン領に侵入したが、ひとつには1580年から1640年までの60年間、スペインがポルトガルを併合し、一つの国だったということもある。そして1750年、マドリード条約で改めてスペインとポルトガルの国境線を決める時、それまでにポルトガルが占領した領土はそのままポルトガル領とされることになったため、トルデシーヤス条約は完全に無効となった。

18世紀初頭には世界市場の変化や干ばつなどでブラジルの砂糖の時代が終わるが、折しも丁度その時、バンデイランテの一隊がミナスジェライスで金鉱を発見した（1693）。それ以来人々が大挙してミナスジェライスに押し寄せて凄まじいゴールドラッシュが起き、しかも1729年にはダイヤモンドまで見つかった。人口が一挙に増えたために農業や牧畜業が

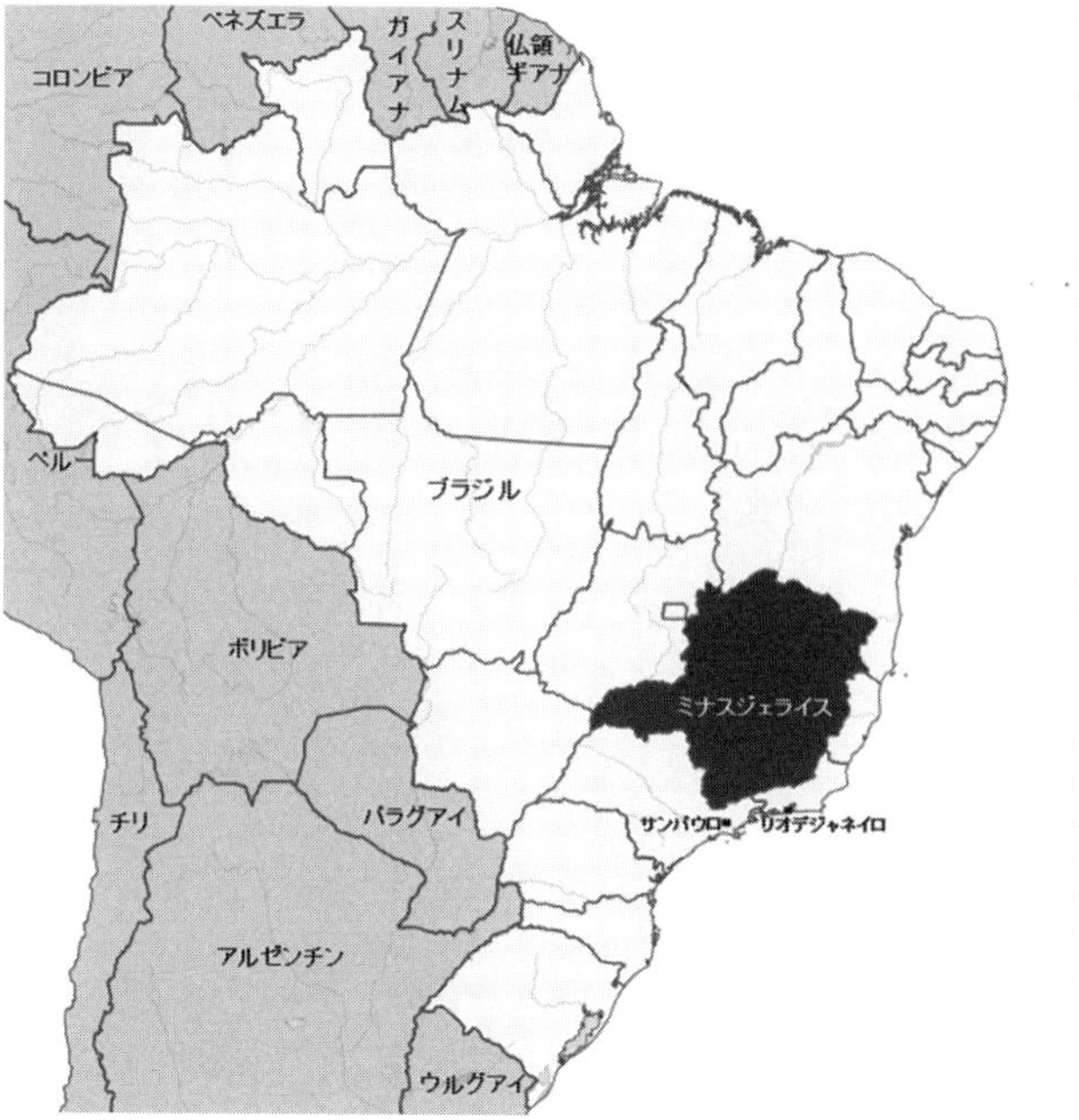

ミナスジェライス

活性化され、交通手段が発達して内陸部の開発が飛躍的に進み、ほとんど何もなかった原野に次々と新しい町が生まれていった。1807年には首都がサルバドルから金の積出港として隆盛するリオデジャネイロに移された。

黒人奴隷が最初にブラジルに導入されたのは1538年で、砂糖産業の隆盛とともにその数は飛躍的に伸びた。1585年には総人口5万7000人のうち、1万4000人が黒人奴隷で、そのほとんどが砂糖産業の盛んなブラジル北部に集中していた。黒人が増えると宗教、迷信、魔術、食べ物、言語、音楽などのアフリカ文化が徐々に白人の間にも浸透してゆき、イエズス会士アントニオ・ビエイラ*は「ブラジルはアメリカという体にアフリカの魂を宿す」と評している。金の時代が始まると黒人奴隷の居住範囲が拡がり、価格も急騰したが、ミナスジェライスには毎年2000~2500人の奴隷が導入されるようになった。

だがブラジルでは黒人奴隷制度についての資料が圧倒的に少ない。それは帝政から共和制に移行した直後の1890年、時の経済大臣ルイ・バルボサ*の提案により、過去の奴隷制度に関するあらゆる資料を破棄して、過去の人道的汚点を消し去ろうとしたからだという。黒

***アントニオ・ビエイラ**
155ページ参照。

***ルイ・バルボサ**
政治家、外交官、作家。19歳で奴隷廃止の演説をする。

人奴隷の輸入と取引の帳簿、通関書類、農場や鉱山での労役の記録などがすべて焼き捨てられてしまったので、どれほどの黒人がブラジルに連れてこられたかは把握できないが、一般的には16世紀10万人、17世紀60万人、18世紀に１３０万人、19世紀に１６０万、計３６０万と言われる。ちなみにスペイン領植民地では総計１５５万人とされている。

❖女奴隷フランシスカ

さて、シカ・ダ・シルヴァだが、Xicaはスペイン語のChicaと同じで娘という意味である。本名をフランシスカといい、１７３５年頃、金やダイヤモンドのブームに沸くミナスジェライスの中心部に位置する村の奴隷小屋で呱々《ここ》の声をあげた。そこはダイヤモンド生産の中心地ティジュコで働く奴隷が住む所で、母親は黒人奴隷マリア・ダ・コスタ、父親はその持ち主のポルトガル人軍曹アントニオ・カエタノ・デ・サーであったから、フランシスカと名付けられたその赤ん坊はムラタあるいはパルダと呼ばれた混血である。フランシスカは6、7才の頃にはもう大人と同じように働き、いつの頃かティジュコに住むポルトガル人外科医のマノエル・ピーレスに売られていた。

ピーレスは独身で、数人の女奴隷を侍《はべ》らせて暮していた。彼女たちは裸足で派手な色の服を着て市場へ買い物に行ったり、川へ洗濯に行き、あるいは水汲場から水を運び、日曜日には教会に行く主人に付き従い、村の中を自由に動き回って暮らしていた。ピーレスはほかにも家族持ちの奴隷を所有し、金やダイヤモンドの採掘に従事させたり、農園で働かせたりして収入を得ていた。それがティジュコに住むポルトガル人の一般的な生業であった。

日曜日、ご主人に従って教会へ

思春期をピーレスの家で過ごしたフランシスカはこの主人との間に最初の子供シモンを生んだ。当時の常として奴隷の子供の洗礼記録に父親の名前はないが、ピーレスは死ぬ5年前の60才ぐらいの時に遺書を作成し、4才のシモンを遺産相続人の一人に指名した。シモンは出生と同時に解放されて自由人となっていたが、その母親のフランシスカ即ちシカは奴隷のまま、彼が遺言状を作成する2年前に別のポルトガル人に売り渡されていた。

その経緯ははっきりしないが、次のようなことが推測される。丁度その頃ティジュコに風紀を取り締まったり、住民の訴えを聞く巡察師（神父）が司教から派遣されてきた。この時、複数の女奴隷と同居していることで叱責を受けたピーレスはフランシスカを手放さざるを得なくなったらしい。彼は地方議会の議長や裁判官なども務めており、そのような要職にある人物にあるまじき生活を送っていることを非難されたのかもしれない。

金やダイヤモンドが発見されて急激に人口が増えたこの地域では、男女の比率が極端にアンバランスだった。ティジュコがあるセロ・フリオ地区における1738年の調査では、人口が9681人でその84％、奴隷に限れば97％が男性である。当然結婚できない男性が増え、それは風紀の乱れにつながり、教会の悩みの種となっていた。司教はたびたび巡察師を派遣して人々の罪を聴聞したが、それに乗じて政治上の、あるいは商売上の敵を讒訴するようなケースがあり、

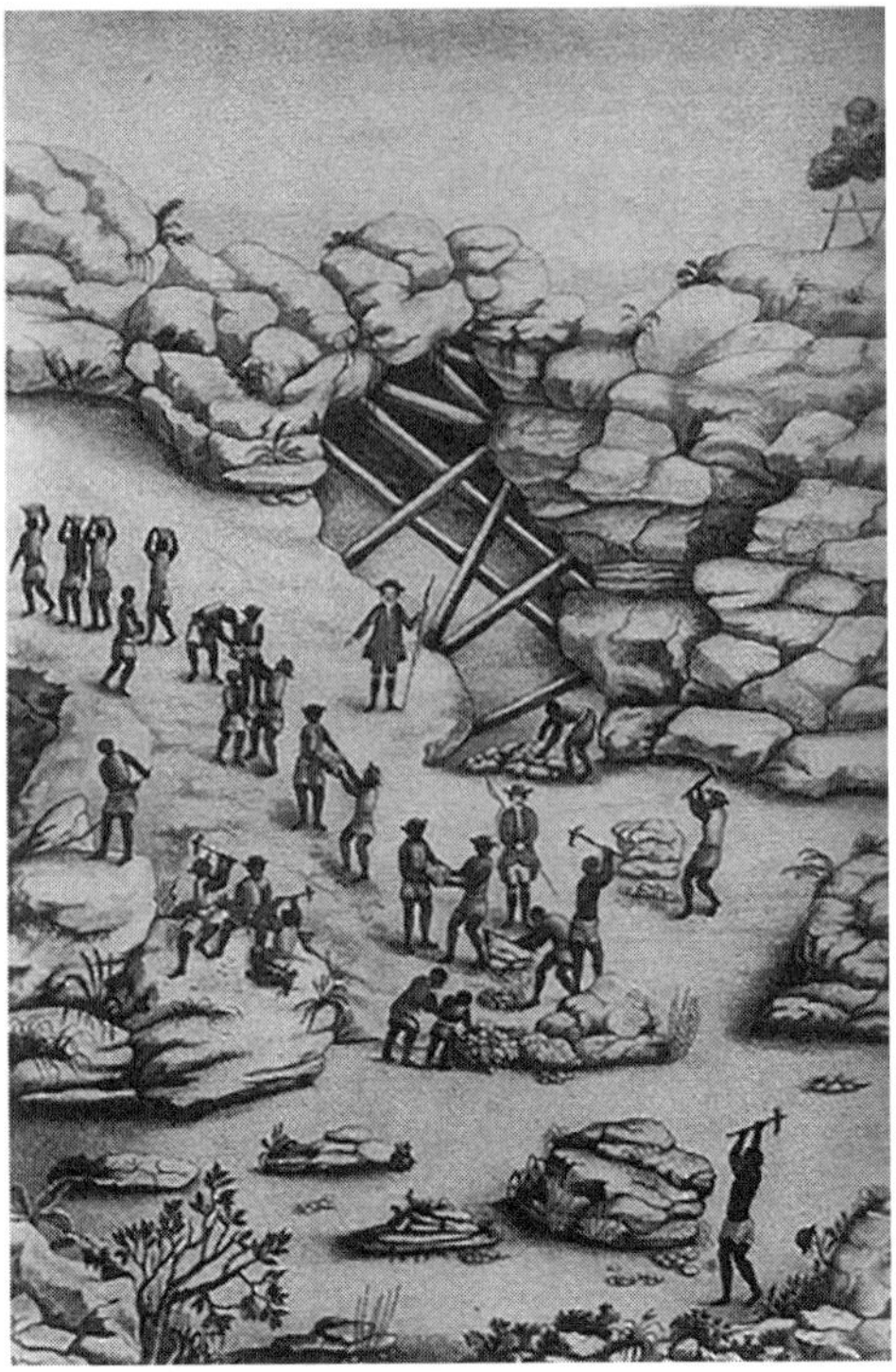

ラヴラ（洗鉱法）

ピーレスもその標的にされた可能性がある。

　ミナスジェライスでダイヤモンドが発見されたのは公式には1729年とされるが、それは王室に報告された日付で、実際にはそれ以前から密かに採掘が始まっていたらしく、ポルトガルから派遣されて10年間当地にいた執政官（ゴベルナドール）は巨万の富を得て帰国したという。ダイヤモンドは1729年以降も5分の1税を納めれば誰でも採掘でき、その後奴隷1人ごとに課税される制度に改められた。

　ダイヤモンドも金と同じように川床や川岸でみつかり、特に水嵩の少ない乾季は採取が容易だった。だが鉱脈が枯渇してくると、土木技術を駆使して川をせき止め、川底を露出させて鉱床を掘り起こすラヴラ（洗鉱）という大掛かりな方法がとられるようになる。それはかなり危険な工事で、溺れたり、怪我をする者が多発し、ピーレスのような外科医が必要とされたわけだ。新しい技術によって生産が増えすぎると価格が下落したり、また徴税の方法が恣意的だったりするので、王室はその弊害を是正するために、ダイヤモンド鉱区を限定して人の出入りを規制し、一定のダイヤを納めることを条件に、採掘権を有力な民間人に貸し出す請負人制度を発足させた（1740〜71）。

ダイヤモンド採掘請負人

そして執政官《ゴベルナドール》が希望者を募ったところ、ダイヤモンド鉱区の中心地であったティジュコの人々は1000人の奴隷を使って10年契約で鉱区内のダイヤを発掘するという案を示したが、執政官《ゴベルナドール》はそれを拒絶し、600人の奴隷を使って4年間契約という、王室にとってより有利な条件を提示したジョアン・フェルナンデス・デ・オリベイラとその仲間の案を採用し、以降はそれが請負の基本条件となった。

だがそれは請負人にとっては非常に厳しい条件であった。まず、開発できる地域が限定されていたうえに、簡単に採掘できる場所はすでに掘り尽くされ、開発が困難な場所は大掛かりな工事が必要となり、600人の奴隷ではとても間に合わない。それに加えて、ダイヤは年に一度まとめてポルトガルに送って売るのだから、実際に利益を手にするまでに時間がかかり、それまでの経費は手形を組んで賄《まかな》わねばならない。ジョアン・フェルナンデスは若くしてほとんど無一文でブラジルに渡ってきて、ミナスジェライスでさまざまな仕事に就いて徐々に事業を拡げてきた。彼は歯を食いしばって苦境に耐えながら、1771年に請負人制度が廃止されるまで行われた計6期の契約のうち、第3期を除く全期間の請負の中心となった（最後の第6期は息子が契約）。第3期だけは、契約が更新される時期に妻を亡くし、経済的にも追い込まれていて落札することができなかった。彼に代わって第3期の契約を請負った人物は利潤を上げるために違反行為を行い、本国で投獄されている。ジョアンはその後、リオの裕福な未亡人と再婚し、その持参金で手形を決済することができて再び請負人となり、ようや

ポンバル侯爵セバスティアン・カルヴァーリョ

く事業が軌道に乗ったのはそれからだった。彼はイギリスやオランダの金融業者からまで借金をしていることでもわかるように、この仕事は大きな負債を伴うが、その一方で上がる利潤も大きかった。

この頃ポルトガル本国では国王が崩御してジョゼ一世（在位1750〜77）が即位し、それに伴い国政において絶対権力を誇るようになるポンバル侯爵（1699〜1782）が登場する。国政を任されて一手に権力を握ったポンバル侯は国益を重視する重商主義をとり、すべてを国家の管理下に置こうとした。1759年には大きな権力を握る目障りなイエズス会を全ポルトガル領から追放して、教育を国家の手に取り戻し、会が所有していた土地、財産を国有化するという荒療治を行った（後にフランスやスペインもそれに倣うことになる）。

1755年11月1日、ポルトガルで死者が6万〜10万に上るという大地震が起こり、リスボンは壊滅したが、ポンバル侯はリスボンの復興に全力をあげて町をすっかり変容させた。リスボンは今見ても大変美しい都市だが、それもこのポンバルの功績である。だが復興のために植民地のブラジルに対してはさまざまな税をかけて厳しい取り立てを行った。

ジョアン、ティジュコへ

ダイヤモンド採掘請負人のジョアンはまだポンバル侯が表舞台に登場する前に、本国の政治情勢の変化をいち早く嗅ぎ取り、宮廷との結びつきを強めなければならないと考えて、ジョゼ一世が王位についた翌年の1751年、これまでの売上金を清算し、新妻を伴って本国に帰った。そして絶対権力を握るポンバル侯と友好関係を結ぶことに成功し、以来彼の庇護を受けるようになる。

その後ティジュコには自分の代理として、一人息子のジョアンを派遣した。彼はミナスジェライスで生まれたが、13才で本国に送られてイエズス会の学院で学び、コインブラ大学で学士号を取った超エリートである。ポルトガルは全植民地時代を通じてブラジルに大学を作らなかったので、高等教育を受ける子弟はすべて本国に送られた。

息子のジョアンは1753年、26才でティジュコに入った。そして、前述の外科医ピーレスが80万レアルでフランシスカを売った相手というのがこのジョアンであった。彼は30才ぐらいまでは独身で過ごし、条件の良い結婚ができるのを待つつもりで、その間の情熱のはけ口として女奴隷を買ったのだった。彼の父もそのようにして結婚し、それが当時の一般的な習慣だった。しかしどうしたことか、ジョアンはフランシスカを手に入れた数カ月後には彼女を解放し、妻として扱いはじめた。18世紀中にこの『ダイヤモンド鉱区』で23人の奴隷が解放されているが、そのほとんどが主人の死後、遺言によって解放されるか、あるいは奴隷自身が貯めたお金を主人に支払って自由を買い取ったかで、わざわざ買った奴隷をすぐに解放したケースはシカの他にはない。彼女はシルヴァという苗字を与えられ、シカ・ダ・シルヴァ即ちシルヴァの娘、と呼ばれるようになった。

シカはその後、ジョアンが本国に帰国するまでの15年間彼とともに暮らし、4男9女の13人の子供を生んだ。1人も欠けずに成人したのも当時としては奇跡に近い。ただし、階級社会を維持するために結婚に関しては厳しい制約があり、白人と解放奴隷の結婚は許されなかった。だから正式に結婚することはできなかったが、ジョアンは彼女に正妻と同等の地位を与えた。すなわちシカに自由人として生きるための財産を持たせ、子供たちにはオリベイラという苗字を継がせて全員を嫡子として認知し、洗礼証明書にも父親の名前を書いた。シカの生活は完全に白人のセニョーラのそれ、いやそれ以上となった。何しろジョアンはこの地方が最も盛えていた時期に、そこで最も裕福で名誉ある『ダイヤモンド発掘請負人』だったのだから。

シカは子供が生まれると、上流社会の習慣に従って自分で授乳せず、乳母となる奴隷を買い求めた。そしてのちには100人近い奴隷を所有し、白人と同じように奴隷をダイヤモンドの採掘や農園に貸し出して稼いだ。奴隷であったシカは奴隷を持つ身分へと変わったのだが、白人が持つ価値観に自身を同化させた彼女には、そのことに何のためらいも感じてはいない。そして元奴隷であっても、一旦解放されれば自由人として受け容れられ、さまざまな職業について富を蓄え、社会的上昇を遂げるケースが数多くあったのはこのダイヤモンド鉱区特有のことで、他の地方では見られない現象であった。

1774年の調査ではこの地区の5111人の戸主のうち286人が混血または黒人で、

シカを主人公にした映画やテレビドラマは
くり返し制作された

282人が男性、229人が女性である。女性のうち197人が黒人、または混血で、その中に正式な結婚をしている者はひとりもいない。彼女たちは白人と同棲婚しているか、あるいは裁縫師、洗濯屋、配達屋、売春婦などの自立した女性であった。

ジョアンがシカと住むために建てた家は広くて立派で、のちに娘たちが結婚式を挙げることになる礼拝堂まで備えていた。ティジュコの人々の暮らしは豊かで、カテドラルをはじめ数多くの立派な教会やオペラハウスが建てられ、商店にはロバで運ばれてきたイギリス製の陶器やインドの品物などが満ちあふれ、教会には後世にまで名を残す混血の専属作曲家や120人の楽士がいたという。ミナスジェライスの村々の風景がどことなくわれわれにとって懐かしさを感じさせるのは、アジアの影響を受けた建物のせいだろう。日本にまで及ぶ商業圏を築いたポルトガル商人の活動の場の広さを思わせる。教育熱は高く、当時ヨーロッパで読まれていた本が大量に持ちこまれ、コインブラ大学にも数多くの子弟を送り出していた。シカとジョアンの4人の息子およびシカがピーレスと間にもうけた息子シモンもある程度の年齢に達すると、次々にポルトガルのジョアンのもとに送られて教育を受けた。

ティジュコに残されたシカの生活

1770年、ポルトガルで父ジョアンが急死し、ジョアンは急遽本国へ行った。それがシカとの最後の別れとなった。娘たちとともにティジュコに残されたシカは、その後もジョアンがいた時と全く同じように暮らし続けた。9人の娘たちはすべて、ジョアンのいた頃から女子修道院で教育を受けていた。通常、上流階級の娘たちは成人するまで修道院で過ごし、良い縁談がまとまるとそこを出るか、あるいはそのまま修道女になった（ちなみにジョアンの5人の妹は全員ポルトガルで修道女になっている）。

ミナスジェライスではフランシスコ会やドミニコ会などの修道会の活動が禁止されていたため、修道院も教会もすべて司教直属の在俗教会所属であった。村の中の生活は教会が中心で、教会も白人の教会、混血《ムラト》の教会、黒人の教会と人種別に分かれている。そして各教会の中の信徒団が教会の建設や改修をはじめ、祭り、洗礼、結婚、終油*、埋葬など市民生活に直接かかわるすべての行事をとり仕切り、同時にそこは最も重要な社交の場でもあった。

シカは最上層の白人の信徒団2カ所に所属していたが、それだけでなく混血《ムラト》の信徒団や黒人の信徒団にも属し、それぞれの活動にかかわっていた。財力がなければできないことであったが、彼女はその活動を通じて積極的に地域社会における自分の地位を確保したのであった。

*終油
臨終の人に授けるカトリックの秘跡の一つ。

ティジュコ（ディアマンティーナ）にあるシカ・ダ・シルヴァの家

1796年に亡くなった時、どの教会にでも埋葬される権利があったが、彼女は遺言によって白人専用のサン・フランシスコ教会に埋葬されていることから、ジョアンが去ったあとも高い社会的地位を保ち続けていたことがわかる。ティジュコではシカだけでなく、解放されて社会的上昇を遂げた元奴隷やその子孫も白人の信徒団に属しており、これはブラジルの他の地方はもとより、同じミナスジェライスの他の村でさえ見られない現象であった。有色人種であっても条件さえ整えば白人の文化に同化してその社会に入りこみ、その風俗、習慣、生活スタイル、服装に同化し、奴隷であったことを忘れさせたシカのケースから、その後さまざまな伝説が生まれた。しかしそれが奴隷制度や人種差別にあえぐ人々に幻想を与え、過酷な現実から眼をそらせるのに利用されたという側面があったことも確かである。

ダイヤモンド請負人制度はジョアンの本国への帰国を機に廃止され、新たに『王室ダイヤモンド採掘監督局』が設立されて、国家が直接採掘を管理することになり、それは独立まで続いた。しかしそれによって生産が大幅に増えたため値段が75%も下落し、18世紀末からはっきりと衰退期に入り、ダイヤモンド産業は重要性を失うこととなった。

アメリカ大陸に導入された黒人奴隷の数は、先ほど挙げた数字とは矛盾するが、16世紀100万、17世紀300万、18世紀700万とも言われ、25％が捕獲中に、25％が渡航中に死んだとする学者もいる。これらの数字を見れば、いかに大規模の非人道的な搾取が行われ、アフリカが未だにその後遺症に苦しめられ続けているかが分かろうというものである。ブラジルの奴隷解放は1888年と世界で最も遅く、リンカーン大統領による米国の奴隷解放は1862年であった。イスパノ・アメリカでは概ね1850年頃の国が多く、最も遅いのはプエルト・リコ（1873）、キューバ（1886）であった。

【参考資料】
Chica da Silva e o contratador dos diamantes: Júnia Ferreira Furtado Companhia Das Letras3 reimpressões 2009
Xica da Silva: Joãn Fericio dos Santos: José Olympio Editora 2007
Mulheres do Brasil (Pensamento e Ação): Editôra Henriqueta Galeno: ortaleza Ceará 1971
Diccionário Mulheres do Brasil: Jorge Zahar Editor: Rio de Janeiro 2000
『ブラジル　その歴史と経済』富田幹雄・住田育法共著、啓文社、1990年
『概説ブラジル史』山田睦男編、有斐閣、1986年

12.

ペリチョリ

リマの歌姫

La Perricholi
1748 - 1819

ペルー

15歳で初めて舞台に立ち、20歳になる前にはもう、一世を風靡する女優であった。新任の副王アマトは彼女に魅せられて愛人とし、子供も1人生まれた。だが14年後任期を終えて帰国して行く。彼女はその後も舞台に立ち続け、引退後は劇場経営に乗り出し、共同経営者と結婚、夫が亡くなると慈善事業に精を出した。

アマト副王

ペルー副王領は征服後の混乱を経て第5代副王トレド（在位1569〜81）の頃からようやく安定し、わずかな数のスペイン人が先住民の首長《カシケ》を使って間接的に全先住民を支配するという政治体制が確立されていく。

18世紀、首都リマはアルマス広場、カテドラル、副王宮殿、市庁舎を中心に4万人ほどの人口を擁して大いに繁栄していたが、1746年10月28日の夜起こった大地震で、港町カヤオには高さ17メートルの津波が5キロメートル内陸まで押し寄せた。死者の数は5000人に達し、助かったのは200人のみで、リマでは1141人が死亡、崩壊を免れた家は25軒しかなかったという。カテドラルも倒壊し、余震が2カ月も続いたので人々は夜も眠れず、恐怖と飢えに苦しめられた。

時の副王ベラスコ（在位1745〜61）は15年にわたる在任中、真剣にリマの復興に取り組み、カテドラルの再建をはじめ復興を着々と進め、その功績によってリマの市民から大いに感謝され、スペイン王からもスペルンダ*伯爵という爵位を授けられた。

その後任の第31代ペルー副王（在位1761〜76）として赴任してきたのがマヌエル・アマト（1704〜82）で、バルセロナの貴族カステルベルデ侯爵の次男として生まれた。貴族の次男以下は僧になるかまたは軍人になるのが一般的だったから、彼も11才でカタルーニャの反乱鎮圧に加わって初出陣し、15才でフランス軍と戦い、17才でマルタ騎士団*に入り4年間マルタ島防衛に従事、24才の時にはナポリ王から勲章を授けられるほどの戦功をあげた。そ

＊スペルンダ
波を越えてという意味。

＊マルタ騎士団
軍事集団としてマルタ包囲戦、レパントの海戦などの異教徒との戦いにおいて歴史的に重要な役割を果たした。

マヌエル・アマト

18 世紀のリマ

れからもヨーロッパや北アフリカでの数々の戦いに参加してきた根っからの軍人で、ペルー副王は54才にして最後に上り詰めた栄誉あるポストだった。囚人が暴動を起こした刑務所に自ら乗り込んで鎮圧したり、戦艦の反乱を鎮めたりした数々の武勇伝は、彼が何ものをも恐れない豪気の人であったことを物語る。身体には戦いによる傷跡がいくつもあり、自分を厳しく律し、独身を通したが女性に溺れることもなく、その年になっても野性味を失っていなかったという。

前任者のスペルンダ伯爵と同じように彼もまたチリ司令官がインディアスでは最初のポストだった。1755年聴訴院《アウディエンシア》の議長兼司令官としてチリに渡り、6年間先住民の襲撃を防ぐために砦を強化し、密貿易を厳しく取り締まり、警察組織を整備し、あるいは大学や市場など多くの公共の施設を建て、行政官としても大いに実績をあげた。俗にアラウカノと呼ばれるチリの先住民マプチェ族を平定することは当時でもまだできなかったから、アマトはその対策として数々の砦を築き、町を建設した。彼はいかにも軍人らしく決断が早く、計算高い方ではなかったが、チリからリマに赴任するにあたっては、グァヤキルの造船所で建造させた戦艦をエル・ペルアノ*と命名し、それに乗ってコロンブス新大陸発見記念日の10月12日にカヤオに入港するという気配りを見せて、リマっ子を大いに喜ばせた（1761）。

城壁に囲まれたリマは広大なペルー副王領の首都として政治に携わる役人の町であったが、74の教会、25の修道院があり、神父、修道士、尼僧などを合わせると7000人（全人口の6分の1）という宗教の町でもあり、また同時にそれに劣らない快楽の町でもあった。マントで顔を覆い身元を分からなくしたタパダと呼ばれる女たちがリマの町を闊歩し、香水や豪華な

＊エル・ペルアノ
ペルー人あるいはペルーの物。

衣装を武器に大胆に愛をささやくのだ。それに惑わされた男たちは恋のアバンチュールを楽しみ、あるいは手玉にとられ、リマは女の天国、男の煉獄、うすのろの地獄、と言われた。

女優ペリチョリ

アマトは精力的に仕事に取り組み、前副王の仕事を継承して地震後の復興に力を注ぎ、多くの建造物を建て、町を美しくし、リマはこの時代に飛躍的な発展を遂げた。だが峻厳な軍人であった彼もリマの快楽的な雰囲気に影響されたのか、あるいは年をとって気が緩んだのか、数年後ミカエラ・ビエガスという、当節最も人気のある歌姫を溺愛するようになった。

タパダ

演劇はリマで最も人気のある娯楽で、市の建設当初から広場や教会の裏庭、あるいは街角で演じられており、1615年にはすでに立派な劇場があった。大地震でリマが壊滅状態にあった時、ベラスコ副王が最初に修復を命じた公共の建物が劇場であり、『ドン・キホーテ』の第2部は1615年にスペインで出版*されるよりも前に、リマの劇場で上演されていたという。

混血（メスティサ）のミカエラ・ビエガスは9人兄弟の長女で家は貧しかったが、当時の女性にしては珍しく読み書きができ、ロペ・デ・ベガやカルデロン・デ・ラ・バルカ、ティルソ・デ・モリナなどのスペインの古典に親しんでいた。幼少のころから歌や踊りが大好きで、

＊『ドン・キホーテ』～スペインで出版
第1部は1605年出版。

ペリチョリのものと思われる、
メダルに描かれた唯一の肖像画

鏡の前で芝居のまねごとをして遊び、ギターやアルパなどの楽器もこなす。15才で初めて舞台に立ったが、彼女の才能を見出し、女優として磨いたのはマサで、彼は劇場の経営者であると同時に舞台監督であり、俳優でもあった。想像力豊かで台詞をすぐに覚えるミカエラは彼の指導のお陰で、悲劇で観客を泣かせたと思えば喜劇で笑わせ、20才で一世を風靡する女優に成長した。彼女が出演するたびに劇場は満員になり、その名は副王領の外にまで知られるようになった。噂を耳にしたアマト副王は好奇心にかられて劇場に行き、ミカエラの優美な身のこなしやコケティッシュな魅力にとりつかれ、毎晩のように通うようになる。そして人々が気がついた時には彼女は副王の愛人におさまっていた。

世間にそのことが知れると人気はいやが上にも高まり、また、彼女の舞台を見なければ宮廷での話題についていけないとあって、役人や軍人、詩人、学者、果ては聖職者までが劇場に詰めかけた。反対に嫉妬に駆られた女たちはミカエラを無視して、「なんて下品な……あんなに足を高く上げたりして」と眉をひそめるのだったが、庶民は自分たちと同じ身分の女性を愛した副王に親しみを感じるのだった。やがて彼女は21才でマヌエリートという、副王そっくりの男の子を生んだ。独身を通してきた副王にとって65才で得た初めての子供であった。

ミカエラはそれまでミキータという愛称で呼ばれていたが、いまやその名よりも、ペリチョリというあだ名の方で知られるようになった。その由来は、ある日派手なけんかのあげく、副王が彼女にperra chola（混血の雌犬め！）という言葉を投げつけたからだという。バルセロナ出身のカタルーニャ人である副王はこれをペリ・チョリと発音し、それが宮廷の外に漏れ聞こえてきて、彼女を快く思っていなかった上流社会の人々が彼女を侮辱するためにペリチョリと呼びはじめたものだ。この説とは別に、アマトが"peti-xol"（カタラン語で宝石、装身具の意）と呼んだという説もあるが真偽のほどは分からない。

副王を虜にするくらいだからよほどの美人に違いない、と考えるのが普通だが、古いペルーの伝説を多く書き残している18世紀の作家リカルド・パルマによれば、ペリチョリは背は低くずんぐりむっくりで、色は浅黒く目も小さい。鼻は平べったく決して形良いとは言えず唇は厚い。おまけに化粧で隠しているが、あばただらけ。だが豊かな黒髪に、当時の美人の条件である小さい手足、象牙のように輝く小さい歯、首から肩にかけての美しい線にふくよかな胸、上唇のほくろがまた妖艶であったという。一方、絶世の美人だったという反対の説もあるが、メダルに描かれたそれらしい絵が一枚あるだけで、他の肖像画は残されていない。

❖アマト副王の業績

だが副王はペリチョリとの愛に溺れていたわけではなく、前任者がとりかかった地震の後の復興をやり遂げたうえに、歴代の副王の中でもとりわけ目覚ましい業績を残している。まず警察力を強化して夜警団に街の見回りをさせ、すり、窃盗、泥棒を即座に処刑にして見せ

副王がペリチョリに与えた家（右）とデスカルソス の並木道

しめとし、あるいは職のない外国人を追放し、犯罪が劇的に減った。並行して官に対しても汚職官吏を処刑するという厳しい態度で臨み、新規の信徒団を認可しないなど、弛みきった宗教界に対しても締め付けを行った。また道路を舗装して街灯を増やし、リマを清潔で安全な町にすることに努めた。

副王はペリチョリのためにリマック川の向こうの、町の城壁の外側に贅を尽くした別荘を建て、よくそこで友人を招いて宴を開き、ペリチョリに客の前で芝居の一幕を演じさせたが、そこからほど近いアチョ広場には1万人を収容できる常設の闘牛場のほか、庶民に人気のある闘鶏場も建てさせた。また、闘牛場の近くに『デスカルソスの並木道（アラメダ・デ・ロス・デスカルソス）』や『水の遊歩道（パセオ・デ・アグアス）』などの散策路が整備されて市民の憩いの場となった。『デスカルソスの並木道』は美しい柵に囲まれて、道の両側にはイタリアから輸入した大理石の彫刻が飾られ、水浴場、水のほとりの散策路なども設けられている。アマトがペリチョリに求愛した時、彼女は「月を足元に置いて下さるのならお受けしましょう」と答えた。そこで副王はそこに大きい噴水を作らせ、満月になるのを待って彼女を散歩に連れ出し、「今夜お前の足元に月を置いてあげるよ」と言ったと伝えられている。付近の街角にはカフェが開かれて、そこでおしゃべりを楽しんだり、新聞を読んだりする光景が見られるようになり、町には書店も現れ、この時代、リマは急速に近代的な町に生まれ変わっていった。

また副王は新聞の発行を奨励し、一冊の本の中にたったひとこと反宗教的な言葉があるというだけでその本を禁書にする、といった無粋なことのないように宗教審問所に圧力をかける一方で、市民の信仰の厚いペルーの守護神、『奇跡のキリスト（セニョール・デ・ロス・ミラグロス）』を祀るナザレ教会やサント・ドミンゴ教会の塔などを建てさせたりもしている。

アマト副王は領土の防衛にも熱心に取り組んだ。まず、リマの港カヤオにインディアスで最大のサン・フェリペ砦を建設させた。この砦はベラスコ前副王が建設に取り掛かったものだが、新たに200万ペソを投じて砦を完成させ、リマの安全を確保し、ペルー海岸の監視を厳しくして海賊の侵入を防いだほか、北はカルタヘナ（現コロンビア）やグァヤキル（現エクアドル）から南はチオレ（チリ）までの副王領沿岸各地に武器を配備し、あるいは砦を強化して防衛を図り、密貿易を取り締まった。

ジェームス・クック*によるポリネシアの発見を知ると、3回の探検隊を派遣してトゥアモトゥなどの南洋の島々を領有し、イギリスの手に落ちるのを防ごうとした。一時はタヒチにもミッションを置いたが、1775年に撤退したあとフランスに占領されてしまった。もしそのまま維持できていればイースター島がチリ領であるようにタヒチもペルー領となっていたかもしれない。一時期タヒチはアマト島と呼ばれ、古い地図にはその名が残されている。

アマトはこれらの事業に必要な財源を確保するために宝くじを創設し、あるいは厳しく税を取り立てて脱税者を徹底的に取り締まった。庶民の娯楽の場を増やしたのは厳しい税の取り立てに対する市民の不満を和らげるためでもあった。

アマトが副王（在位1761~76）に任命される2年前、スペインではフェルナンド六世（在

*ジェームス・クック　通称キャプテン・クック、イギリスの海軍士官。

位1746～59）が崩御し、弟のカルロス三世（在位1759～88）が即位した。彼の治世を特徴づけるのは、啓蒙思想、合理主義、王権の強化、反イエズス会のいわゆるボルボン改革*であった。そしてカルロス三世の右腕として国政を担ったのがアランダ伯爵で、アマトは彼の親戚だった。それもあってか、アマトのペルー在任は14年にも及び、彼は十分に力を発揮できるだけの期間を与えられた。

　1767年には本国の指令により、イエズス会追放の陣頭指揮をとった。会の財産は接収され、リマのイエズス会学院はサン・マルコス大学*の一部に吸収されて、インディアス最大の4万3000冊の蔵書を誇る図書館は同大学の所有となった。1769年にはイエズス会学院に代わるものとして技術など実用的な学問を教える学校が建てられた。

❖ペリチョリの馬車

　ペリチョリに話を戻すと、いまや副王に頼みごとのある人は真っ先に彼女の顔を思い浮かべるほど、副王宮廷の中で存在感を持ちはじめた。舞台の上では圧倒的な人気を博し、ことに一般庶民は偉そうにしている役人たちを差しおいて、チョラ（混血）である彼女が副王を牛耳っていると思えば胸のすく思いがするのであった。白髪のかつらで実際よりも年寄りじみてみえる副王がペリチョリの舞台を見ている最中、興奮のあまりかつらを落としたことにも気がつかないことがあったりして、宮殿でも町でもその有様を揶揄《やゆ》した噂や小唄がとびかった。ペリチョリはそんな中で次第に増長して自制心を失いはじめたのか、稽古にも身が入らなくなった。ある日の舞台で、彼女の長い台詞がいかにもおざなりで、相手役のマサは小声

＊ボルボン改革
　ボルボン朝とともに始まった、王権と国力を増強するための改革。カルロス三世の登場で18世紀半ばから特にアメリカ大陸に対する締め付けが強化された。

＊サン・マルコス大学
　1551年創設、アメリカ大陸最初の大学。

ペリチョリの生地とされるワヌコにある博物館内に展示されている風刺画（実際はリマ生まれ？）

で「もっと感情をこめろ！」と再三注意したが、これに逆上した彼女は手に持っていた小さな鞭でマサの顔面を打ちつけ、血が飛び散った。これを見て怒った観客は、口々に「牢送りにしろ！」と叫んで、劇場は大混乱となった。

　この一件で副王は今度こそ本当にペリチョリという言葉を投げつけて去って行き、同時に彼女は舞台からも降ろされてしまった。しかし子がかすがいとなったのかどうか、ふたりはしばらくすると和解して元の鞘に収まり、ペリチョリは再び舞台にも立つようになる。

　また以前のように、副王が馬車の中から馬に乗ったペリチョリと窓越しに話しながら町を行く風景が見受けられるようになった。婦人たちはそれに出くわすと、扇子で顔を隠して見ぬふりをしながら、しっかりと目で後を追う。するとペリチョリはこれ見よがしに馬上で一段と肩をそびやかすのだった。

　しかしある日、彼女は副王の馬車に一緒に乗りたいと言い出し、アマトは、「そればかりは！」と絶句する。そんなことをすれば、司教や宗教裁判所は黙ってはいないだろうし、本国の宮廷にでも知れれば困ったことになる。軍隊にも、聖職者にも、泥棒にも、脱税者にも厳しい副王であったが、ペリチョリにだけは甘い副王は散々頭をひねったあげく、貴人にしか許されていないはずの馬車を一台彼女に与えることにした。それは銀のプレートをはめこみ、リマでも最も美しい装飾が施された二輪馬車であった。それを、これまた豪華な服に身を包んだ御者が操る4頭のロバにひかせて、目抜き通りを行く彼女はまるで女王様であった。その姿を認めた女たちは扇子で顔を隠すことも忘れて、ポカンと口を開けたまま馬車を見送るのだった。

そのような散策のある日、馬車が四つ角で小さな行列と出会った。先頭には足元もおぼつかない老神父が十字架のついた聖体箱をささげてよたよたと歩き、後ろに数人の者が従っていた。神父は終油の秘跡を与えるために瀕死の者の家に向かっているところだった。ペリチョリは馬車から飛び降り、服が汚れるのも構わずぬかるみの道に跪き、「臨終に間に合うように、どうぞこの馬車をお使いください」と言って、無理やりに神父を馬車に乗せた。そして馬車をそのまま教会に寄進してしまった。もしかしたら彼女は馬車に乗ることを楽しむよりも、かえって居心地の悪い思いをしていて、馬車を寄進したのかもしれない。

❖副王の帰国

1776年、いよいよアマトに帰国命令がきた。彼はペリチョリとマヌエリートに暮らしに困らないだけの年金や幾つかの不動産を与えてスペインへ帰って行った。それからすぐ、アマトの政敵が書いた『妾のドラマ』という彼女を誹謗する侮辱的な作品や小唄などがリマに出回ったが、28才の彼女は世間の白い目に耐えて、息子を育てながら舞台に立ち続けた。そして40才の時女優を引退して、ビセンテ・エチャリというスペイン人と共同で劇場を買い取り、その経営に専念した。エチャリは演劇の造詣が深く、ふたりの経営する劇場は時代の流れに合った舞台でリマっ子を楽しませた。

バルセロナにある「副王夫人宮殿」

スペインに帰国したアマトは故郷のバルセロナの中心に当時最も美しいバロック風の建物を建てたが、建物が完成して3年後（1782）に没した。アマトは、亡くなる前に、甥が婚約を破棄した女性の名誉を救うために名目上その女性と結婚した。彼女はアマトの死後その建物に住み続けたので、そこは『副王夫人の宮殿』と呼ばれ、現在もバルセロナ市庁舎の一部として使われている。

アマトの死後9年のち、成人したマヌエリートはスペインへ渡り、父の財産を相続しようとしたが、副王の未亡人はすでに亡くなり、財産はアマトの甥に相続されていた。正嫡として認知されていなかったマヌエリートの訴えは聞き入れられず、彼はすごすごとリマに戻った。

ペリチョリはマヌエリートの留守中に、寂しさからか劇場の共同経営者エチャリと結婚した。それから13年間、洒脱な彼と幸せな結婚生活を送ったが、60才でその夫にも先立たれる。晩年はカルメル修道会の尼僧の服を着て修道女のような生活を送り、慈善事業に精を出して町の人々から敬愛され、71才で息子や孫たちに囲まれて静かに生涯を閉じた。遺言によって葬式の費用は貧しい人々に配られたため、ひっそりと埋葬された。

18世紀後半、ボルボン改革による先住民社会への締め付けがさらに厳しくなり、ペルー副王領内ではファン・サントスの反乱（1742~42）をはじめ128もの反乱が起こったという学者もいるぐらいだが、それは次に来る、全副王領を震撼させた大反乱に較べればさざ波のようなものだった。さらに続いて独立の動乱が始まったことを考えると、比較的平穏なこの時代は嵐の前の静けさのようで、そんな時代に副王だったアマトは幸運だったのかもしれない。

【参考資料】
La Perricholi: Luis Alberto Sanchez:Edicion del Nuevo Mundo 1970
『ペルー　太平洋とアンデスの国』増田義郎・柳田利夫、中央公論新社、1999年

13.

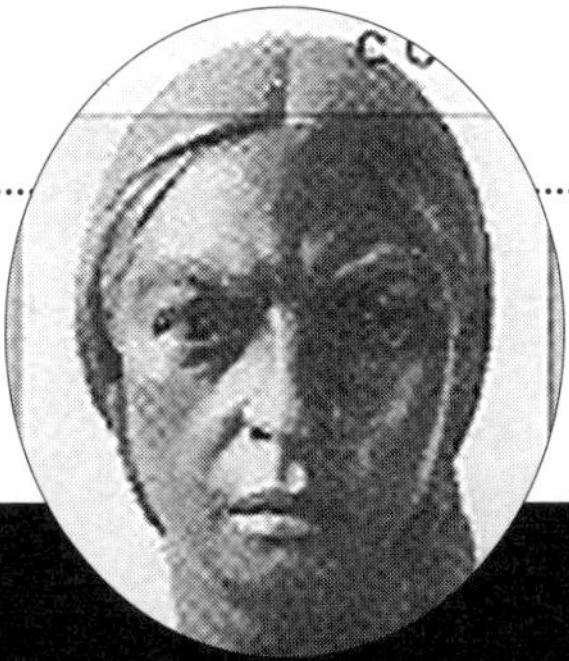

ミカエラ・バスティダス

アンデスの大反乱

Micaela Bastidas Puyucahua
1744 - 1781

ペルー

イスパノ・アメリカ史上最大の反乱を率いたトゥパク・アマルの妻。夫が遠征中は村に残って司令塔の役割を果たし、自ら命令を下し、兵や食料を集めるが、反乱軍は敗れ、トゥパク・アマル以下39人が処刑された。その中には彼女をはじめ指導的な役割を担った5人の女性がいた。

ミカエラとトゥパク・アマル

ミカエラ・バスティダス・プユカワが生まれたのはアンデス山脈の西斜面（太平洋側）にあるアバンカイ地方の村タンブルコである。豊かな農地や牧草地を擁し、リマからクスコに向かって80キロメートルほど上ったところにあり、中継地として栄えた村だ。父はスペイン人、母は先住民であったが、ミカエラはほっそりした体つきで背も高く、髪が縮れていたため、父親には黒人の血が混じっていたようだ。彼女は15才で、やはりメスティソのホセ・ガブリエル・コンドルカンキ・ノゲラ、将来のトゥパク・アマル（1738～81）と結婚した。

夫はティンタの首長（カシケ）の家に生まれ、父から遺された350頭のラバを使ってカヤオ、リマ、ポトシ、クスコ、ウアマンガ、さらにはブエノスアイレスに至る南米の大動脈を行き来して、手広く運送業を営んでおり、旅の中でミカエラと知り合ったようだ。彼はミカエラより6才年上で、10才からクスコでイエズス会が先住民の首長《カシケ》の子弟のために開いたサン・ボルハ学院に学び、リマでは中南米最古のサン・マルコス大学*の講義を聴講したともいわれる。残されている手紙が自筆のものとすれば、ラテン語も読め、法律と歴史の知識をもつ相当な教養人だったようだ。ホセ・ガブリエル・コンドルカンキは29才の時（1767）、父のあとを継いでティンタ地方のトゥンガスカ、パンパマルカ、スリマナの3村の首長《カシケ》となった。

ペルーでは征服後も先住民の社会構造はそのまま維持され、20～40家族から成る邑（アイユ）を最小の社会単位として、インカ貴族の末裔である首長《カシケ》が統率する。先住民は地域によっ

＊サン・マルコス大学
182ページ参照。

てケチュア語やアイマラ語などの先住民言語で生活し、首長《カシケ》は納税を免除され、その子弟は特別な学校で教育されて、スペイン人に代わって村を治めた。

ホセ・ガブリエル・コンドルカンキは5代前の祖先がインカ王トゥパク・アマルだと主張していた。系図を見るとメスティサ（混血女性）と結婚している祖先が多く、彼の母もメスティサだった。トゥパク・アマルは1572年クスコの広場で副王トレドによって処刑された最後のインカ皇帝である。ホセ・ガブリエル・コンドルカンキは自分こそが最後のインカ皇帝の血を引き継ぐ者であるとして、当時空白であったクスコ近郊のオロペサ公爵領*という領地の所有権を主張してリマの聴訴院《アウディエンシア》に訴えたが、結局認められず、失意のうちに村に帰ってきた。しかもこの頃、コレヒドール*の恣意的な裁量によって首長《カシケ》の地位もしばらく停止されており（1769〜71）、八方塞がりだったようだ。この頃から彼はトゥパク・アマルを名乗るようになり、最後のインカ皇帝と区別するためにトゥパク・アマル二世と呼ばれる。

ミカエラとトゥパク・アマルの間には3人の息子、イポリト（1761）、マリアノ（1762）、フェルナンド（1768）も生まれ、家庭的には恵まれていたが、ペルー副王領全体を見渡せば、スペイン人の圧政に対する不満はすべての地方で募る一方であった。ことに18世紀初頭からスペインで始まったボルボン改革で、インディアス各地はその厳しい締め付けに喘《あえ》いでいた。

生地タンブルコに建つミカエラの銅像

***オロペサ侯爵領**
17世紀最後のインカ王の子孫に与えられた侯爵領。やはりインカ王の子孫を名乗るベタンクールと争い、トゥパク・アマルが敗れた。

***コレヒドール**
先住民監督官。

先住民の不満

先住民の最大の不満はミタの制度であった。18才から50才の成人男子を強制的に鉱山や織物工場、農園に割り当てて働かせる制度である。ことにトゥパク・アマルの村はポトシ銀山へ村民を送りださなければならない地域の最北端にあり、現地に行くだけで3カ月もかかり、それを考慮せず1年に10カ月も働かされるのだから、負担がさらに大きい。村が疲弊して人口が減少したこの当時、毎年まとまった人数を送りだすのは大変な重荷で、しかも村に戻ってくるのは100人中20人しかいない。

村民には生産した品物にかかる物品税（アルカバラ）、教会に納める十分の一税などの厳しい納税義務が課されていた。このほかにも先住民に大きな負担を強いるレパルティミエントという制度があった。村を管理する役人、コレヒドールが先住民に強制的に物品を購入させて暴利をむさぼる制度である。元々は地方では入手しにくいものを農村に供給する方法として始まったが、それが悪用され、この当時はコレヒドールがリマの大商人と結託してさまざまな商品を村人に強制的に買わせるための制度となっていた。ほとんど役に立たない無用の品に法外な値段をつけて配り、むりやりに購入させるのだ。トランプ、眼鏡、絹の靴下……中には読み書きのできない人々に数巻にわたる哲学書を売りつけたことさえあった。

ボルボン改革によって官職売買が行われるようになり、コレヒドールの職も王室にお金を払って請け負うのだが、このような方法で数年の田舎暮らしさえ我慢すれば彼らは莫大な利潤を挙げることができた。そしてその職に就くことができるのはスペイン人だけで、クリオーヨさえ排除されていた。専横的な権威を持って村に君臨するコレヒドールには副王さえ手が出せず、アマト副王も「コレヒドールや裁判官は一般の商人となんら変わることがない」とその横暴ぶりを嘆いている。

インディアス法には、悪行政に対して先住民たちは聴訴院《アウディエンシア》または副王に直接訴えることができる、と明記されていた。イエズス会学院に学びこの法律を知っていたトゥパク・アマルは、オロペサ公爵領をめぐる係争でリマに滞在中（1776〜78）、インカ皇帝の子孫という立場から、迫害されている先住民の状況を改善し、彼らを守る義務があると考えて、リマの聴訴院《アウディエンシア》に改善を訴えたが、相手にされなかった。彼はまたリマに滞在中啓蒙主義者と接触し、フリーメイソンの会員になったと言われる。シモン・ボリバル、サン・マルティン、フランシスコ・ミランダ*、ベルナルド・オイギンス*、ジョージ・ワシントン、ベンジャミン・フランクリンなど、南北アメリカ大陸の独立に関わった人物のほとんどがこの秘密結社に属しており、彼もそこで革新思想の洗礼を受けたと思われる。サン・マルコス大学の講義を聞いたのもリマ滞在中のことであった。ミカエラは「彼はリマで目を開いた」すなわち新しい思想にふれて開眼した、と述べている。彼はラバを使って運送業を営んでいたので、スペイン人からはラバ追いと呼ばれて蔑まれ

＊フランシスコ・ミランダ
219ページ参照。

＊ベルナルド・オイギンス
チリ独立の英雄。

トゥパク・アマルII世

16世紀末のペルー副王領。1776年、ペルー副王領から切り離されて、ラプラタ副王領が新設される。

ていたが、広い地域を歩き、そこに住む人々の状況や思いを直接知ることができ、すべての地方でボルボン改革によって人々の不満が限界に達していることを感じて、行動を起こさねばと考えるようになった。

反乱が始まる10カ月ぐらい前の1780年年明けのこと、アレキパの町に、食料や雑貨にかかる新しい税の導入や納税者人口の調査に抗議する壁書きが現れた。それが夜な夜な町を呼ばわる大声に変わり、恐れをなしたコレヒドールは徴税をしばらく見合わせようとしたが、現地の状況をまだよく理解していなかった新任の徴税人はそのまま徴税を強行した。すると1月半ば、3000人の群集が税関や倉庫、コレヒドールの住居を襲撃して放火、略奪するという暴動が起きた。他の町からの応援で暴動はまもなく鎮圧され首謀者6人が処刑されたが、ついでそれがクスコにも波及する。やはり抗議の壁書きが町のあちこちに現れ、アレキパや北のキトで起こった反乱を賞賛し、砂糖の買占め、税の徴収における不正、織物工場における先住民の虐待など、コレヒドールの悪行の数々を暴き立てた。そんな中、銀細工師を中心とする数人のクリオーヨがコレヒドールを捕らえ誅罰を与えようと企てたが、仲間のひとりが告解でそれを神父に漏らしたため、首謀者数人がクスコの広場で絞首刑にされた。

❖トゥパク・アマルの反乱

トゥパク・アマル二世はこのような不穏な情勢の中でいよいよ立ちあがった。この反乱は半年しか続かなかったのだが、先住民の邑々や、メスティソ、クリオーヨにまでインカ帝国再来の希望を抱かせ、その呼びかけは北はキトやヌエバ・グラナダ（現コロンビア）、南はチャルカス（現ボリビア）、果てはブエノスアイレスにまで及び、南米大陸全体を覆うほどの広がりを見せた。それは彼が各地に反乱を呼び掛ける手紙を書いたからである。そしてこの反乱を制圧しようとした王軍も、かってなかったほどの数の兵を動員し、その規模は後の独立戦争を上回った。

トゥパク・アマルがオロペサ侯爵領をめぐる裁判に敗れて3年後の1780年11月4日のこと、彼はティンタのコレヒドール、アリアガを捕らえ、集まった4000人の群集の前で、「スペイン王は各種の税とミタの廃止、及びコレヒドールの殺害を命じられた」という演説をしたあと、トゥンガスカ村でアリアガを処刑した。そのコレヒドールは法律に定められている上限の3倍もの値段をつけた商品を売りつけて、ティンタ地方の人々の憎悪の的となっていた。トゥパク・アマルの演説には明確なスペイン王に対する反乱の意図は表明されておらず、反対に、スペイン王に代わってコレヒドールに天誅を加える、という論旨であった。血統、雄弁さ、断固たる性格、反逆の趣旨など、どれをとっても申し分ないこの指導者のもとでなら、強制労働、重税、暴力、拷問その他すべての虐待から逃れられるかもしれない、という望みを抱いた先住民たちは盲目的に彼に従い、勢いづいたトゥパク・アマルはさらに近隣の村のコレヒドールを襲った。こうしてティンタで始まった、1536年のマンコ・インカの反乱*以来の大掛かりな反乱は、剣と十字架によって抑圧され奴隷化されていた人々に、自由と正義が回復されるかもしれないという希望を与えた。多くの村がすぐさま彼の呼びかけに応じ、反乱軍の数は瞬く間に膨れ上がっていった。

*マンコ・インカの反乱
63ページ参照。

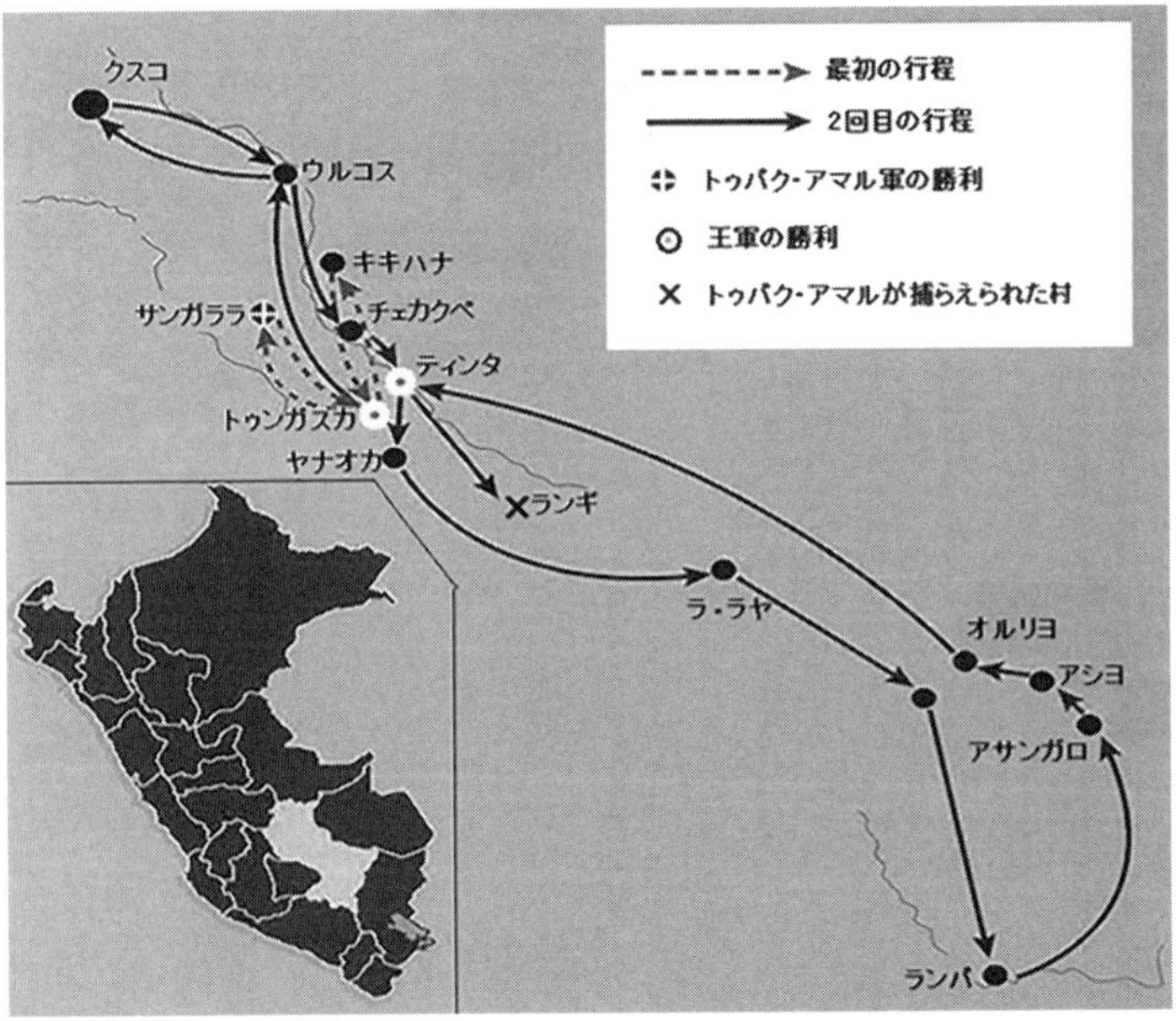

トゥパク・アマル軍の進路

コレヒドールが殺害されたという報はスペイン人の牙城クスコの市民を震撼させ、直ちにリマの副王をはじめ、近隣の町々に救援を要請する使者を送り、町の防衛を固めた。そこへ別の村のコレヒドール、カブレラがクスコに逃げてきた。当時クスコの人口は2万5000人で、そのほとんどが先住民とメスティソであった。カブレラはクスコ市民を煽りたてて志願者を募り、それに応えた1200人の若者が反乱軍制圧に向かった。その報を聞いて反乱軍の方は11月18日、サンガララ村で待ち伏せて敵を包囲した。この時教会に立てこもったカブレラ軍が持っていた火薬が暴発し、彼をはじめ600人近い者が死んで制圧軍は自滅した。

一方トゥンガスカに本拠を置いたトゥパク・アマルの反乱軍は6000人だが武器はほとんどなく、ようやくサンガララで敵が持っていた武器を手に入れたトゥパク・アマルは、各地に反乱に誘う手紙を送った。先住民ばかりでなく、クリオーヨに対しても、スペイン人と現地政権の横暴を退けるために味方になるように呼びかけ、注意深く教会に敬意を払うことにも留意したので、反乱に加わった聖職者も多い。反乱は野火のように地方全体に広がり、1カ月後には4万人もの人数に膨れ上がった。それは大きなうねりとなって、一時は副王領全体を飲みこむかに見えたのだが……。

ミカエラの手紙

トゥンガスカ村に残ったミカエラは兵站《へいたん》の一切を引きうけ、その働きは内助の功の域をはるかに越え、彼女自身が総司令官であるかのように通行証にサインし、リマとの交通を絶つために橋を落とすようにといった命令書まで出している。そして夫には頻繁に手紙を送り、刻々と変わる状況を伝えた。彼女も周囲の者も字が読めないので、手紙は彼女が口述し、捕虜になったスペイン人に書きとらせ、別の者に読み上げさせて確かめ、最後に彼女がサインした。その内容は当地の情勢、スパイが集めてきた敵の動き、集まった資金や食料などを報告し、さらには資金や、振舞い用の酒を送ったり、あるいは夫にインカとしての姿勢を堅持するように促し、毒殺や裏切りなどに注意するように求めるなど、実にこまごまとした愛情のこもった手紙であった。しかし短期間のうちにそれが作戦を指示したり、苛立ちと叱責を表す手紙となり、ついで切羽詰った息遣いが聞こえるような手紙に変わっていく。夫がいつまでたってもクスコへ進撃せずぐずぐずしていることで、いかに彼女が苦悩しているか、いかに味方が窮地に陥っているかを訴え続け、そして最後には絶望してしまうのだ。一方トゥパク・アマルの方はクスコと反対方面に向かい、もっと広域の人々に反乱参加を呼び掛けようとしていた。

ミカエラの方はそんな夫に次のような手紙を出している。

「もう待てません。私が自分で突撃したいくらいです。この重要なことがわからないなら、皆が敵に囲まれて、子供たちやわれわれすべてに危険が及ぶことになります」「あなたは私を苦しめます。村々を移動するのに2日も費やしているものだから、兵士たちは退屈して自分の村へ帰ってしまうのですよ」「何もすることのない村で過ごして時間を無駄にしないで。そんなことをしていたら、食料が尽きてしまい、兵士たちは去り、時を逸することになり、あとにはわれわれだけが取り残され、自らの命でその代償を払わなくてはならなくなります。かれらは利益だけで動き、平気でわれわれの目を刳《く》り貫《ぬ》くのですから。去っていく者たちは腑抜けですから、罪に問われることを恐れてそうするのです。私が苦労して集めた兵を失い、反対にクスコのスペイン人はリマの応援を得ることになるでしょう。もう何日も前に向こうを出発しているのですから」「あなたは日夜作戦を練っているものと信じていました。私たちの身を滅ぼさせるようなことはなさらないでください」「あまりにも胸が痛むものですから申し上げるのです。でももしあなたがわれわれの敗北をお望みなら、どうぞ気の済むまでお休みください」「まったくヤウリの村を一人でほっつき歩いて塔にまで登るなんて。少しは身分をわきまえて恥ずかしくない行動をしてください」「すぐにクスコへ向かうようにあれだけ申し上げたのに、あなたは無視して、敵に時間を与えてしまわれた。敵はピッチョの丘に大砲を据えたり、さまざまな防衛策をとったので、もう攻め入ることは不可能です。神が末永くあなたをお守りくださいますように。トゥンガスカにて1780年12月6日」「キスピカチのインディオは守りにつくことに疲れ果ててしまったことをお知らせします。神は私に犯した罪の罰を受けることをお望みになられたのでしょう」「パルロの者たちがすでにアコスに迫っていると味方の者が知らせてきました。命を落とすことになるのは分かっていますが、わたしもそちらへ向かいます」

トゥパク・アマルとミカエラ・バスティダスの肖像を図案にしたペルーの切手

ミカエラの危惧はすべてそのまま現実となった。もしトゥパク・アマルが妻の言葉に耳を傾けて、まだクスコがサンガララの敗戦に動揺し、混乱にあるうちに攻撃していれば、違った結果が生じていたかもしれない。だが、トゥパク・アマルが反乱を広範囲に広げようと村々を回って呼びかけている間に、落ち着きを取り戻して体勢をたてなおしたクスコでは、税の軽減やミタの廃止などの甘言で近隣の村々から金や物資を調達し、高い給料で人を集めて訓練を施し、町の周辺や教会の屋根に大砲を据えつけ、着々と守りを固めた。

年が明けた1781年1月2日、ようやくトゥパク・アマルがクスコを見下ろす丘に姿を現した時には、もはやそこは難攻不落の要塞都市と化していた。しかも最前線には先住民が配置されており、先住民同士の戦いになることを恐れた彼は降伏の呼びかけを無視されると、一戦も交えることなく1月10日軍を引き上げた。

トゥパク・アマル軍には敵から分捕ったわずかな火器しかなく、それも扱いに慣れている者がいなかった。スペイン人捕虜に敵から奪った大砲を打たせたところで、まともに命中させるわけがない。一旦退くと、3万といわれた軍は農作業を続けるために離反する者が相次ぎ、反乱軍は日を追って勢いを失っていった。反対にリマの副王が派遣した巡察官アレチェの軍は熟練の軍人をそろえ、武器も豊富で、援軍の到着に勢いづいたクスコ軍は3月には大々的な征伐軍を出動させた。反乱軍は明らかに劣勢で、待ち伏せや奇襲でよく戦ったものの、4月6日、トゥパク・アマルは家族や仲間と共に捕らえられた。ミカエラが予言した通り、最後は命を助かりたい味方の裏切りによるものであった。4万人の反乱軍のほとんど半数が死んだ。

❖処刑

ミカエラはリマから来た役人の厳しい訊問を受けたが、始めから死を覚悟した彼女の答えは潔い。年齢を聞かれて「25才」（実は36才）、生まれた場所は「パンパマルカ」（それは今住んでいる村で本当はタンブルコ）、数々の命令書を書いたではないか、と問われると「私は文盲です」と、質問をはぐらかし、訊問書にも署名しない。賢い彼女は同じ質問を繰り返されても相手の罠には落ちず、仲間の名を聞かれると敵に寝返った者の名を挙げたりして、とうとう夫以外の味方の名はひとりも漏らさなかった。

5月18日、クスコの広場に集まった群衆の前で見せしめの処刑が始まった。巡察官アレチェが考えだしたその方法はこの上なく残酷で血なまぐさいものであった。彼女はまず、仲間や親戚、長男イポリトらが順番に絞首刑にされるのを見せつけられた。ミカエラが獣のような声をあげたのは長男の処刑の時一度きりであった。彼女は処刑の前に舌を抜かれようとしたが、唇を切られながらも抵抗し、諦めた刑吏は彼女を椅子に座らせ、縄で首を絞めた。だが彼女はどうしても息絶えず、最後には蹴られたり足で踏みつけられたりして死んだ。

トゥパク・アマルは妻と長男など全員の処刑を見せつけられあと、舌を抜かれ、4頭の馬に四肢を引かせる四裂の刑に処された。だが彼の強靱な肉体は宙に浮き、関節は外れたが、切り離されはしなかった。業を煮やしたアレチェは最後は斬首を命じた。この時処刑されたのは合わせて39人、その中にはミカエラも含めて5人の女性がいた。ミカエラの次男マリアノは叔父と行動を共にしていたので、この時は捕らえられず、三男のフェルナン

トゥパク・アマルの処刑

ドはまだ10才で、処刑を免れたが、のちにふたりともスペインに追放されることになり、マリアノはその途中で死に、フェルナンドも30才ぐらいでスペインで獄死した。家族の幸せを犠牲にして、当時の女性の概念をはるかに超えた行動力で民族の解放に殉じたミカエラは、ペルーのみならず女性解放のシンボルとして取り上げられることが多い。

【参考資料】
Micaela Bastidas: Rubén Chauca Arriarán: Ediorial Universo S.A. 1980
La Mujer en la Historia del Perú (siglo XV al XX): Fondo Editorial del Congreso del Perú 2006
『ラテンアメリカ史Ⅱ』増田義郎編、山川出版、２０００年

14.

バルトリーナ・シサ

アルト・ペルーの反乱

Bartolina Sisa
1753 - 1782

ボリビア

18世紀末、アンデスの高地で一連の先住民の反乱が起こった。そのひとつが行商人だった彼女がやはり行商人の夫トゥパク・カタリと共に起こした反乱で、ラパスの町を完全に包囲し、寸でのところで滅亡に追いやるところであったが、他の地方から駆け付けた応援軍に敗れ、反乱は失敗に終わる。

***ラプラタ**
ポトシへの入り口にあり、現在も憲法上の首都。チャルカスが地方、チュキサカが町、ラプラタが司教座、スクレは独立後の名前で「4つの名を持つ都市」と言われる。

***邑（アイユ）**
血縁、地縁で結びついた小規模な集団。

トマス・カタリの反乱

1780年代に入ると、ペルー、アルト・ペルーでトゥパク・アマルの乱をはじめ、先住民の反乱がたて続けに起こったが、その先駆けとなったのがトマス・カタリの反乱である。

1778年のこと、ポトシの近くのマチャ村のトマス・カタリ（1740〜81）とイシドロ・アチュというふたりの先住民がラプラタ*（現スクレ市）の聴訴院《アウディエンシア》に、彼らが住む地域の首長《カシケ》がチャヤンタのコレヒドールと結託して徴税を水増し着服していると訴えた。聴訴院《アウディエンシア》は彼らの言い分を認めたが、新しく着任してきたコレヒドールは反対にラプラタから帰ってきたふたりを逮捕し、鞭打たせた。そこで365の邑*（アイユ）の人々はお金を集めて旅費をつくり、1776年にペルー副王領から切り離されて新設されたばかりのラプラタ副王領の首都ブエノスアイレスに彼らを送ることにした。

トマス・カタリはイシドロ・アチュの息子トマス・アチュとともに出発、スペイン語も話せず、道も知らず、行く先々で同胞の先住民たちに助けられながら、2300キロメートルの道のりを徒歩でブエノスアイレスまで行った（先住民は馬に乗ることを禁じられていた）。そしてブエノスアイレスに着くと先住民保護官の助けを得てベルティス副王に面会し、コレヒドールと首長《カシケ》による数々の悪行を直訴した。ユカタンのメリダ生まれのクリオーヨであった副王は同情を示したものの、一方的な訴えだけで裁定を下すことはできなかったので、「チャルカス（＝ラプラタ）の聴訴院《アウディエンシア》は正義に基く措置をとるように」という命令書を与えた。ふたりは意気揚々と村に帰ってきたが、聴訴院《アウディエンシア》は何の措置も取らなかったばかりか、反対にトマス・カタリを投獄した。

村人の抗議でようやく釈放されて村に帰った彼は、ラプラタ副王の名において、コレヒドールによるレパルティミエント（商品の強制販売）と勝手な加重増税を拒絶することを宣言し、納税を首長の手を経ずに行うという闘争を始めたため、また投獄された。村人たちはついに武力に訴え、コレヒドールを捕らえて人質にし、トマス・カタリと交換した。解放されて村に帰った彼はチャヤンタの首長《カシケ》に任命され、闘争は先住民側の勝利に終わったかに見えた。

ところが聴訴院《アウディエンシア》は公には彼の権威を認めておきながら、裏で彼に賞金をかけて生死にかかわらず捕らえよという命令を出していた。こうしてコレヒドールのアクーニャの手で捕らえられたトマス・カタリは、ラプラタに連行される途中で村人が追撃してきたため、断崖から突き落とされて殺された（1781・1・15）。それを見た村人たちはアクーニャを殺し、反乱は一気に暴力化して、カタリの二人の弟ダマソとニコラスが指導者となり一時はチュキサカにまで迫った。だが、ダマソはスペイン人の僧の裏切りにより捕らえられて絞首刑にされる（1781・3）。トゥパク・アマルの反乱はこの数カ月前から始まっており、トゥパク・アマル以下39人がクスコの広場で処刑されるのはこの2カ月後のことだった。

そしてトマス・カタリが殺されるのとほとんど同時にアルト・ペルーでもうひとつの反乱が始まった。フリアン・アパサ、後のトゥパク・カタリという、アイマラ族の先住民が主導する反乱である。

その反乱の話に入る前に、フリアン・アパサ（＝トゥパク・カタリ）とその妻バルトリーナ・シサのことを話しておかねばならない。

バルトリーナ・シサ

バルトリーナ・シサはもの心がついた時にはすでに行商を営む両親に連れられて、ラパスを中心とするアルト・ペルーの村々を旅していた。これまで見てきたように、先住民は村に縛られ、エンコミエンダやミタの制度の枠組みのなかで鉱山や織物工場、農園などの強制労働に狩りだされるのが普通だった。そんな中でごく一部の者がメスティソに混じって、村の人々が作った品物を他の村や町に運んで売り、別の商品を買っては村や町に立つ市で売る行商に従事して、エンコミエンダやミタの束縛を逃れていた。

バルトリーナの両親もそのような行商人で、彼らが扱っていた主な商品はコカの葉と織物であった。インカ時代コカの葉は限られた地域でしか生産されず、貴族などごく一部の人々が用いていただけだったが、植民地時代に入ると、それが強制労働を強いられる労働者たちの空腹を抑えるというので、ペルー副王領全域で消費されるようになり、先住民に限らずすべての階層の人々に愛用されて爆発的に使用量が増えた。ラパス周辺では北東部のユンガスがその産地で、元々はマラリアなど熱帯特有の病気のために人の住まない地域であったが、征服後スペイン人はミタの制度を利用して先住民をそこに移住させ、コカの葉の栽培で大きな利益をあげていた。ユンガスは険しい山間の地で、コカは山の斜面に築かれたインカ伝統の段々畑で栽培される。

当時、白人階級が用いる衣服はヨーロッパから輸入されたが、メスティソにはスペインの平民の服装、先住民にはスペインの農民と似た服の着用が義務付けられていた。旺盛な需要

道の険しいユンガス地方

を満たすために、各地に多くの繊維工場が建てられ、洋服地だけでなく、毛布、ポンチョ、テーブルクロス、ショール、帽子などもそこで作られる。工場は通常は都市ではなく、羊毛、アルパカ、ビクーニャの毛、のちには木綿、麻などの材料が入手しやすく、先住民の労働力が豊かな周辺部に作られた。ラパス近郊の村にはそのような繊維工場が沢山あり、その多くはスペイン人やカトリック修道会などの経営であった。エンコミエンダに繊維工場を持つあるスペイン人はその収益でラパスに4つの教会を寄進したぐらい儲けの多い産業だった。

バルトリーナの両親はユンガスの山間地に分け入ってコカの葉を買いつけ、ラパスでそれを売り、そこで衣料や繊維品を仕入れ、最初は自分で背負い、そのうちお金が貯まるとリャマやロバを使って、アンデスの山岳地帯や谷間の平原を旅しながら商品を売り歩いていた。バルトリーナも11、12才になるとメスティソや先住民の行商人に混じって働き、16、17才の頃にはひとかどの行商人としてひとり立ちしていた。両親は年をとると、行商をやめてオルロからラパスへ行く途中にあるシカシカに店を構えた。付近には繊

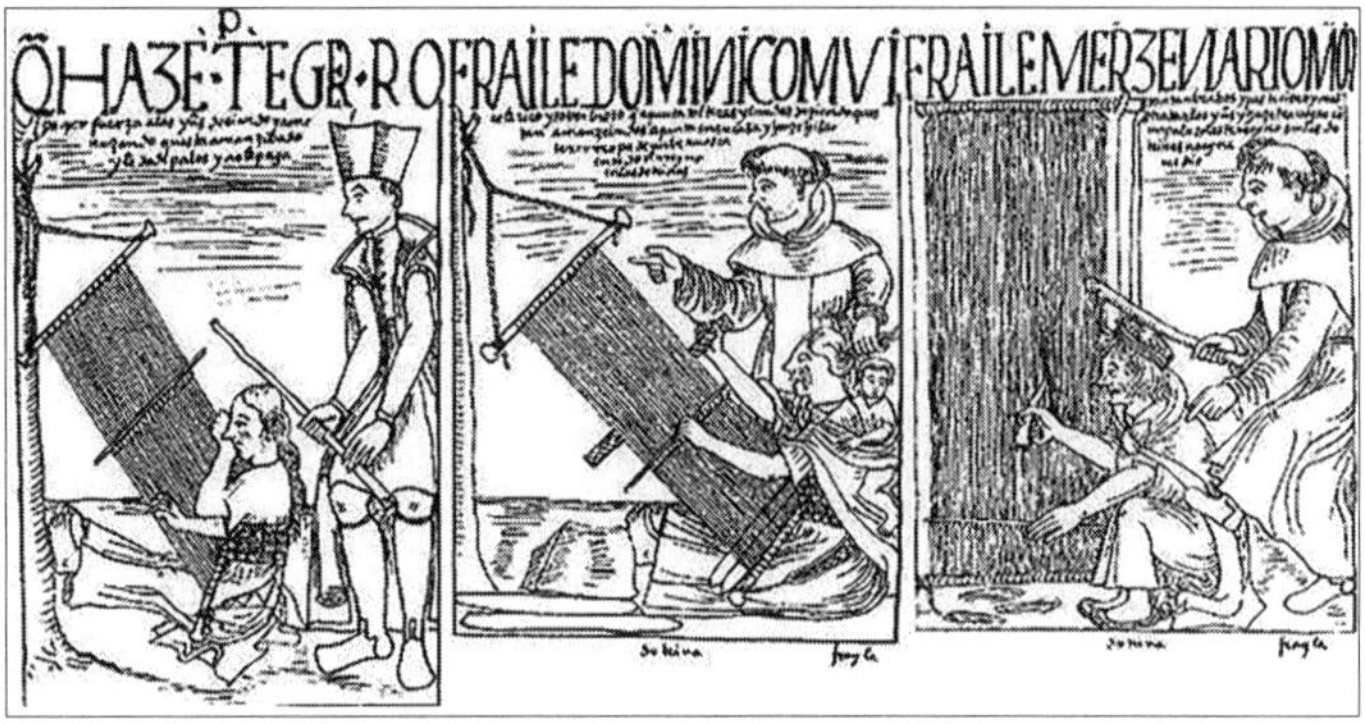

繊維工場の先住民労働者と監督の僧（グァマン・ポマの絵）

維工場やぶどう畑も多く、地方の交易の要所として知られた豊かな町である。バルトリーナの方はラパス、オルロ、コチャバンバ、ポトシ、ペルーの海岸地方などで行商を続けた。幹線道路の各箇所にはタンボと呼ばれる宿泊所があって、そこで数日の間店を広げることもある。近くの村からも買い物客が来るので、タンボは情報交換の場でもあった。女性の行商人も珍しくはなく、若い女性が自立して、一人で旅しながら働くなどということは、当時のスペイン人には考えられないことであった。

女性があまり差別を受けなかった、ということの根底には古来からの土地の分配制度があったようだ。個人の土地は父と息子には1トゥプ、母と娘にはその半分が与えられる。トゥプは決まった広さではなく、土地の肥沃さや必要とされる収穫によって決まるという合理的な単位で、定期的に見直される。そこで家族一緒に働き、畑だけでなく家具その他必要なものを作り、干し肉、乾燥芋などの食糧、生産品の交換なども家族全員の共同作業で、男女の区別はない。戦争の時も同様で女性も戦場に行き、戦闘以外の仕事で参加した。

フリアン・アパサ

バルトリーナは、同じように行商をしていたフリアン・アパサ、のちのトゥパク・カタリと出会って結婚した。彼はラパスからオルロに向かう街道にあるアヨアヨ近辺の村の出身であった。幼い時に孤児となり親戚の手で育てられたが、村にやってきたアヨアヨの司祭が彼を自分の教会に連れてゆき使用人として働かせた。お陰で彼はスペイン語を覚えたが、書くことはできない。17才になるとミタの強制労働に狩りだされ、2年間オルロの鉱山で働かされた。鉱内で使う道具も衣服も食糧もすべて自前で、しかもそれを鉱内の店で法外な値段で買わされ、親方や兵士たちから鞭と鉄拳で動物のごとく扱われ、何人もの同胞が過酷な労働に耐え切れず次から次へと亡くなっていくのを見送り、非人間的な感覚でしか生きて行けないような環境で、無事にミタの期間を終えて村に帰ることができる者は少なかった。

フリアンは幸いにも生きて帰れたが、神父はすでに亡くなっていて教会には戻れず、しばらくパン屋で働いたあと行商人になった。そして広大な地域を渡り歩くことにわずかな自由を感じたが、畑、コカ栽培、繊維工場、金持ちの家の下男と、場は違っても鉱山と同じように奴隷化されている同胞を見るにつけ、自分たち先住民はスペイン人とクリオーヨ、メスティソ、チョ

ペルー副王領内の民族構成。メキシコなど他の地域に較べて黒人が多い。

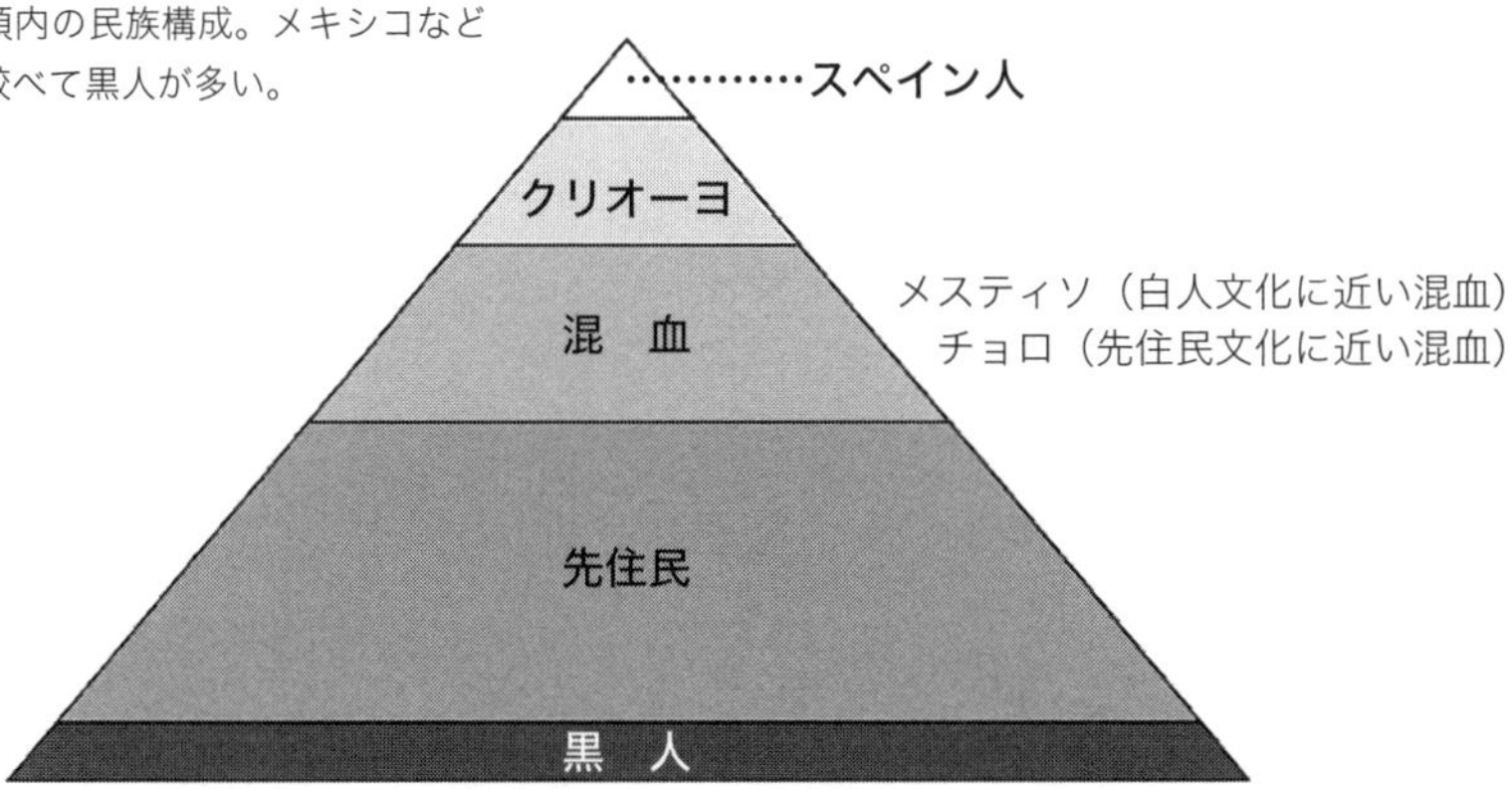

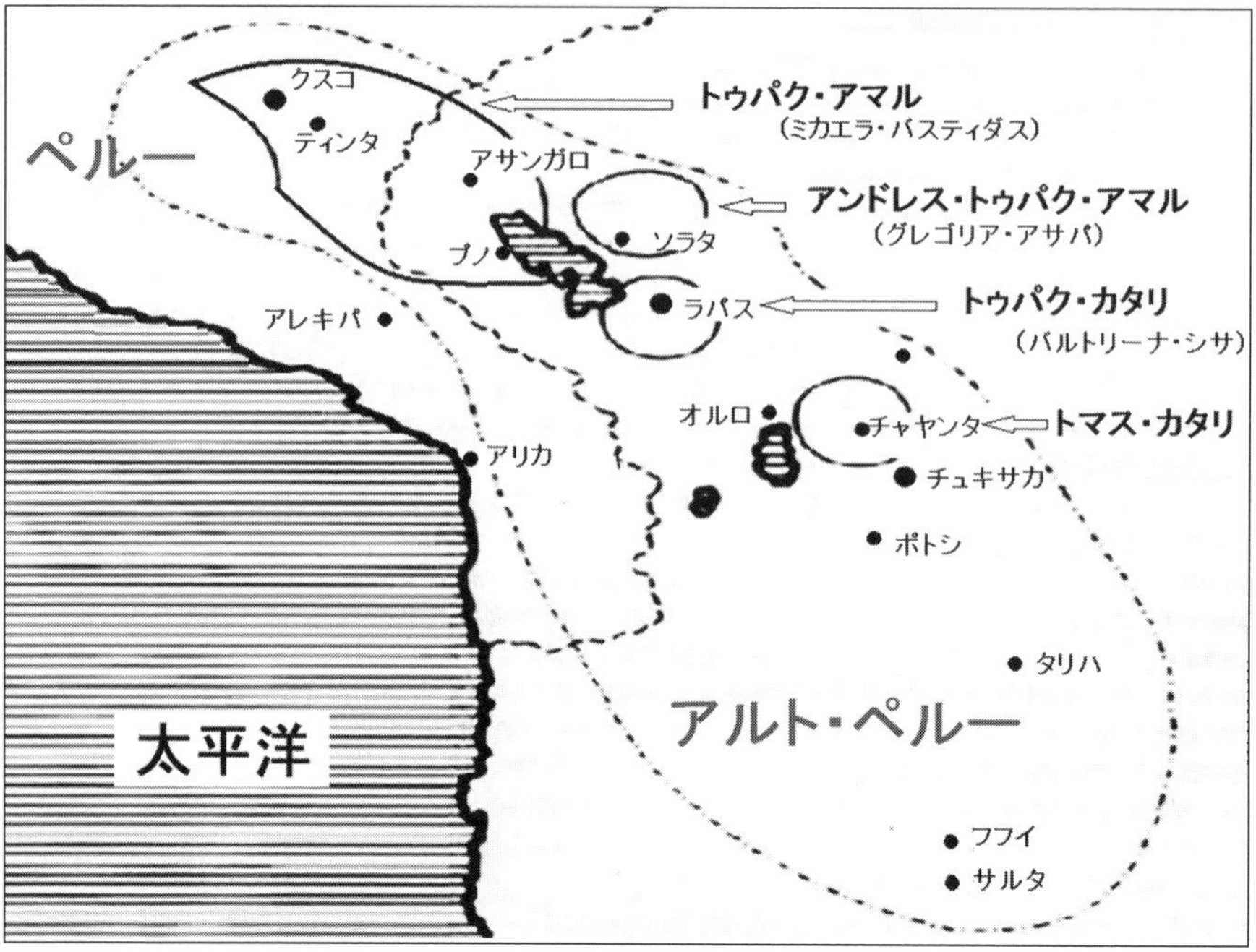

アルト・ペルー各地での先住民族の反乱

ロなどの他の階級による搾取と圧政のもとでしか暮らせない仕組みから抜け出せる希望が全くないことを思い知るのだった。それも白人の聖職者や軍人ばかりか、メスティソ（文化的に白人に近い混血）やチョロ（先住民に近い混血）までが加害者側にまわり、かえって彼らの方が、先住民との違いをみせつけるためにより横暴だったりするのだった。

ふたりは結婚した時すでに、シカシカで式を挙げ、アヨアヨでも披露宴ができるほどの蓄えを持っていた。1770年には彼らが歩くルートにあったサパハキに住居を定め、以前と同じようにコカや布地の交易を続けた。1772年生まれを頭に男3人女1人の4人の子供を得たとされる。

1780年に入ると、ペルー、アルト・ペルーのこの地域でトマス・カタリ、トゥパク・アマルの乱とたて続けに先住民の反乱が起こり、1781年3月にはダマソ・カタリがラプラタで、5月にはトゥパク・アマル以下39人がクスコの広場で処刑された。そしてその同じ年の3月、バルトリーナの夫フリアンがこのふたりの反逆者の名を組み合わせてトゥパク・カタリと名乗り、二つの反乱の中間にあるラパス地方で蜂起した（トゥパクはケチュア語とアイマラ語で「輝かしい」、アマルはケチュア語で「蛇」、カタリもアイマラ語で「蛇」を表すという）。

ペルー、アルト・ペルーでこれらの反乱がたて続けに起こったのは決して偶然ではなく、10年以上の長い時間をかけてさまざまな模索や話し合いが行われた末のことであった。フリアン・アパサと妻バルトリーナは何度か北のトゥンガスカへトゥパク・アマルを訪問しているし、南のチャヤンタのトマス・カタリとも接触していた。そして運送業を営む首長《カシケ》の子弟としてトゥパク・アマルは、ペルー、アルト・ペルー、ラプラタ地方の全域を歩いている。首長の子弟としてクスコのイエズス会学院で教育を受けたエリートである彼は、反乱に至る前に、リマ、クスコのコロニアル政府およびスペイン王に対して、不当な徴税、コレヒドールによる強制販売、先住民が大農園、エンコミエンダで奴隷化されていること、ミタの強制労働などを告発し、植民地の人間がたとえ少しでも国政・行政に参加する道を開いてほしいという嘆願書を送ったが、何の回答も得られなかった。

❖トゥパク・カタリのラパス包囲

1781年3月初め、トゥパク・カタリが起こした反乱は瞬く間にその地方全体に広がり、ラパスを見渡せるアルトとそのすぐ近くのパンプハシに陣を置き、すべての道路を封鎖してラパスを完全に包囲した。トゥパク・アマルはクスコを包囲したが、それは完全な包囲とは言い難かったし、トマス・カタリの死後、その兄弟たちもチュキサカに脅威を与えただけ

エル・アルトに建つバルトリーナとトゥパク・カタリの銅像（Hugo Quispe 撮影）

だったのに比して、トゥパク・カタリによるラパス包囲は第1期109日間（1781・3〜6・30）、第2期74日間（1781・8・4〜10・17）と計5カ月半も続いた完璧な包囲であった。しかしラパスの方も他の地方で起こっていることをみて包囲を予想しており、準備に怠りなかった。周辺の村の住民を市内に集め、チャルカスあるいはラプラタ地方からの応援が到着するまでの間持ちこたえられるように食糧や武器弾薬を備蓄し、メスティソも含めた防衛軍を組織し、壕を掘り、見張台を築いた。その時はまだ、周辺部の先住民村が味方になってくれるかもしれないという期待があったが、包囲が始まると、たちまちその甘い考えは吹っ飛んだ。2万のトゥパク・カタリ軍はまたたく間に4万にふくれあがり、最高時には8万人に達した。畑を耕すために村に残ったのは老人と病人だけで、兵士には家族も一緒についてくるのが昔からの慣わしであり、女たちが戦闘に参加することも珍しくはない。時には1万人もの女性が石の雨を降ら

＊オイドール
スペインの植民地統治機関である聴訴院（アウディエンシア）の役員、判事。

せた。バルトリーナがスペイン人女性の服を着て、反乱軍の中で『女副王（ビレイナ）』と呼ばれていることもスペイン人を苛立たせた。しかも彼女はトゥパク・カタリが戦闘にでかけたりして不在の時は、夫と同等の権限をもって命令を下し、ほとんど夫の分身のように行動していた。だからアルトとパンプハシの二つの陣は同じように機能していた。トゥパク・カタリは、ラパスを完全に破壊してポトシに教会、宮殿、カビルド、牢屋、絞首台などを置く構想をもっていたという。

包囲の間ラパスに閉じ込められたオイドール＊のひとりディエス・デ・メディーナは日記のなかに、防衛体制、緊迫した生活、スペイン人とクリオーヨの対立など赤裸々な記述とともに、一段下に見ていた先住民女性が男たちと共に勇敢に戦いに参加し、大きな役割を果たしているさまに感嘆して、その様子を生き生きと描写している。女性を小児並みに扱い、女たちの居場所は家庭の中と思いこんでいたスペイン人にとってその光景はかなり衝撃的だったのだろう。ラパス内の女性の活動については一言も触れていないのが対照的である。

4月初め、ラパスの攻防戦が始まった。攻撃する方は市の周りにめぐらされた壕を越えることはできなかったが、その周辺部にあった藁ぶきの家はすっかり焼き払われた。包囲軍には火器がほとんどなく、武力だけを見ればラパス側の方が有利だったが、5月には食糧が底をつき、牛馬やロバ、犬、猫、果てはネズミまで食べるという深刻な事態に陥った。だが6月半ば、アルトのトゥパク・カタリの陣営に、チャルカスの聴訴院《アウディエンシア》の議長フローレスが率いる1700人のスペイン人救援部隊が近づいてきたという報が入る。トゥパク・カタリは3000人を率いてそれを迎え撃ったが、スペイン軍の圧倒的な武力攻撃に蹴散らされ、彼自身も馬を失い、徒歩で逃げた。フローレスは6月末ラパスに入り、第一次包囲は解かれた。

１７８０年8月以来たて続けに起こった先住民の反乱に対して、スペイン人は武力、組織力、軍事技術、騎馬の数では優位にあるものの、簡単には敵を打ち負かせないことに脅威を感じ、敵の結束を崩すために、恩赦や賞金を餌に裏切りを促す作戦を始めた。その効果はてきめんで、トゥパク・アマルをはじめすべての首領たちが戦闘ではなく、仲間の裏切りや密告による待ち伏せで捕らえられるのだが、バルトリーナの場合もやはりそうだった。トゥパク・カタリを破ったスペイン軍は、「蜂起は鎮圧された。首謀者たちの逮捕に協力した者には恩赦を与える」という噂を敵の間に流した。明らかに裏切りを促したものである。１７８１年7月2日、バルトリーナはアルトとパンプハシの間を移動中に、敵と通じた部下の手で待ち伏せしていたスペイン人部隊に引き渡され、ラパスの獄につながれた。トゥパク・カタリは何度か妻を救出しようと試みたが、成功しなかった。

8月初め、体勢を立て直したトゥパク・カタリは再びラパスを包囲した。しかし10月半ば、今度はブエノスアイレスの副王が派遣した７０００人の救援軍が次々とトゥパク・カタリの軍を破り、ラパス周辺の全域を制圧した。トゥパク・カタリはラパスから70キロのペニャ村まで逃げたが、身内の裏切りによって捕らわれた。

反乱者の処刑

その翌日の11月13日夜明け、トゥパク・カタリはロバの尻尾につながれて頭に茨の冠を載せられ、手には藁の笏《しゃく》をしばりつけられて、ペニャ村の広場に引き出された。そして舌を切

バルトリーナとトゥパク・カタリを図案にしたボリビアの切手

られたうえ馬に四肢を引っ張られて四裂きにされ、切り落とされた頭と四肢はラパス、アヨアヨ、シカシカなど彼と縁のある村々に晒された。その後1カ所に集められて燃やされ、灰を風で吹き飛ばして何の痕跡も残らないようにされた。彼の最後の言葉は「私は殺される。だが明日には生き返り、その時には千人になっているだろう」というものであった。この言葉はまるで合言葉のように、後のさまざまな革命でよく使われた。

バルトリーナは心理的拷問として夫の最後を聞かされ、その翌年彼女と同じように勇敢に戦った夫の妹、グレゴリア・アパサとともにラパスの広場で絞首刑にされた。バルトリーナとフリアンの長男が捕らえられたという記録があり、恐らく殺されたのだろうが、他の子供たちがどうなったかは不明で、もしかしたら誰かに保護されて名前を変えてどこかで生き延びたのかもしれない。

一連のアンデスの大反乱の結果、先住民側10万人、制圧軍側1万人という死者が出た。この後当局はクスコに聴訴院《アウディエンシア》を設けて先住民への監視を強化し、コレヒドール制度やレパルティミエントを廃止する改革を行う一方で、インカ・ガルシラソ・デ・ラ・ベガ*の著作の没収、インカ風の衣装や肖像画の禁止、伝統的な儀式や祭りの禁止など、インカへの回帰を抑えこもうとした。その結果インカ・ナショナリズムは封じ込められてしまい、次に来る独立運動はスペイン人対クリオーヨの対決となって、そこにインカの人々の入りこむ余地はなく、先住民は独立運動から除外されることとなった。ただし兵力として真っ先に戦場に狩りだされるのは常に彼らであった。

【参考資料】
Bartolina Sisa: Alipio Valencia Vega: Libreía Editorial "G.U.M." La Paz Bolivia 1978
La Mujer en la Historia del Perú (siglo XV al XX): Fondo Editorial del Congreso del Perú 2006
『ラテンアメリカ史Ⅱ』増田義郎編、山川出版、2000年
『インカとスペイン　帝国の交錯』網野徹哉、講談社、2008年

＊インカ・ガルシラソ・デ・ラ・ベガ
1539〜1616年。クスコ生まれ。父はスペイン人、母はインカ皇女。父方の大伯父はスペインの大詩人。クスコのコレヒドールを務めた父の死後、1560年スペインに渡り兵士となったあと文筆活動に入る。1609年リスボンで刊行された『インカ皇統記』はインカ王国の歴史、文化、習慣をつづったもので、ヨーロッパでもペルーでも広く読まれた。

15.

マリア・アントニア・ボリバル

南米解放の英雄シモン・ボリバルの姉

María Antonia Bolívar
1777 - 1842

ベネズエラ

南米の解放者ボリバルの姉でありながら革命に反対して王党派に留まるが、王軍が攻めて来たとき、弟の手で無理矢理に亡命させられる。結果的にはそれで命を救われ、独立後は不在の弟に代わって一族の生活を守るために奮闘した。彼女の生涯はマントゥアノと呼ばれた地方貴族の生活がいかなるものであったかを赤裸々に物語る。

ボリバル家

南米独立の英雄、シモン・ボリバルの祖先はベネズエラのカラカスのカテドラルの中に家族専用の御堂を持つほどの名家であった。だがボリバルたち4人の子供は両親を早く亡くし、幸せな生い立ちとはいえない。1786年に父のファン・ビセンテ・ボリバルが60才で亡くなった時、長女のマリア・アントニア（1777～1842）8才、次女ファアナ7才、長男ファン・ビセンテ（1781～1811）5才、末っ子のシモン（1783～1830）3才で、しかも6年後には母までが亡くなった。両親とも結核で、ボリバルも最後は同じ病気で亡くなっているので、幼少時すでに、すぐに発病しない結核に感染していたのではないかと言われる。母を失くした時14才だった長女マリア・アントニアは祖父のお膳立てで、3カ月後に31歳年上のまた従兄、パブロ・クレメンテ・イ・パラシオスと結婚、その2カ月後には13才の次女ファアナも母方の祖父の弟と結婚する。ボリバルの母親も14才の時46才の父と結婚しているので、これは決して珍しいことではなかった。マリア・アントニアとファアナの持参金はそれぞれ8万ペソと、大農園が2つ買えるほどの莫大な額であった。マントゥアノ*と呼ばれたベネズエラの最上層階級は身分違いの結婚は禁止されており、身内同士の結婚を通じて財産の散逸を防ぎ、少数の家族の家柄を守ってきた。

男児二人はそれぞれ親戚に預けられ、祖父は孫たちの行く末を見届けてから亡くなった。長女のマリア・アントニアの嫁ぎ先は実家のボリバル家とはすぐ近くで、カラカスの中心部にあった。ボリバルの養育は母の弟に託され、彼はボリバルをシモン・ロドリゲス（1769～

***マントゥアノ**
特権階級の女性だけがマンタという被り物を用いることを許されていたことからきた言葉。

1854）という家庭教師に預けた。そこには20人もの生徒が生活していて、その環境に耐えられなかったようで、ボリバルは2度もそこから脱走して姉のマリア・アントニアの婚家へ逃げていったが、そのたびに引きずり出されて、家庭教師のもとに返されている。シモン・ロドリゲスは21才の時、市議会から小学校を任された教育者で、ルソーの『エミール』に深く傾倒しており、後年にはボリバルも彼を生涯の師と仰ぎ、その教育を懐かしんでいる。

ボリバルの家庭教師
シモン・ロドリゲス

マリア・アントニアの方は2男2女を産み育て、家を管理し、熱心に教会に通い、親戚の結婚式や洗礼、葬式などの社交行事には滞りなく顔を出し、時には田舎の荘園に行って息抜きをするという、上流階級の主婦としてごく普通の生活を続けていた。これがもう少し前の時代であれば、彼女はこのまま名家の主婦として平穏無事に生涯を終えることができたことだろう。同じ頃、ペルーやアルト・ペルーでは社会を揺るがす大動乱が起こっていたことを考えるとカラカスはまだまだ平穏だったが、18世紀末、この地にもようやく変化の兆しが見えはじめた。

グアイラの陰謀

まず1797年、グアイラの陰謀が起こる。グアイラは高度1000メートルのカラカスからカリブ海に降りたところにある港町で、今も空港はそこにある。スペインでフランス革命のような革命を起こそうとして失敗し、国外追放となった4人のスペイン人がそこにやってきた。彼らの影響をうけたグアルとエスパニャという二人のクリオーヨが商人、職人、酒屋、大工、農民などの中間層の人々を扇動して、スペインからの独立、共和制、市民の平等、民主主義、奴隷廃止などを要求して立ちあがったのが、『グアイラの陰謀』である。グアイラはカラカスの玄関口として非常に重要な町だったから、カラカスの上流階級を中心に構成されている市議会は直ちに軍を編成して暴動を鎮圧し、49人のクリオーヨと21人のスペイン人が逮捕され、グアルとエスパニャなど首謀者数人がカラカスの広場で処刑された。ボリバルの家庭教師だったシモン・ロドリゲスもこの陰謀に加わっていたために国外に逃亡した。

ボリバルの結婚

それから5年後の1802年、シモン・ボリバルはマドリードでマリア・テレサ・デ・ロドリゲスという、2才年上のスペイン貴族の娘と結婚した。ボリバルは師のシモン・ロドリゲスがベネズエラを去ったあと、15才でスペインに留学し、17才の時にマリア・テレサを知って以来、熱心に求婚した。花嫁の父は彼が年下で未成年ということもあり、当初は相手にしなかったが、ボリバルの熱意に負けて彼が20歳になるのを待ち、結婚を許した。

花嫁はスペインの貴族であると同時に、ボリバルの生涯の友であるカラカスのトロ侯爵の従妹にもあたる。ボリバルは両親の遺産を相続するためには然るべき相手と結婚することが条件であったが、それはどこからみても文句のつけようのない、すべての人から祝福された結婚であった。ちなみにボリバルの兄ビセンテはこの同じ年に一児の父となっているが、相手の女性のホセファは最上層階級、すなわちマントゥアノではなかったため正式な結婚は許

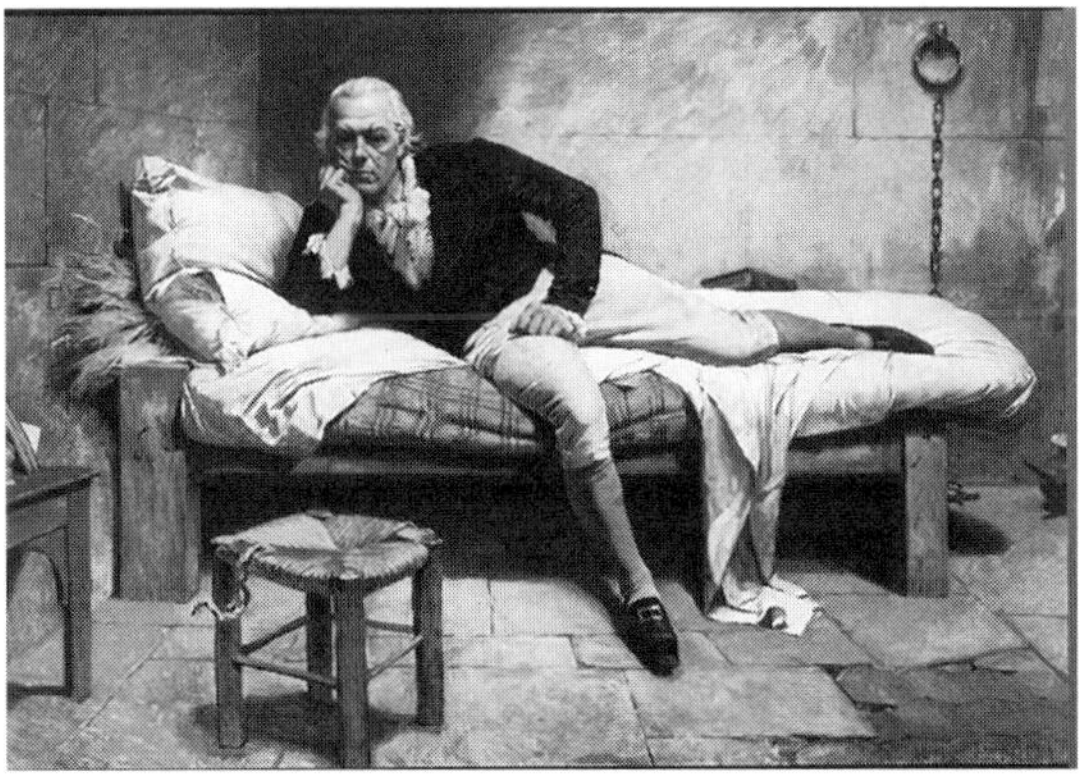
カディスの獄中のミランダ

されず、その後も内縁関係のまま彼女との間に3人の子供をもうけている。
ボリバルは花嫁を伴ってカラカスに帰るが、妻は半年後黄熱病で亡くなり、20才で寡夫となった。彼は生涯結婚しないことを誓い、ヨーロッパに戻って放蕩に明け暮れる荒れた生活を送っていたが、21歳の時パリで昔の師シモン・ロドリゲスと再会し、彼の諫言でようやく目が醒め、1807年、祖国のために尽そうと帰国した。

❖フランシスコ・ミランダ

その前年、すなわちグアイラの陰謀から9年後のことだが、フランシスコ・ミランダ（1750～1816）というカラカス生まれの軍人が、すでに独立を達成していたアメリカやハイチの支援を受けて故国で革命を起こそうと船3隻を率いてやってきた。ミランダは若くしてヨーロッパに渡り、アフリカ、アメリカ、ヨーロッパで戦い、アメリカの独立戦争やフランス革命にも参加したという経歴の持ち主である。だがグアイラの近くでスペインの軍艦に撃退されて、カラカスの西方にある港町コロに上陸したものの、市民は町から逃げ出してしまい、革命を起こせるような土壌はないことが分かり、諦めてヨーロッパに引き上げていった。

この事件にショックを受けたカラカスでは反逆者ミランダの首に賞金を賭けるための募金が行われ、519人の市民がこれに応じた。上流階級の人だけでなく、広場の野菜売りのような者までが献金し、総額1万9800ペソという大金が集まる。このことからも分かるようにベネズエラでは革命は全く不人気だったが、この状況を一気に変える事件がヨーロッパで起こった。ナポレオンのスペイン侵入である。

ナポレオンのスペイン侵攻

1808年ナポレオンは10万の大軍をスペインへ送りこみ、カルロス四世、フェルナンド七世の父子をフランスのバイヨンヌ*に幽閉し、自分の兄をホセ一世（在位1808～13）としてスペイン王につけた。だがスペイン人は激しいレジスタンス運動を繰りひろげ、21万～37万の人口を戦いや飢えで失いながらもほぼ7年近い抗戦ののち勝利し、フェルナンド七世はようやく解放された（1814）。だが王に返り咲いたフェルナンドは、当初は1812年に制定された民主的なカディス憲法に基づいて統治を行うことを約束したが、教会の後押しを受けた保守派に扇動されて復位数週間で態度を豹変させ、カディス憲法を拒否して自由主義派の指導者を逮捕し、反動的な政治を始めた。

だがそれはのちのことで、ナポレオンの侵攻によって引き起こされたボルボン王朝消滅という事態はラテンアメリカ全土で本国からの離反を引き起こし、人々はスペインの市民同様、ナポレオンから押し付けられたホセ一世を王として戴くことを拒み、1810年、主要都市では次々とクリオーヨたちが自治を望んで臨時政府を打ち立てた。そしてこれを境にスペイン領アメリカは一挙に独立に向けて動きだした。

カラカスでは1810年4月19日の聖木曜日、市議会がスペインの総司令官《カピタン・ヘネラル》エンパランを

*バイヨンヌ　117ページの地図参照。

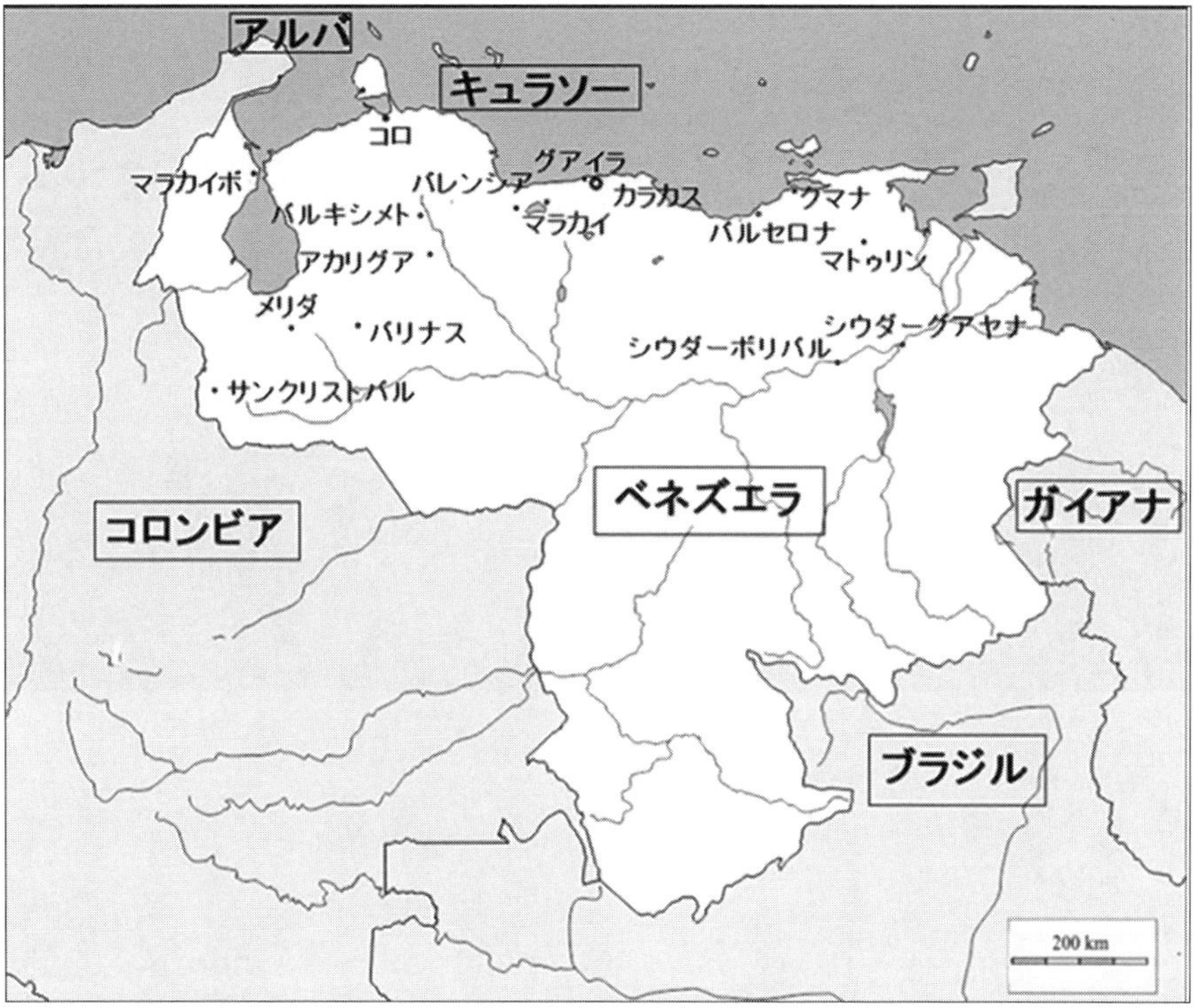

ベネズエラの地図

平和裡に国外に追放し、上流階級を中心とする革命委員会が結成されて主権を確立した。だがこれで独立が達成されたのではなく、この時から独立に向けての長い戦いが始まるのだ。

ベネズエラ国内の各地方もほとんどが半年以内にカラカスの革命委員会に同調するが、保守色の強いコロ、マラカイボ、グアヤナの3地方はカラカスの決定には従わず、スペイン王の元に留まることを選択し、国内は独立派と王党派に二分された。

カラカスの支配層も両派に分かれた。ボリバル家では二人の兄弟と次女フアナの一家は全員が革命派であったが、長女マリア・アントニアの一家だけは王党派だった。しかも彼女にとって苦々しいことには、弟二人と妹フアナの夫や息子は革命派の中でも中心的な役割を担っていた。マリア・アントニアから見れば、つい4年前、ミランダの首に賞金をか

ベネズエラ独立宣言

けて彼を捕らえようとしたその同じ人たちが、こんどはミランダの指導のもとに革命を推し進め、独立宣言に署名しているという変節ぶりが許せない。しかも二人の弟は親から引き継いだ莫大な財産を惜しげもなく独立運動に投じ、それぞれがアメリカとイギリスに行って両政府の協力を取り付けようとし、その費用はすべて自分持ちで、そのうえ大量の武器を買い付けているというのだ。若くして妻を亡くした下の弟のボリバルはイギリスに派遣され、英国の支援を取り付けることには失敗したが、ロンドンでミランダに会って独立運動を推進するために帰国するように促し、ふたりは相前後してベネズエラに帰ってきた。この時ボリバルは27才、ミランダは60才だった。

第一次共和国

そして1811年7月5日、ミランダはカラカスでベネズエラの独立を宣言、第一次ベネズエラ共和国が発足し、いよいよ独立に向けての本格的な戦いが始まった。ところがその直後、アメリカに派遣されていたボリバルの兄ビセンテが戦いのための武器を購入して帰国する途中、バーミューダ沖で海難事故に遭って死亡するという悲劇が起きた。

1811年グアイラに到着したフランシスコ・ミランダを歓迎する市民

この事件にショックをうけたマリア・アントニアは王権派と共和国派の対立で騒然となったカラカスにいることに耐えられなくなり、夫や子供たちと共に田舎の荘園に避難した。しかし対立が激化してくると奴隷たちが主人を襲うような事件が多発し、田舎も安全ではなくなって、またカラカスに戻る。弟のボリバルが住む実家は彼女の家のすぐ近所で、そこは今や革命派の根城になっていた。

まもなく王党派の反撃が始まった。スペインから新しい地方長官として派遣されてきたモンテベルデが率いる王軍が翌年3月にコロを出発し、陸路カラカスに向かって進撃を開始した。その報がカラカスに届いて市民が恐れおののいているちょうどその時（1812・3・26、午前4時）、カラカスに大地震が起こり、市の3分の2の家が崩壊し、死者は2万人に達した。偶然その日が2年前の革命と同じイースターの聖木曜日であったため、革命に反対する人々は天罰が下ったのだと言い立ててカラカス市民を恐怖に陥れ、多くの兵士が革命軍から離脱していった。コロからカラカスに向かって進軍したモンテベルデが率いる王軍は進むに従って勢いを増し、地方の町を次々と陥落させていく。その勢いを見たミランダは戦うことを諦めて降伏し、第一次共

シモン・ボリバル

和国はあっけなく倒れた。

ボリバルは戦わずして降伏したミランダを裏切り者と断罪して敵に引き渡し、スペインに送られてカディスの牢につながれた彼は4年後に獄死した。ボリバルの方は王軍の司令官モンテベルデによって当時英国領であったキュラソーへ追放された。王党派を自認するマリア・アントニアはこれまで自身の危険も顧みずに、迫害されているスペイン人を保護したり荘園にかくまったりしていたので、この王権派の復活を喜んだ。

ところが弟のボリバルは1年もたたないうちに、今度は現在のコロンビアの人々の助けを得て、コロンビア方面からカラカスに攻め上り、1813年8月、第二次共和国を打ち立てた。この功績によって彼は解放者（リベルタドール）の称号を贈られる。しかしその年の末、スペイン本国でナポレオンが王位を返還し、復位したフェルナンド七世が民主的なカディス憲法を無視して植民地の反抗を容赦しない厳しい姿勢をとったことから、再び王党派の巻き返しが始った。

マリア・アントニアの国外生活

1814年、革命軍はどんどん押し戻され、7月にはヤノス（ベネズエラ西部の大平原）のライオンと言われたカウディーヨ（頭目）、ボベスが率いる王軍が暴虐の限りをつくしながら西方から迫ってくるという報せがカラカスに伝わった。人々は先を争って逃げようとして、グアイラ港への道は馬車や避難する人々でごった返し、混乱を極めた。ボリバルも人々にカラカスから避難することを勧め、自らも軍を率いて東の方に撤退した。だが彼はカラカスを去る前に数人の部下を姉マリア・アントニアの家に送り、彼女と夫、4人の子供の一家を有無を言わさず無理やり馬車に押し込み、グアイラの港まで運ばせてキュラソーに行く船に乗せた。すべての財産、家財道具などはそのままで、携行できたのはわずかな身の周りの品だけであった。この暴力的な措置に怒り狂ったマリア・アントニアは激しく抗議したが、結果的にはボリバルが正しかったことが証明される。王党派だったグランハ侯爵という人はあるだけの勲章を付けた正装に身を固めて王軍を出迎えたが、歓迎の言葉を発するよりも前に、ムラトの指揮官マチャドにマチェテ（蛮刀）で一刀のもとに切り倒され、勲章を剝ぎ取られてしまった。

ヤノスのカウディーヨ、ボベスは上流支配層を憎悪する下層民を集めて軍を編成してカラカスに攻め上がり、この時10万人から15万人を殺害したと言われる。彼らにとって支配層であるクリオーヨは憎悪の的でしかなかった。もしマリア・アントニアがボリバルの家族と分かればただでは済まなかったはずだが、彼女は弟の仕打ちを恨み続け、キュラソーから何度もスペイン王室に手紙を書き、自分たちは強制的に亡命させられたのだから、カラカスに帰らせてほしいと懇願するのだった。しかしボリバルという、スペイン側から見れば反逆者の姓が妨げとなって取り合ってもらえない。亡命生活は経済的にも苦しく、またベネズエラに残してきた砂糖やカカオの農園、奴隷、カラカスやグアイラにある数々の借家などがどうなっているかも気がかりであった。30才も年上の夫はほとんど痴呆状態で、すべてが彼女の肩にかかっていた。英国領のキュラソーにいては埒《らち》が明かないので、数年後彼女は家族を引きつれて王党派の牙城であるキューバのハバナに移った。そこには知人も多かったので、証人を立てて彼女がいかに王室に忠誠を尽くしてきたかを証明してもらい、有力者を通じて根気よく王室に働きかけた。その結果、１８１７年秋になってようやくスペイン王室は彼女の言い分を認め、帰国許可が下りる。しかしカラカスでは治安が悪化し、食料不足が慢性化していると聞くと、彼女は帰国を諦め、代りに王室から年金が給付されることになった。

マリア・アントニアの帰国

１８２１年６月、弟のボリバルは遂にコロンビア、ベネズエラを最終的に解放し、三たび勝利者となってカラカスに凱旋した。彼は姉マリア・アントニアに手紙を送り、カラカスに戻ってくるように勧めた。夫はすでに亡くなり、長男アナクレトは亡命後すぐボリバルのもとに行き、その保護を受けていた。亡命中に結婚した長女は5人の子持ちとなり6人目を妊娠中で、あと思春期の娘と息子がいるが、王室からの給付金は弟が政権の座に返り咲いた時点で打ち切られ、ハバナでの生活は行き詰まっていた。そして何よりも、残してきた財産が

マリア・アントニア・ボリバル

気がかりであった。46才の未亡人マリア・アントニアは子供3人、孫5人、娘婿らを引き連れて9年（1814〜23）ぶりに故郷の土を踏んだ。旅費150ペソは弟ボリバルからの送金であった。

1823年、帰ってみるとカラカスの荒れようは想像以上だった。地震で崩れた建物も内戦の跡もまだそのままで、上流階級の人々も多くが夫や息子を亡くし、財産を失くしていた。妹のフアナも革命側について戦った夫と長男を殺され、残された娘とともに姉より一足先に亡命先から帰っていたが、家は地震で壊れて住む所もなく、親戚の家に身を寄せていた。海難事故で死んだ上の弟ビセンテの内妻ホセファは3人の子供と共にボリバルの家に住んでその手厚い保護を受けている。マリア・アントニアは自分の家族ばかりか、親を亡くした親戚の子供5人を引き取らねばならなかった。家長である弟のボリバルは南米の国々の解放に身を捧げると宣言して南米各地を転戦しており、カラカスにはほとんど帰ってこない。一族の面倒を見る責任はすべてマリア・アントニアの肩にかかり、彼女は全生命をかけて財産を守る決意をした。そのためにはあらゆる人と争わねばならず、誰の助けも得ることはできない。いとこや伯父たちに対しても容赦なく裁判を起こし、弟の内妻を追い出して実家のボリバルの屋敷を取り戻し、ボリバルが色々な人に与えていた援助を片っ端から打ち切って

ボリバル家の御堂

いった。
　これらの案件のために、南米を転々としているボリバルと彼女の間にはおびただしい数の手紙がやりとりされ、そのなかで1810年の独立宣言以来仲たがいしていたふたりの間のわだかまりも氷解し、手紙にはお互いに姉弟らしい思いやりや忠告が溢れるようになるが、間もなくボリバルは失意のうちにこの世を去った（1830・12・17）。享年47であった。
　ボリバルの遺産をめぐってふたりの姉妹、弟の内妻ホセファの3女性の間で壮絶な争いが起こったが、彼女たちは奇跡的に和解し、財産は彼女たち3人と甥姪らの間で円満に分けられた。ボリバルより12年長く生きたマリア・アントニアは政府に、コロンビアで死んだボリバルの遺骨をベネズエラにもどしてくれるように懇願し、ようやく弟の名誉が回復されて遺骨がカラカスに戻ってくる寸前に亡くなった（1842）。
　驚いたことにその死後、彼女の隠し子だという女性が二人も現れた。二人とも養父母が定期的にマリア・アントニアから養育費や贈り物を受け取っていたといい、一人はスペイン人の高官であった父親の名前まで分かっている。しかし見方を変えてみれば、階級社会を維持するには非常な無理があったことは確かで、マリア・アントニアも今日的な目から見ればその犠牲者だったかもしれない。14才で30才以上も年上の親戚と結婚させられているのだ。身分制度や家柄を維持するには人間の感情を無視して、建前を取り繕うさまざまなシステムが存在した。ボリバルの兄ビセンテとの結婚を許されなかったホセファが生んだ3人の子供は教会の出生記録には捨て子と記された。生まれ落ちるとすぐに教会や知人の家の前にいったん捨てられ、あらかじめ決められた養父に拾われてから出生届が出された。その複雑な手続きは赤ん坊を結婚していない親から生まれた不義の子としないための方策であった。

2011年、カラカスのカテドラルの中にあるボリバル家の墓所の骨のDNA鑑定が行われた結果、マリア・アントニアの妹フアナは他の兄弟と同じ母から生まれた子どもではないことが分かった。彼女は母方の祖父の弟と結婚したが、血のつながりはなかったのだった。

【参考資料】
La Criolla Principal María Antonia Bolívar: Inés Quintero: Fundación Bigotteca 2003

16.

マヌエラ・サエンス

解放者を解放した女性

Manuela Sáenz
1795/97? - 1856

エクアドル

南米の解放者ボリバルの愛人。独立運動の同志として彼の最後の8年間を共にした。暴漢に襲われたボリバルを救ったことから解放者を解放した女性と呼ばれる。彼の死後故国エクアドルに帰ることを拒否され、ペルー北部のうらぶれた港町で店を開き、英雄を知る人々の訪問を受けつつ懐古のうちに暮らした。

マヌエラ・サエンス

1821年、ボリバルは10年にわたる戦いののちグラン・コロンビア*を解放した。だが彼が描いた夢は大きく、それをさらに広げ、南アメリカ全体を一つの共和国とすることを構想していた。その中心地は副王がいるペルーだが、ペルーに至るための次の目標がキト（エクアドル）であった。そして彼がキトに凱旋したときに出会ったのがマヌエラ・サエンスである。「私の国はこのアメリカ大陸です。赤道の下に生まれました」と彼女自身が書いているように、マヌエラ・サエンス・アイスプルは1795年頃、エクアドルのキトに生まれた。母親のアイスプル家（ボリバルと同じくバスク系の苗字）はキトの名門だが、スペイン人の役人（軍人）であった父シモン・サエンスはすでに結婚して家庭をもっていた。しかも母親はマヌエラが生まれて間もなく亡くなり、彼女は僧院に預けられたが、3、4才になった頃父の家に引き取られ、継母にも可愛がられて他の兄妹とともに恵まれた幼少時代を送った。父は子供たちに尼僧の家庭教師をつけて読み書きを学ばせたので、利発なマヌエラはギリシア・ローマの古典にも通じ、英語、フランス語を話すことができた。十代に入ると、生涯彼女に付き従うこととなるナタンとホナタスという二人の黒人の女奴隷を伴って、実母の弟である僧のドミンゴ・アイスプルが所有する田舎の荘園で過ごすことも多かった。大自然の中を自由奔放に馬で駆けめぐり、葉巻を吸うことまで覚え、その上才気に満ちていたのだから、普通の家庭の主婦として収まりきれるはずがなかった。

13才の時の衝撃的な体験が彼女の人生を変えた。1808年のこと、継母に連れられて、

*グラン・コロンビア　ベネズエラとコロンビアを合わせた国。

マヌエラ・サエンスの肖像画

スペインからの独立を叫んだ人々がキトの中央広場で処刑されるのを目撃したのだ。南米でも最も早い独立の芽生えだった。処刑者の首は見せしめのために何日も広場に晒されたが、それはかえって市民の王権に対する反感をかき立て、強烈な印象を受けたマヌエラも15才で革命をめざす愛国者グループに加わった。1809年にはナポレオンのスペイン侵攻に抗議して、幽閉されたフェルナンド七世を推す革命派のクリオーヨが一時的に政権を掌握したことがあった。77日後に鎮圧された時、キト市民の1％に相当する300人が虐殺されたと言われる。ボルボン改革による締め付けで、当時キトではそれほど独立への意欲が高揚していたのだった。

マヌエラの結婚

21才の時父に連れられてパナマへ行った際、彼女の美しさに魅せられたイギリス人商人ジェームス・ソーンに出会って求婚され、翌年彼が本拠にしていたペルーのリマで結婚した（1817・7・27）。持参金は当時としては高額の8000ペソであった（ボリバルの姉マリア・アントニアの持参金はその10倍の8万ペソだったから、それがいかに高額なものだったかが分かる）。マヌ

スクレ将軍

サン・マルティン将軍

エラはリマでも副王政府打倒をめざす組織に入り、大商人の妻という立場を利用して社交界で情勢を探り、秘密の手紙を届けたりする地下活動を続けた。彼女があげた最大の功績は、兄のホセ・マリアが所属する副王軍の部隊１０００人を革命側に寝返らせたことである。アルゼンチンからアンデスを越えてチリを解放したあと、ペルーの独立をめざして遠征してきたサン・マルティン将軍（１７７８〜１８５０）はそれを聞いて非常に喜び、彼女に勲章を贈った。将軍は、ブエノスアイレスが派遣した３度の北方軍*がペルー解放に失敗したあと、５０００人を率いて、５０００メートル級の山を幾つも越えて幅１５０キロメートルあるアンデス山脈を横断し、チリ側のオイギンスと共にまずチリを解放して、海から直接リマを攻めるという超人的な奇策で、１８２１年、リマを解放した英雄である。この時マヌエラはサン・マルティンの当時の愛人だったロサ・カンプサノが自分と同郷のエクアドル人だったことから親交を結び、彼女を通じてサン・マルティンの性癖や人となりを知るようになったが、思いがけずのちにそれが役に立つことになる。

　マヌエラは大商人の妻として何不自由ない生活を保証されていたが、夫とは年令が倍も違う上に、性格も合わず、理解しあ

*北方軍　281〜282ページ参照。

えたと感じることはなかった。そんな時、実母の妹である叔母とのあいだに遺産相続の問題が起きたのを機に、夫の許しを得て5年ぶりにキトに帰った。幸い有力者の仲介で相続問題は無事に解決できたが、折りしもキトは風雲急を告げていた。

ちょうどこの時、ベネズエラ、コロンビアを解放したボリバルの腹心、スクレ将軍（1795〜1830）がエクアドルの解放をめざしてキトに迫り、ペルー副王派遣の王軍と攻防戦を繰り広げている最中であった。マヌエラはスクレの軍に志願したが、女だからだの、夫の許可が必要だのとか言われて入隊を断られる。それでも諦めず、後方で負傷者の手当てや食料の補給などを手伝い、奴隷のナタンとホナタスをもぐりこませて敵軍の位置や戦力を探らせ、その情報をスクレに伝えたり、あるいはロバ5頭分の食糧を寄付したりして全面的に協力した。

そしてついに1822年5月25日、スクレはキト郊外のピチンチャの戦いで王軍を破り、喜びに沸くキト市民は、解放者ボリバルが到着して名実ともに共和国が確立されるのを待った。

❖ボリバルとの出会い

6月19日、いよいよ凱旋してきたボリバルが市内に入城、市民の歓呼に応えながら町を行進した。マヌエラも継母や姉妹とともに狂喜しながらバルコニーから手を振った。この時彼女が投げかけた花束が馬上のボリバルの胸元に当り、彼女は青くなったがボリバルは微笑を返してきた。

その夜の祝賀会の席上で彼女を紹介されるとボリバルは、「私の胸に花束を命中させて火をつけた方ですね。兵士たちが皆、貴女ほどの腕前なら、いかなる戦いにも苦労しなかったことでしょう」と言って彼女を赤面させた。ダンスの名手であったボリバルは彼女を踊りに誘い、「きょう貴女は私の心臓を射止めました。貴女は優雅で魅力的であるばかりではなく、勲章をもらうほど勇敢な方だそうですね。この町でそのような方にお会いできるとは、思いがけないことです」とささやいた。崇拝する英雄からこのような言葉を投げかけられたマヌエラは喜んで彼の愛を受け入れ、この瞬間からボリバルが没するまでの8年間、強い絆で結ばれることとなった。ボリバルはこの時39才、マヌエラは27才であった。

2日後、友人から提供された別荘で初めてふたりだけで会ったボリバルは、いかなる女性を相手にしているかを知り驚く。彼女はギリシア・ローマの古典に精通するほか、多くの書物を読み、男性と同じように政治や戦術について論じることができたからだ。彼は知性と教養と美貌を兼ね備えた女性を前にして、すっかり心を奪われた。一方マヌエラは彼の眼差しや表情に時おり現れる暗い翳を見て、彼が栄光の頂点に立ちながら、心の奥底では愛に飢えているのを感じた。彼は幼くして父母を亡くし、20才でスペインの貴族の娘と結婚したがすぐに妻を亡くし、二度と結婚しないと心に誓って、その時々の恋に身を任せてきた男だった。この時ボリバルがキトに滞在したのは18日間だけだったが、その間ふたりは愛を語りながら、同時に政治、軍事、外交の問題について話し合った。

グァヤキル会談

ボリバルはキトから港町グァヤキルに赴き、そこでアルゼンチンからチリを征服したあとペルーを解放しようとしていたサン・マルティン将軍と会見することになっていた。サン・

マルティンはグァヤキルをペルーに併合しようとしていたが、キトを解放したボリバルは当然グァヤキルは誕生したばかりのグラン・コロンビアに属すると考えていた。また、一部のグァヤキル市民はそのどちらにも属さず、独立港となることを望んでいた。

ボリバルはグァヤキル市民が自主的に自分を選ぶまでは入城しないつもりでいたが、マヌエ

シモン・ボリバル軍の進路とサン・マルティン軍の進路（×印は戦場）

グアヤキルにあるボリバルとサン・マルティンの会談の記念碑

ラは、「市民の前に立って、グラン・コロンビア共和国の庇護のもとに、あなたが自らその港とエクアドル全体を軍事的、政治的に治めると約束なされば、まだ態度を決めかねている人々も心を動かされ、あなたに従うことでしょう」と助言し、ロサ・カンプサノから聞いたサン・マルティンの気質を詳細に教え、「おそらく彼は自ら身を引くことでしょう」と推測した。

確かに上流社会に生まれ、いつも華やかな場に身を置き、弁舌のたつボリバルに比して、サン・マルティンはスペイン人軍人を父としてその赴任先のアルゼンチン北部の田舎に生まれ、7才でスペインに帰国して教育を受けたのち、軍隊に入り、父親と同じようにアフリカやヨーロッパを転々として戦ってきた生粋の軍人である。1822年7月26日に行われたふたりの会見の詳細は伝えられていないものの、結果は彼女の言葉どおりとなり、サン・マルティンはペルーの独立と自ら率いてきた軍をボリバルの手に託してアルゼンチンへ去っていった。

ボリバルは改めてマヌエラの洞察力の鋭さに驚き、それ以来彼女はボリバルの愛人というばかりでなく、欠かすことのできない政治・外交の相談相手となり、助言役となった。それを知って、他の人たちが直接ボリバルに言いにくいことを彼女を通じて間接的に伝えることもあり、マヌエラは彼の部下たちからも信頼されるようになる。

入隊

グァヤキル会談のあとボリバルはペルー解放のためにリマに赴くが、そこからマヌエラに軍に入るように勧めた。15歳から地下活動を続けていた彼女にはその素質が十分だった。リマで一兵卒となった彼女は軍服を着て司令部で働き、すべての書類の管理を任された。すな

シモン・ボリーバル（左）とフランシスコ・デ・パウラ・サンタンデル（右）

わち、あらゆる情報が彼女のもとに集まってくるのだ。その中で彼女は、ボリバルの代理としてグラン・コロンビアを治めている副大統領のサンタンデルが、ペルー解放を目ざすボリバルを妨害しようとしている動きを察知した。サンタンデルは「ボリバルを国外に追いやってそちら（ペルー）で好きにさせておこう。そうすればこちら（グラン・コロンビア）の議会は彼とあの女から自由になる。軍も物資も送ってやらなければ、いくらあがいてもなすすべがなくなり、いずれ力を失うことだろう」と言っているというのだ。マヌエラはサンタンデルを信頼すべきではないとボリバルに忠告するのだが、彼は取り合わない。仕方なく彼女はさまざまな手を打ってサンタンデルの介入を防いだ。しかしやがて事態はマヌエラの言った通りになり、ボリバルはコロンビアからの支援なしにペルー戦線を戦わなくてはならなくなった。ある時は教会の鐘を徴用したり、教会の長椅子から釘を抜いたりして弾丸や武器を作り、軍服を作るために製糸工場や織物工場を徴用し、また地方全体から金や銀を徴発したり、寄付させたりせざるを得なくなった。マヌエラとサンタンデルとの確執はその後もずっと続いた。

マヌエラは軍の規律のもとで働くことを学びながら、熱心に仕事に取り組み、軍の中で徐々に昇進していった。だが任務に没頭するあまり、ボリバルとの愛を育む時間を惜しんだしっぺ返しがきた。ベッドの中に自分の物ではない耳飾りを見つけたのだ。半狂乱となった彼女はボリバルの耳に噛みつき、彼はその夜10通もの手紙を書いてあやまった。のちに部下に耳に残った傷跡を見せながら、「マヌエラからもらったトロフィーだよ。この一件のあと、われわれの愛はかえって深まった。どちらも静かな夫婦のような生活を送れる性格ではない。考えてもみたまえ。結婚している女性が一兵卒となって、戦線を渡り歩き、捨て身の献身と功績で中尉、大尉と昇進し、ついには大佐にまでなったのだ。これは決して私の影響力ではなく、全く彼女自身の力によるものだ」と語っている。

マヌエラが大佐に昇進したのは、1824年末、ボリバルの片腕だったスクレ将軍がアヤクチョの戦いで勝利し、ペルーにおけるボリバル軍の勝利が決定的となった時であった。スクレの部隊にいた彼女は、戦闘の場に近づくなというボリバルの厳命にもかかわらず、最前線で補給や負傷者の手当てに奔走した。その功績を認めたスクレが彼女に大佐の位を申請したのである。ボリバルがペルー、アルト・ペルー（現ボリビア）各地を転戦していた3年ほどの間、ふたりは別々の部隊に属していてほとんど会う機会がなかったが、頻繁に手紙をやり取りして愛を確かめ、政情を語り、作戦を練った。一度マヌエラがボリバルの居るリマへ来ようとしたことがあったが、彼は1824年10月4日付けの手紙で「貴女がそこにいるからこそ、私は安心してすべてを任せられ、同時に2つの場所をみることができるのだ」と書いて押しとどめている。

ボリバルはペルーとアルゼンチンの間の力関係を考え、アルト・ペルーにそのどちらにも属さない新しい国をつくったが、手紙によると、それはマヌエラの提案によるものであったようだ。「これは貴女の夢から出たものであることは私が知っている」と手紙のなかで述べている。その国はボリバルを讃えてボリビアと名づけられ、首都は彼の片腕だった将軍の名をとってスクレ*と命名され、ボリバルが初代大統領に就いたがすぐにスクレが大統領になり、ボリバル自身はグラン・コロンビアの首都ボゴタに戻り（1827年末）、マヌエラもペルーから追放されてそのあとを追った。現在でもペルーではボリバルや特にマヌエラはあまり人気がないようだ。

*スクレ
スクレ、ラプラタ、チュキサカ、チャルカスの4つの名前を持つ町。202ページ参照。

コロンビアで

ボリバルはグラン・コロンビアの大統領に戻るが、副大統領のサンタンデルはこれまでもペルーで戦うボリバルに全く協力せず、マヌエラが目の仇にしてきた人物である。もとよりボリバルの帰還を喜ぶはずもなく、すぐにマヌエラとの間で反目が始まった。

マヌエラはボリバルの誕生パーティーの席上、招待客の前でサンタンデルに見立てた人形を兵士たちに銃殺刑にさせた。抗議を受けたボリバルは「彼女流の冗談だよ」と軽く受け流したが、すぐに反撃がきた。祭りの日、敵はボゴタの中心広場にボリバルとマヌエラに見立てた巨大なソーセージのような人形を作り、それに花火を仕掛けて爆発させようとした。これを知ったマヌエラはナタンとホナタスを引き連れて広場に駆けつけ、女3人で馬で人形を踏みにじって壊してしまった。それを聞いたボリバルは「男が1年かかって作り上げたものを女は1日で壊す」という、ギリシアの哲学者デモステネスの言葉を引用してうなったという。

反目はエスカレートし、ついにボリバルの暗殺が企てられた。が、それを阻止したのはやはりマヌエラであった。仮装舞踏会で暗殺計画があることを事前に察知した彼女はボリバルに出席を止めさせようとするのだが、聞き入れてもらえない。仕方なく彼女は思いきり淫らな仮装で会場に現れ、ボリバルは恥ずかしさのあまり早々にその場を引き揚げて難を逃れた。

1828年9月のある夜、寝室に数人の暴漢が侵入してきて、物音を聞きつけたマヌエラはボリバルを窓から逃がして一人で暗殺者たちに立ち向った。ボリバルは橋の下で寒さに震えながら一夜を明かして助かった。この大統領暗殺未遂事件で14人が処刑され、黒幕のサンタンデルもついに国外追放となった。解放者と呼ばれていたボリバルを救ったというので、マヌエラは『解放者を解放した女性』と呼ばれるようになった。

マヌエラにとっては戦場で無我夢中で戦っていた時よりも、1828年から30年までのボゴタに滞在した時期の方がよほど苦しかった。この頃すでにボリバルは病魔に冒されており、彼が解放した国は次々と離反していくが、彼にはもうそれを押しとどめる力はなかった。そして遂に大統領職を退き、1830年5月、病気治療のためヨーロッパに渡ろうとボゴタからカルタヘナの港へ向った。マヌエラが同行せずボゴタに留まったのは、ボリバルがこれまで築いてきたものを守ろうとしたからだった。

彼は1830年12月17日、「アメリカを治めることはできない。革命に尽くした者は海を耕したようなものだ」という言葉を残してカリブ海に面したサンタ・マルタで息を引き取った。47才であった。マヌエラに来てほしいと切々と訴える数通の手紙は痛々しく、胸を打つ。彼女はボリバルのもとに駆けつける途中で訃報を受けとった。そしてボリバルの死の翌年

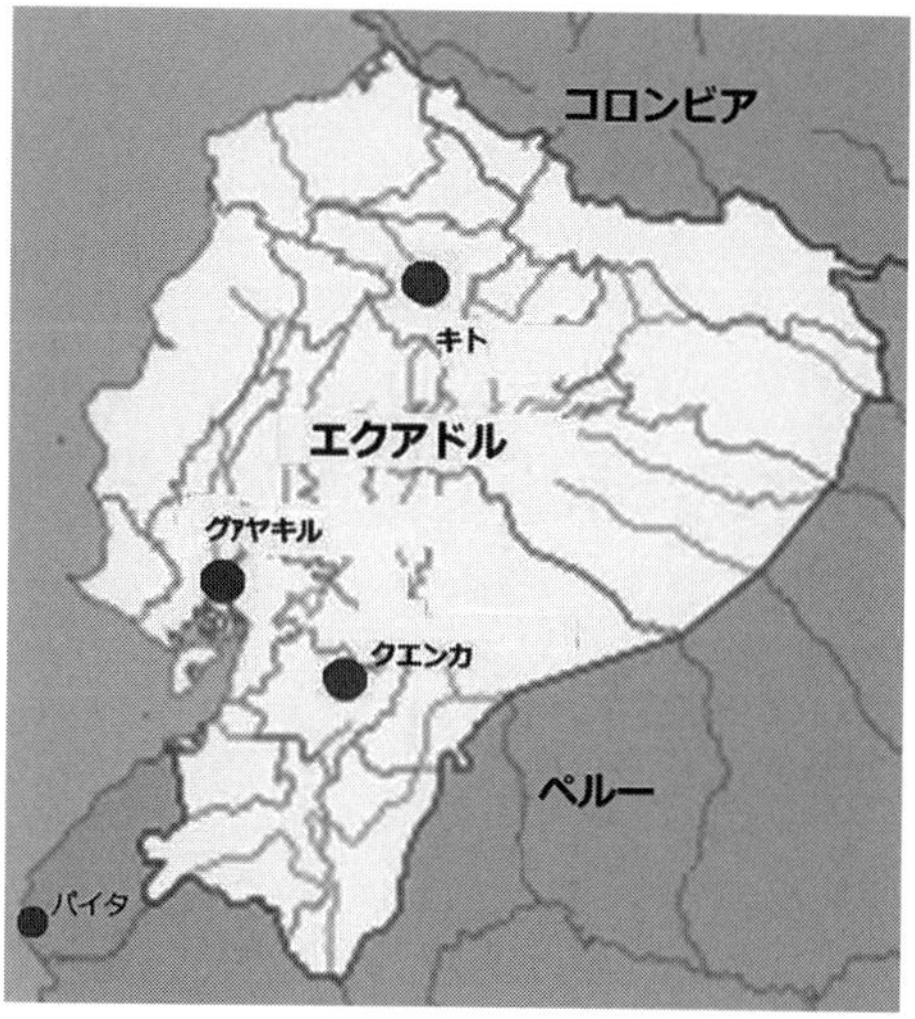

エクアドルの地図

（1831）、彼が築いたグラン・コロンビアはコロンビア、ベネズエラ、エクアドルの3国に分裂した。

❖パイタで

マヌエラは大統領に返り咲いたサンタンデルに追放されてジャマイカに行き、1年後故国エクアドルに帰ろうとするが、そこからも入国を拒否され、ペルー北端の、砂漠のなかにある寒村パイタに落ち着いた（1835）。時おりアメリカの捕鯨船が立ち寄るだけの、ただ1本の通りしかないうらぶれた港町だが、そこがエクアドルに最も近かったからだ。もちろん子供の時から一緒だったナタンとホナタスの二人の奴隷も一緒だった。3人の女性たちは犬にボリバルの政敵の名前（パエス*、サンタンデル、ラマル*）をつけてからかうことを慰みにしていたという。

彼女は「たばこ店　マヌエラ・サエンス　英語が話せます」と書かれた看板を掲げた小さい店を開き、貧困と孤独に苛まれながら暮らした。夫ジェームス・ソーンはリマの自分の元に戻るよう言ってきたがそれも断る。1847年彼が殺人事件に巻きこまれて殺され、マヌエラは当然自分の持参金8000ペソや夫の遺産を受け取れるはずだったが、夫の遺産はおろか、持参金もついに届かなかった。

しかし彼女は決して完全に世間から忘れ去られたわけではなかったことは、そのような交

＊パエス　グラン・コロンビア崩壊後のベネズエラ大統領（在任1831〜35、39〜43、61〜63）。

＊ラマル　ボリバルが去ったあとのペルー大統領（在任1827〜29）。

＊シモン・ロドリゲス
幼少時のボリバルの師。マヌエラと会った翌年、パイタ近くの村で死亡。216ページ以降参照。

通の不便な寒村であるにもかかわらず、いろいろな人の訪問を受けたことでも分かる。ボリバルの家庭教師で彼に革命思想を吹き込み、共に南米を転戦し、すでに83才になっていたシモン・ロドリゲス、[＊]イタリアの独立運動指導者ジュゼッペ・ガリバルディ、ペルーの高名な作家リカルド・パルマ、エクアドルの政治家ホセ・オルメドなどの訪問を受けている。また異色なのは『白鯨』を著したアメリカ人作家ハーマン・メルヴィルで、1840年21才の時、捕鯨船の乗組員としてパイタで彼女に会ったことを年老いてから回想している。こうしたことから見ても彼女はその時代の知識人の間で結構人気があったことがうかがえる。

1856年末、パイタに上陸した船員からジフテリアが広がり、マヌエラとホナタスはそれに感染して亡くなった。家、持ち物などすべて衛生局の手で焼かれたが、駆けつけた友人が灰の中から日記や彼女が大切に保存してきたボリ

パイタのマヌエラ・サエンスの家

バルの手紙などの貴重な書類の一部を救い出したお陰で、部分的にではあるが、彼女の生涯が知られるようになった。

２０１０年、マヌエラの遺骨はパイタから運び出され、グァヤキル、キト、ボゴタなど数カ所でセレモニーが行われたあと、シモン・ボリバルの誕生日の7月24日、カラカスの英雄廟にあるボリバルの遺骸の横に安置された。また同年5月25日のエクアドル独立記念日には、エクアドル大統領がボリバルの軍で大佐まで昇進していたマヌエラに将軍の位を授けてその功績をたたえた。

【参考資料】

Los Diarios Perdidos de Manuela Saenz y Otros Papeles: Recopirador Carlos Alvarez Saá Bogotá 2005

17.

ポリカルパ・サラバリエタ

独立に殉じて

Policarpa Salavarrieta

1795 - 1817

コロンビア

副王時代末期、重税にあえぐ田舎の村でコムネロスの乱と呼ばれた反乱が起こった。それから数十年後、同じ村出身の若くて美しいポラは独立の戦いに身を投じ、首都で諜報活動を行っていたが捕らえられて、最後まで王軍をののしりながら雄々しく銃殺刑にされ、伝説的な独立の英雄となった。

*グァドゥアス
254ページの地図参照。

*コムネロスの反乱
古くは16世紀スペインで起こった市民の王権に対する反乱。このヌエバ・グラナダのほかにパラグアイでも同名の反乱があった。

グァドゥアス

マグダレナ河はヌエバ・グラナダ副王領（現在のコロンビア）の内陸部の高地にある首都ボゴタとカリブ海の港バランキーヤを結ぶ1000キロメートルの大動脈であった。マグダレナ河畔の村オンダと首都ボゴタの間にグァドゥアスという村がある。小さいながら、スペインからボゴタに送られたきた人、物、情報のすべてがこの村を経由する交通の要所であった。新しい副王や司教、オイドール（聴訴院の役員・判事）などの役人が着任してきたときは、関係者は海抜2600メートルのボゴタからグァドゥアス*まで降りてきて出迎え、遠来の賓客は時には1週間ほどここで鋭気を養ってから、120キロメートルほどの険しい道をロバの背に揺られてボゴタに上るのだ。一行の滞在中に大勢の随員から漏れ伝わる噂話、エピソードなどから、新任の為政者のイメージは瞬時に各方面に伝わっていった。

1782年2月のある日の夕方、ボゴタからこの村にロバの背に括りつけられた一つの木箱が到着した。何の合図があったわけでもないのにぞろぞろと集まってきた村人は、遠巻きに村役場の前に下ろされたその箱を取り囲んだ。辺りには陰鬱な空気が漂い、普段は騒がしい村人なのにその日は黙々とその箱を見つめるばかりだった。すでに日が暮れはじめていたので、役人は箱を一旦牢に入れて厳重に保管し、翌日、その中身は木の檻に入れ替えられて村の入り口に掲げられた。それはこの地方最初のスペインに対する蜂起であるコムネロスの反乱*を指揮したホセ・アントニオ・ガランの首だった。

ガランは先住民に課せられた理不尽な課税に反対し、フランス革命よりも6年も早く、平等

ホセ・アントニオ・ガラン

を求めて立ちあがった。しかし反乱は鎮圧され、ガランは絞首刑にされたあと、切り離された頭と四肢は彼と縁のあった5つの村々に送られて晒され、財産は没収、家は取り壊されて塩をまかれるという、徹底的な見せしめの懲罰がなされた。グァドゥアスにガランの首が送りつけられてきたのは、そこがコムネロスの反乱の中心地であったからだ。その数十年後に独立運動が始まると、ガランは先駆者として独立の象徴とされるようになった。

ポリカルパ・サラバリエタ、通称ポラがグァドゥアスに生まれたのは一応1796年1月26日とされているが、出生記録はみつかっていない。彼女は生まれる10年以上も前に起こったコムネロスの反乱を実際に知るべくもなかったが、村の入り口を通るたびにそこにひざまづいて十字を切り、短い祈りを唱えるように教えられて育った。その意味を知ったのはのちのことである。

ポラの父でクリオーヨのホアキン・サラバリエタはバスク系の人で、手広く農業や商売を営んでいた。母もスペイン人の子孫で、典型的なクリオーヨのこの一家が住んでいた家は現在博物館になっているが、豪邸とまではいえないまでも、裕福な田舎の郷士の家の規模である。ポラがまだ幼い頃、父は妻と大勢の子供を連れて、首都へ移り住んだ。ボゴタに家を持つことは彼の長年の夢であった。しかしそれから4年後、天然痘が流行した時、ポラの両親、

マヌエラ・ベルトラン

兄、姉の4人が相次いで亡くなる。残った4人の兄のうち2人はアウグスチノ会の修道僧、2人は地方に行っており、残った姉がポラと弟ビアノを育てようとしたが、たちまち生活に行き詰まり、2年後グァドゥアスに帰って親戚の家に身を寄せた。そして姉が結婚すると、弟妹も姉の婚家に一緒に引き取られた。貧しかったポラは早くから洋服の仕立てを覚えて裁縫師となり、また村の子供たちに読み書きを教えた。

幼い頃村の入り口を通るたびに祈りを捧げるのはガランのためと知るのは、ポラが村に帰ってからのことである。その頃、首都ばかりでなくグァドゥアスのような田舎でも、若者にヨーロッパの情勢や首都での政治的な動きを教えるための集会（テルトゥリア）が盛んに開かれていた。ポラはその中でコムネロスの反乱の口火を切ったのはソコロの村に住むマヌエラ・ベルトランという一主婦だったということを教わった。

❖コムネロスの乱

1781年3月のこと、その女性は、先住民が生産した焼酎や煙草が強制的に政府に徴収されて専売に付されるという王令が出されたことを知ると、居並ぶ男たちを尻目に、王や役人たちをののしり、役所の前に掲げられた立て札を引き抜いて布告を破り、燃やしてしまった。彼女の行為によって男たちは目が覚めたがごとく、役所の倉庫に突入して徴用された焼酎を道路にぶちまけ、煙草を燃やした。何とも良い匂いで始まった革命であった。そこへガランが現れ、勢いに乗って役場の金庫までこじ開けようとしていた男たちに、「自分はそんな穢れた金に手をつけるために加勢にきたのではなく、自由と平等を求めるためにきたのだ」といって、それを押しとどめた。

彼の父親は流れ者のスペイン人で、ガラン自身もたばこ工場で日雇い労働者として働く貧しいメスティソだった。たちまち首領に担ぎあげられた彼の人気はいや増すばかりで、集まってきた4000人の群衆は「王様ばんざい、政府はくたばれ」と叫びながらボゴタを目指して行進を始めた。当初は下層の人々ばかりであったが、日が経つにつれ商人、小農、首長《カシケ》に率いられた先住民グループなどが加わり、そのうち上層の人々まで巻き込んで、数日後には2万人にも膨れ上がった。行進を阻止するためにボゴタから兵士が派遣されてきたが、もう誰も勢いづいた行進を押し止めることができず、ついに政府側は反乱者の要求を受け入れ、税の軽減、スペイン人の役職独占の廃止、先住民から取り上げた塩田の返還などを約束した。多くの者はそれで満足家へ帰っていったが、ガランはそれを信用せず、行進を続けた。すると案の定、この時カルタヘナにいた副王は約束は無効だとして、ガランの逮捕を命じたため、彼は1782年1月に捕らわれ、他の首謀者とともにボゴタで処刑され、前述のようにその頭と四肢は反乱に関係した町に送られて晒された。こうしてコムネロスの乱は鎮圧されたが、副王政府に対する人々の不信はますます高まるばかりとなった。

独立の戦い

1808年、ナポレオンがスペインを侵略し、フェルナンド七世を退位させて自分の弟を

パブロ・モリーヨ将軍

スペイン王（ホセ一世）につけると、スペイン人はそれに抵抗して戦い、イスパノ・アメリカの人々にもそれに同調するように呼び掛けた。だがスペインの支配に不満を募らせていたクリオーヨはその機会を利用して、1810年、各地でスペインからの独立を宣言した。ヌエバ・グラナダ副王領の首都ボゴタでは1810年7月20日独立宣言が行われ、またたく間に革命は野火のごとく全土に拡がっていった。副王を頂点とするスペインの支配のなかで、税や処遇の面で何かと差別を受けてきたクリオーヨの間には不満が鬱積していたのだった。人々はこの革命をガランの反乱の再来のように感じた。

しかし攻防が続きまだ独立が達成されないうちに、ナポレオンによって解放されたフェルナンド七世が6年ぶりにスペイン王に返り咲くと、以前にも増して反動的な絶対王朝が始まり、スペイン政府は自由主義者を弾圧して、イスパノ・アメリカ各地で起きていた独立運動を一気に抑えこもうと大軍を派遣してきた。ヌエバ・グラナダ（現コロンビア）には、1815年、それまでナポレオンと戦ってきた剛腕で聞こえるパブロ・モリーヨ将軍が船18隻、1万5000人を率いてやってきた。将軍は独立を宣言したカルタヘナを108日間封鎖して6000人の市民を餓死させ、美しかった都市は破壊されてほとんど瓦礫と化した。モリーヨはこのあと軍を各地に進め、翌年半ばにはヌエバ・グラナダ副王領全域の主権をほぼ回復させ、ヌエバ・グラナダとベネズエラの第一共和国は崩壊に追い込まれた。ついで革命軍兵士の探索と軍事法廷がはじまり、大勢の人々が処刑されたが、中でも真っ先に殺されたのは市民を扇動したとされる知識人や高等教育を受けた人々であった。スペイン軍はインディアスの支配を続けるには恐怖を植えつけるしかないと考えたようだった。こうしてモリーヨ将軍はヌエバ・グラナダとベネズエラの第一共和国を潰すことには成功したが、いったん若者の心に燃え上がった自由への欲求を消すことはできず、やがて野火のごとくゲリラ戦が各地に拡がっていった。恐怖政治は1819年シモン・ボリバルがボゴタを解放するまで続いた。

ポラの活動

グァドゥアスにいたポラも革命軍の情報網の一員となったが、1817年、探索が厳しくなり包囲網が狭まってくると遂に追いつめられ、身を隠さなければならなくなった。同志のほとんどは東部のヤノスやカサナーレに本拠をおく革命軍に合流していったが、ポラについては、仲間のひとりがボゴタに住むアンドレア・リカウルテ夫人に頼みこんで、弟のビビアノと一緒にそこで暮らせるようにとり計らってくれた。

ポラには同い年のアレホ・サバラインという恋人がいた。彼は早くからナリーニョ将軍の軍に入り、その指揮下で、王政派の牙城である地勢の険しいコロンビア南部の山岳地帯で行われた数々の伝説的な戦いに参加し、ほとんど戦いの中で成人してきた若者だった。王軍に捕らわれ、一旦は死刑判決を受けたが、刑の執行寸前にフェルナンド七世の王妃懐妊の報が届き、恩赦で減刑され、その後逃亡に成功して諜報活動を行っていた。ポラと彼は共に闘う同志として、あるいは恋人としてすべてを分かち合っていた。この時ポラはヤノスに向かうアレホに重要な書類を託して、涙のうちに彼と別れた。書類のなかにはポラが書いたヤノスの総指揮官あての報告とともに、隠れて活動する諜報員や王軍内の協力者のリストなどがあった。

　ボゴタにきたポラはこの時20才、真珠のような肌をした、美しく知性あふれる彼女の参加で情報網の活動は一段と活気を増した。アンドレア・リカウルテ夫人の一家は家族をあげての革命派で、1810年7月20日の独立宣言には夫の父や兄弟全員が参加し、夫の父はその後の戦いで命を落としている。夫人の家は山に潜伏しているゲリラたちの間の情報を取りまとめ、情報や、資金、人などを送りだす、革命軍のボゴタにおける連絡拠点となっていた。まだ顔を知られていない新参のポラは市内を自由に歩き回ることができたので、ゲリラとの連絡係を務め、あるいは兵士に食事や家族の伝言を届ける女たちに紛れて兵営に入り込み、彼女たちとの何気ない会話から兵士がどこへ送られようとしているのか、軍がどんな準備をしているのかなどを探りだし、市

コロンビアの地図

場で商人たちの噂話に耳を傾ける。また彼女は裁縫師だったから、軍の高官のお屋敷にも出入りして夫人たちの洋服を縫いながら重要な情報を集めた。

政府側は、ボゴタから500キロメートルも離れたカサナーレに本拠をおく革命軍にどうして自軍の情報が伝わるのか、なかなか探りだすことができずにいた。アンドレア夫人の家には農民が宿を恵んでもらう風を装って泊まりにきては、検問にあっても見つからないように、手紙をポンチョの裾に縫いこんで帰っていく。15才の弟のビビアノも最も信頼のおける諜報員で、彼もすでに戦場で戦った経験があった。男たちばかりでなく、この革命は女性も子供も巻き込んで、民衆の総力をあげて行われていた。

情報合戦はますます盛んになり、見つかって銃殺されるものが増えていくが、誰もポラのことを洩らす者はいなかった。しかしとうとう彼らの存在は敵の知るところとなり、アンドレア夫人は目立たない粗末な家に引っ越した。もはや彼女の家に人が集まることは危険すぎ、そこを訪れるのはポラの兄の修道士などごくわずかな人だけで、それも夜遅く、密かに情報や活動資金を運んでくるだけとなった。

ポラの逮捕

その夜のことをアンドレア夫人は次のように語る。

「月の明るい夜でした。いつ訪問者があるかもしれないので、私たちは遅くまで起きていました。夫は子供を連れて母親の家へ行き、居間にいたのは私とポラとビビアノの3人だけでした。すでに11時を過ぎており、私は妊娠中でしたので、そろそろ休もうとしていた時、突然、扉を壊す大きな音がして、驚いた私たちはその場に立ちつくしてしまいました。すぐに兵士たちが踏みこんできて、ポラを厳しく尋問しはじめました。彼女はそれに対して激しい言葉で応じながら、足のつま先で私をつつきます。すぐさま彼女の意図を察した私は、激しいやり取りにいたたまれず、その場から逃げる風を装って寝室に行き、ポラのベッドの下から書類を取り出して服の下に隠し、居間と反対側の扉から中庭に出ました。そして見張りのものに金をやり、台所に入って、ちょうどトウモロコシを煮ていたかまどにそれを投げ込みました。すばやく行動したので、居間にいた兵士たちは私が台所へいったことに気がつきませんでした。焼いた書類は革命軍の通信書簡、資金を援助している人のリスト、スペイン軍の兵力に関する報告などで、敵に知られれば数多くの犠牲者が出るような、非常に重要なものばかりでした。居間に戻った私はポラにそっと頬笑み、彼女はすべてうまくいったことを了解しました。安心したポラはようやく、時間稼ぎのためのやり取りを終え、『私の言うことが信じられないのなら、どうぞ家の中をどこでも探しなさい』といい、それから家宅捜査が始まりましたが、結局彼らは何も見つけることができませんでした。彼らは我々3人を連行しようとしましたが、私が妊娠中だったのと、ポラが、『昔からの知り合いでもなく、ただ宿を提供してくれただけなのに、なぜ彼女まで巻き込まれなければならないのか』と抵抗したため、私は連れて行かれずに済みました」

実はポラは逮捕される数週間前から尾行されていて、アンドレア夫人の家が隠れ家であることを突きとめられていたのだった。そのきっかけとなったのは恋人アレホの逮捕だった。彼は6人の仲間とともにヤノスに行く途中で捕らわれ、ポラが託した書類は押収されていた。

ポリカルパ・サラバリエタ

ヤノスの総指揮官あての報告書はポラが革命軍の諜報員であるという動かぬ証拠となった。

ポラが入れられた監獄は中央広場に面した副王宮殿のすぐそばで、カテドラルにも近い。ビビアノは裸にされて鞭で打たれ、家に出入りしていた者の名を明かせと厳しく尋問されたが、とうとう口を割らなかった。そしてまだ15才というので3日後に釈放された。

訊問者たちはポラに仲間の名を明かせば命だけは助けてやる、と言ったが、彼女は「自分が助かりたいがために私に仲間を裏切れと？　それは愛国者のすることではなく、あなた方のような臆病者のすることです。ええ、私はすべてを知っていますとも。でも私の口から何かを聞き出せると思ったら、それは大間違いです」と相手を嘲り笑った。やがて軍事裁判が開かれ、銃殺刑の判決が下された。

1817年11月14日、副王宮殿の前の中央広場に刑場がしつらえられた。死刑囚はポラとアレホなど8人の革命軍と王軍の脱走兵1人の計9人だったが、だれもポラしか見ていない。彼女は青い服を着て肩をそびやかし、しっかりとした足取りで現れ、知り合いの顔を見つけると別れの言葉を述べたり挨拶を交わしたりした。いかにも堂々としていて、勇気あふれるその態度は人々を圧倒し、見方によってはふてぶてしくさえ見えたほどであった。二人の神父が付き添い、罪を悔い改め、心安らかに死を迎えるために共に祈るように

ポリの図案の紙幣

勧めたが、彼女はそれに耳を貸そうともせず、居並ぶ3000人の兵士たちに大声で呼びかけた。「賤しき兵士たちよ、その銃口を祖国の敵に向けなさい。何と無感覚な人々でしょう。もしあなた方が自由の尊さを知っていれば、あなた方の運命はもっと違ったものになっていたでしょうに。でも今からでも遅くはありません。ごらんなさい。若くてしかも女の私ですが、死を恐れてはいません。何度でも死んでみせます。この模範を忘れないで……みじめな民よ、あなた方に同情します。いつの日にかあなた方も誇りを持つ時が来ますように」。そして涙を流す観衆に向かって「私のために泣くことはありません。その涙は奴隷に貶められている同胞のために流してください。私の死を無駄にしないで、あなた方の役に立つようにして下さい。どうか立ちあがって、いま受けている迫害や不正に抗議して下さい」と叫んだ。刑の執行者たちは彼女の声をかき消そうと、一層激しく太鼓を打ち鳴らした。ポラは最後に彼らに向かって「人殺し！　女を撃つなんて。待っていなさい、いまに私の復讐をしてくれる人が現れるから」とののしった。刑の執行者たちは壁に向かわせて背中から撃とうとしたが、彼女はそれを拒み、椅子に座った姿勢で正面から撃たれることを望んだ。刑の執行の前に目隠しを断わったが、発射命令が下されると自分の服の裾で目を覆い、そこに

ポリの図案の切手

ポリの図案のコイン

は「祖国万歳」と刺繍されていたという。

処刑が終わったあと、男たちの遺骸は市内を引きずりまわされたが、彼女の遺体だけはその辱めを受けず、修道士である二人の兄に引き渡され、彼らの手でアウグスチノ会の教会に埋葬された。弟のビビアノもこののち僧院に入った。

数年後、独立が達成された後のこと、ボゴタの劇場でポラの生涯を描いた4幕の劇が上演された。彼女が銃殺される場面が近づくと、観客は総立ちになって舞台にたまごやトマト、タマーレス（トウモロコシの粉の料理）、小石などを投げつけてポラが殺されるのを阻止しようとした。俳優たちは身の危険を感じ、劇場が壊されかねない騒動となるに及んで、一計を案じた小屋主が舞台に上って観客を制した。彼はまず「祖国万歳！」とポラのセリフをまねて叫んだうえで、「われわれ一同はボゴタ市民の皆様の満ち溢れる愛国心に非常に感銘を受けました。よってその気高いお志に鑑みて、死刑判決をくつがえし、彼女に英雄としての栄誉を贈るのみに致します」と言った。観客は矛先を納め、劇場は拍手喝采のどよめきに包まれた。

同時代に革命軍の中で戦い、殺された女性は彼女ひとりではなかったが、その勇気と負けじ魂でポラはイスパノ・アメリカ全土で独立戦争を戦った女性たちのシンボルとなり、のちに彼女が処刑された11月14日はコロンビア女性の日と制定され、彼女の肖像画は紙幣や硬貨にも使われている。

【参考資料】

Las Mujeres y Las Horas: Germán arciniega: Editorial Andrés Bello 1986
Yo, La Pola: Flor Romero: Intermedio Editores Limitada 2010

18.

マリア・トリニダード・サンチェス

悲劇の島 エスパニョーラ島

María Trinidad Sánchez
1794 - 1845

ドミニカ共和国

裁縫師として自活するごく普通の黒人女性であったが、独立運動に加わった甥を助けて働いた。だが独立後、甥が国外追放されるとまたその仲間を助けて逮捕され、仲間の名を明かさなかったために処刑される。早すぎた独立に苦しむハイチと何度も独立の戦いを強いられるドミニカ共和国は一つの島を共有しながら、対照的な歴史を歩んだ。

サント・ドミンゴとサン・ドマング

16世紀初頭、現在ドミニカ共和国とハイチが共有するエスパニョーラ島は最初のスペイン人の入植地として栄えたが、新大陸が発見されると人々はメキシコやペルーなどへ移って行き、島は繁栄から取り残されて徐々にさびれていった。

人口が希薄になった1606年、フェリペ三世（在位1591～1621）の時代、現在のハイチ領に当たる島の西側を放棄して、住民を東側に移動させる命令＊が出された。スペインからエスパニョーラ島に運ばれた商品はサント・ドミンゴの港に着くとまずそこで税金を徴収されるのだが、それを回避するために島の西側に船を付けて密輸することが一般化していたからだ。また1600年、島の西側で300冊のルター派の聖書が密輸されようとしていたのが見つかり、これらのことが引き金となった。

無人となった西側には逃亡奴隷やヨーロッパの宗教裁判から逃れてきた人々、犯罪者などが住みつくよう

＊住民を東側に移動させる命令　オソリオ司令官による島の西側放棄令。

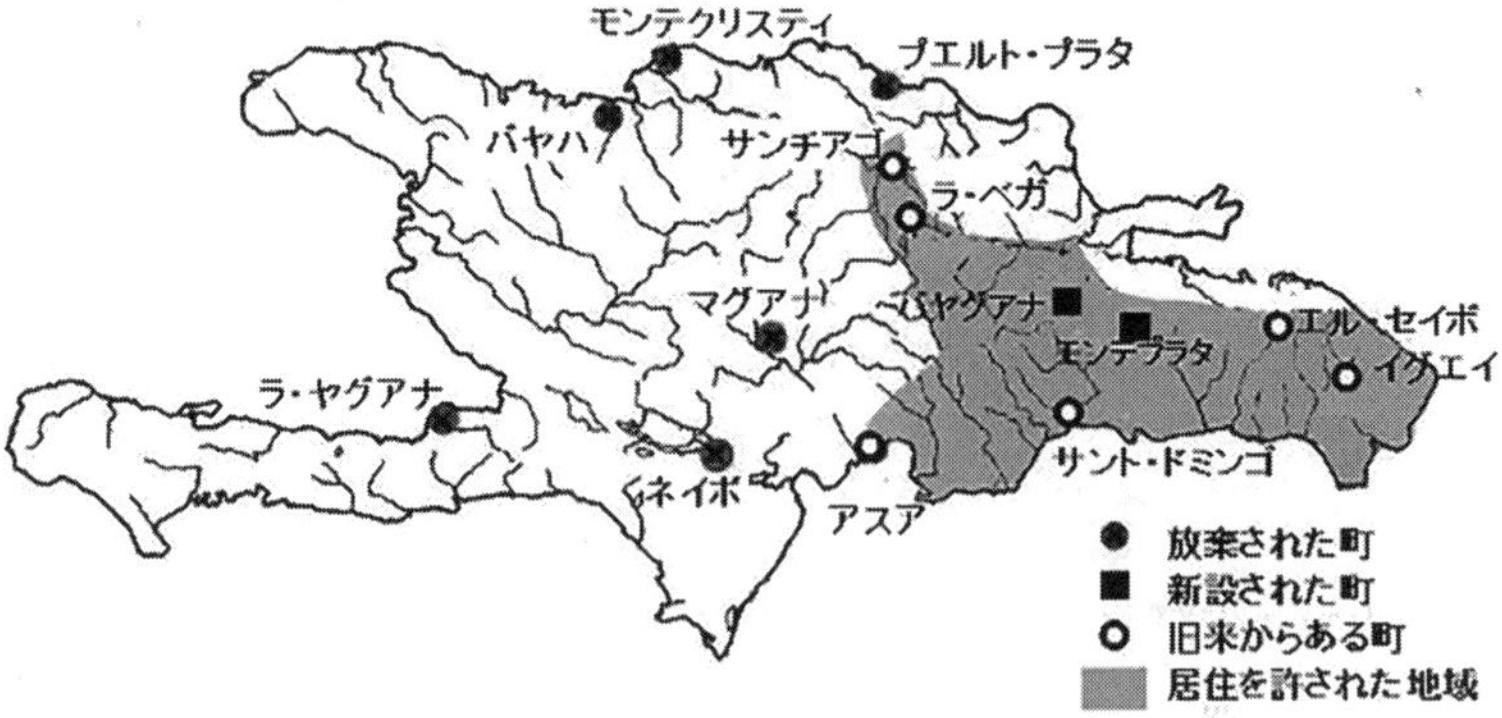

エスパニョーラ島の植民地化

になった。彼らは野生の牛をとらえてその肉や皮を通りがかった船に売りつけ、今もカリブの島々に残るパピアメントという、いくつかのヨーロッパ語を組み合わせて自然発生的にできた共通語を話しながら原始的な暮らしをしていた。先住民の焼き肉の保存方法が語源となって、英語でバッカニア、スペイン語でブカネロと呼ばれた彼らは、必ずしも海賊を働いていたわけではなかったが、そこがスペインの官憲の手が及ばないことが知れると徐々に海賊の溜まり場となってゆく。中でもハイチの北にあるトルトゥガ島は水が出て自然の良港に恵まれていたため、英仏蘭の海賊の有名な拠点となった。

17世紀初め、フランス人海賊オリヴィエ・ルヴァスールがトルトゥガ島の住民をまとめて『海岸の兄弟連盟』を結成して一種の自治区が形成され、1630年ごろにはサント・ドミンゴの官憲が追い払おうとしても、もはや不可能なほどの力を持つようになっていた。彼らはフランスの庇護を仰ぎ、17世紀半ばからスペイン人が放棄したエスパニョーラ島西部にまで勢力を伸ばしはじめ、1652年にはキューバの町を襲って略奪するほどとなった。

1659年、トルトゥガ島は公式にフランスの植民地とされ、新設されたフランス西インド会社がその経営にあたり、1664年にはエスパニョーラ島西部の領有を宣言した。衰退しつつあったスペインにはそれを追い払う力もなく、1697年、フランスと他のヨーロッパ諸国の間の九年戦争（1688～97）が終結した時に結ばれたライスワイク条約で、正式に島の西側3分の1がフランス領となることが決められ、こののちフランス領はサン・ドマング、スペイン領はサント・ドミンゴと呼ばれるようになる。

眠ったようなスペイン領サント・ドミンゴを尻目に、フランス人入植者たちは黒人奴隷を

サトウキビ畑で働く黒人奴隷

使って大々的にプランテーション経営に乗りだし、九州より狭いサン・ドマングは1780年代までに、ヨーロッパで消費される砂糖の40％、コーヒーの60％を産出するまでになった。藍や綿なども輸出し、フランスの全植民地の中で最高の利益を生みだす貴重な存在に成長したのだが、国土のほとんどがプランテーションと化し、その凄まじい自然破壊は現在に至るまで大きな爪痕を残している。そしてその労働力は黒人奴隷で、18世紀末サン・ドマングの全人口57万人のうち実に50万人が黒人奴隷であった。過酷な労働で人口の再生産は望めず、毎年アフリカから4万人以上の奴隷が導入された。

同じ島にありながら、スペイン領のサント・ドミンゴの方では1785年、人口15万人中奴隷は3万人であった。皆が一様に貧しかったので、主人も奴隷を食べさせてゆけず、よそで働いて賃金を得ることを認め、主人と奴隷は同じものを食べていたという。もちろん白人が社会の上層部を占めることには変わりないが、ムラトや黒人の一般大衆は貧しいながらも比較的緊張の少ない平和な社会だったといえる。人口の減少はかろうじてカナリ

＊カナリア諸島　アフリカ沖のスペイン領。

ア諸島＊からの移民の導入で補われていた。こうして北海道より小さい島は二つの国に分断され、東西で全く違った歴史を歩んでいた。

ところが1795年のこと、突然サント・ドミンゴがフランス領とされてサン・ドマングに併合されるという報が入ってきて、住民を驚愕させた。それは全くスペイン本国の都合によるもので、フランスの革命政府とスペイン政府の間に結ばれたバーゼル条約（1795）によって、カタルーニャを占領したフランス軍を撤退させるのと引き換えに、敗れたスペインはサント・ドミンゴをフランスに譲渡することになったというのだ。肌の色にかかわらず、自らをスペイン人と考えていたサント・ドミンゴの人々は自国が突然フランス領とされたことで深く傷つき、一部はキューバ、ベネズエラ、プエルトリコ、トリニダードなど近隣のスペイン領へ渡って行った。だがようやくここで、残った人々の間に自分たちはドミニカ人だという意識が芽生えはじめる。フランスによる統治は1809年までの14年間続いた。

サンチェス家

マリア・トリニダード・サンチェスがサント・ドミンゴに生まれたのは、バーゼル条約が結ばれる前年の1794年のことであった。母親のイシドラは教会の洗礼台帳に「自由黒人」と記されており、出生と同時に解放されて自由人となった人のようだ。当時、サント・ドミンゴではこうした方法で段階的に奴隷解放が進められていた。父のフェルナンド・サンチェスは、バーゼル条約で島から去って行った人たちの牧場の管理を請け負う仕事をしていたが、さほど実入りのある仕事ではない。金持は牧場主、役人、僧侶、商人など、一部の白人に限

サント・ドミンゴの独立記念広場にあるトリニダード・サンチェスの胸像

られ、大部分の人々は一様に貧しく、隣のフランス領サン・ドマングにくらべれば貧富の差はそれほど極端ではなかった。

トリニダードより5才上の兄ナルシソも父のあとをついで、不在地主の牧場の管理をしていたが、それと並行して、家畜仲買人の仕事を始めた。話し上手で冗談がうまく、かつ仕事に責任感があったので信用を得て、黒人であったが次第に白人社会に受け入れられるようになり、カナリア諸島からの移民の子孫であった白人の妻を迎えることができた。妻のオラヤはナルシソと一緒になる前にスペイン人との間にアンドレスという子がいたが、ナルシソはその子にもサンチェスという自分の姓を名乗らせ実子と同じように育てていた。当時、結婚制度はさほど厳格ではなく、ナルシソとオラヤも長男フランシスコが生まれて2年後ようやく、宗教心の強い妹トリニダードの懇願により教会で結婚式を挙げた。結婚式は物いりなので、庶民のあいだでは式を挙げる者は少なかった。社会的な上昇志向が強く働き者のナルシソは小さい規模だが農園や牧場を持つまでになり、8人の子供にはそれぞれ然るべき技術を身につけさせ、アンドレスは鍛冶屋、のちの英雄フランシスコは鼈甲《べっこう》の櫛を作る職人、何人かは音楽師、そして娘のソコロは教師を養成する女学校をいくつも創設して、19世紀中でもっとも高名な教育者となり、自身の考えを広めるために新聞を発刊するという、頑張り屋を絵に描いたような一家であった。

ハイチの独立

話はトリニダードの誕生前に溯るが、1791年8月1日のこと、島の西側のサン・ドマングでは、フランス革命の影響を受けた数万人の黒人奴隷が蜂起を誓い合い（カイマンの森の儀式といわれる）、卓越した黒人指導者トゥサン・ルヴェルチュールのもとで、3年間の戦いを経て、フランスの革命政府に奴隷制度廃止を認めさせることに成功した。しかしナポレオンが登場するとトゥサンは奸計をもってフランス軍に捕らえられ、フランスに送られてアルプス山中の極寒の地で飢餓状態で獄死させられた。そのことがかえってサン・ドマングの黒人たちを奮い立たせ、ついに彼らはナポレオンが派遣した大軍に打ち勝ち、1804年、『ムラトと黒人共和国ハイチ』として独立を宣言した。新大陸ではアメリカ合衆国（1775）に次いで2番目の独立国である。しかしこの早すぎた独立がさまざまな弊害をもたらし、その影響は現在に至るまで尾を引いていると言われる。そのひとつがフランスがハイチに課した1億5千万フランというとてつもない額の賠償金で、ハイチはとてもそれを払い続けることはできず、他国からの高利の借金をしながら58年もかかって返済しなければならなかった。いわば独立をフランスから買い取ったのだった。独立によって奴隷制に依存していたプランテーションは壊滅し、白人の農園主たちの多くはキューバに移って行ったので、19世紀半ばまでにハイチに代わってキューバが世界最大の砂糖生産地となった（キューバでは奴隷制度*が1886年まで続いた）。

＊奴隷制度
172ページ参照。

一方バーゼル条約によってフランス領となっていたサント・ドミンゴにもハイチを追い出されたフランス人入植者が移ってきてサント・ドミンゴは一時的に栄えたが、スペイン本国に侵入したナポレオンが自分の兄をスペイン王に就けようとしていることを知ると*、自らをスペイン人と考えていたサント・ドミンゴの人々は1809年、英国の助けを得てフランスの支配を断ち切り、スペイン領に戻った（ここでもまた、英国には4万ペソという賠償金を支払い、英国船の自由入港などさまざまな条件を飲まされたうえでのことである）。

当時のサント・ドミンゴの人口は8万人、フランスの占領の下で、これまでの3世紀の間伝統的な産業だった農牧業は壊滅し、わずかにコーヒーとカオバ*が皮革に代わる輸出産品となり、煙草産業が起こりつつあったが、フランスの占領が終わっても、経済が停滞してしまったサント・ドミンゴに戻ってくる人はいなかった。ナポレオンの侵略によりスペイン本国自体が混乱の中にあったので本国の支援も期待できず、紙幣が乱発され、経済は破綻《はたん》状態に陥った。

一方、南米大陸でシモン・ボリバルやサン・マルティンらによるスペインからの独立運動が盛んになると、サント・ドミンゴのクリオーヨにもそれに同調する気運が高まり、1821年11月30日『スペイン人ハイチ共和国』としてスペインから独立した。しかし王党派と独立派が争う間に隙を突かれて、2カ月後にはハイチのボワイエ大統領（在位1820～43）によってハイチに併合されてしまった。だが二つの国の違いはあまりにも大きく、サント・ドミンゴは今度はハイチからの独立に向けて動きだした。

***ナポレオンが～している**
220ページ参照。

***カオバ**
家具などを作る上質の木材。

ドミニカ共和国独立の三英雄、左からドゥアルテ、サンチェス、メイヤ

トリニタリアとドミニカ共和国の誕生

　このような激動の時代を生きてきたトリニダードはこの頃50才近くになっており、サント・ドミンゴの街角のどこにでも見かける、ごく普通の黒人女性であった。非常に信心深く、家の近くのカルメン教会の信者グループに所属し、よく尼僧の服を着て、人目を惹くほどの苦行をおこない、まるで修道女のような生活を送っていた。カルメン教会はもともと奴隷のために建てられた御堂であったことからも分かるように、市の西側にあたるその地域は木の板とヤシの葉で葺《ふ》いた屋根の掘っ立て小屋のような家が立ち並び、貧しい人が多い。トリニダードもそのような家に住み、腕の良い裁縫師として自活していた。

　生まれてこの方、町を出たことない彼女だったが、いつの頃から町の東側の富裕層が住む地域にあるサンタ・クララ尼僧院に出入りするようになっていた。トリニダードの宗教心や勤勉さが認められて信徒団の中での地位が上昇し、出入りを許されたものらしい。独身だったので、家族への愛情はもっぱら甥のフランシスコに向けられ、義姉のオラヤと力を合わせて彼の教育に力を注いだ。トリニダードは教会や洋服仕立の仕事を通じて知り合った人々に彼を引き合わせて、上流社会の人々を知る機会を作ってやった。

コンデの砦

そのおかげで甥のフランシスコ・デル・ロサリオ・サンチェス（1817～61）は鼈甲の櫛造り職人として働くかたわら、貿易商ファン・パブロ・ドゥアルテが主宰する、白人の若者を導くサークルに入って、英語、ラテン語、哲学などを学ぶ機会を得ることができた。そしてそれまでの家庭教育と生来のすぐれた知性により、たちまちその中で頭角を現し、弁護士の資格を得るまでになった。彼はドゥアルテとその仲間のメイヤらが主催する、ハイチからの独立を目指す地下組織トリニタリアに入り、やがてドゥアルテの信頼を得てナンバー2となり、彼の亡命中はその組織を率いることになる。

そしてとうとう1844年、ドゥアルテ、メイヤ、サンチェスの3人の英雄に率いられた革命軍がハイチ勢力を一掃し、サント・ドミンゴはハイチから独立して『ドミニカ共和国』となり、ペドロ・サンタナ将軍が初代大統領に就任した。

この時、トリニダードは甥を通じて独立運動に深く関わっていた。彼はハイチ官憲から追われる身となるとすぐに叔母に助けを求め、その家にかくまわれた。彼女の家が捜査を受けた時、庭にあった大きな水がめの中に身を隠して難を逃れたこともあった。サンチェスは友人の家を転々としながらトリニタリアのメンバーに指示を出し、着々と蜂起を計画していったが、その数カ月の間、彼女は非常な危険を冒しながら甥の移動を手伝い、連絡係をつとめ、裁縫師であったから新しい国旗を縫ったりして、献身的に働いた。最後の決起の時には銃弾に火薬を詰め、スカートの下にそれを隠し

ペドロ・サンタナ

て町の中心にあるコンデの砦に集結した仲間のところへ運んだ。
そして１８４４年2月、コンデの砦はハイチ人の手から奪回され、翌朝町中の人が続々とそこに集まり民衆の動きが最高潮に達した中で、サンチェスは血を流すことなく平和裡にハイチから政権を引き渡されて、そこに最初の国旗を揚げた。ドミニカ共和国の誕生である。こうして独立が達成された後は、トリニダードはまた以前のように、裁縫師の仕事をしながら、足繁く教会に通う日常に戻り、歴史から姿を消すはずであった。

トリニダードはそれほど政治に関心があったわけではない。しかしハイチの侵略については兄のナルシソからさまざまなことを聞かされていた。黒人層にはハイチに親近感を持つ人が多かったが、ナルシソは黒人ながら上流社会の人々との付き合いが多く、その影響を受けて親スペイン派で、１８２２年に始まったハイチによる統治には反対だった。だからその翌年の１８２３年に大牧場を廃止する法律が出された時には、ハイチ政府を覆す陰謀に加わった。そして仲間とともに逮捕されたのだが、仲間が有罪の判決をうけたのに、黒人である彼だけは陰謀を報告しなかったことに対する厳重注意のみで放免されている。以来彼は政治から一切手を引き、自分の生活に閉じこもってしまった。独立が達成されたあとも無能な人間が政府の要職につくのを見て、ドミニカ人の政治能力に絶望し、息子には常々「我々は国（país）は作れても国家（nación）は造れない」と言い、二度と政治に関わろうとはしなかった。そのあと20世紀半ばまでのドミニカ共和国の歴史は彼の言が正しかったことを証明しているかのようだ。この15、6年のちの１８６１年、彼が80才を越えた頃、ドミニカ共和国が独立を諦めてスペイン領に復帰した時は密かにほっとしたくらいだった。だが息子のサンチェスはそれにあきたらず、今度はそのスペインからの独立を企てて処刑されることになった時はいかなる感慨を抱いたであろうか。

トリニダードの処刑

先を急ぎすぎたが、1844年の共和国成立の時点に戻ると、ドゥアルテが率いる秘密組織トリニタリアはハイチからの独立の源動力となっておきながら、最後の段階で保守派と妥協せざるを得なくなり、その代表であったサンタナが大統領に就くこととなった。その後権力争いが起こり、敗北したドゥアルテ、サンチェス、メイヤらトリニタリアの主要メンバーはサンタナ大統領によって国外に追放された。一旦は元の生活に戻ったトリニダードであったが、1844年の暮れから、甥のサンチェスら追放されたメンバーを密かに帰国させ、政権の転覆を図る企てに加わるようになった。しかし密告によって彼女とサンチェスの異父兄アンドレスなど4人が逮捕され、死刑判決を言い渡された。誰も口を割らなかったから、グループの首謀者の名は最後まで分からずじまいであった。トリニタリアの主要メンバーが国外追放で済んだのにくらべると刑が重すぎるのは、初代大統領サンタナの独裁者としての地位が確立し、反対派を恐れずに誰はばかることなく見せしめの厳罰を下すことができたからである。処刑の日は1845年2月27日、4人が命がけで働いたあの独立の1周年記念日であった。それはいかに独立に尽くした者でも現政権に刃向かうものは容赦しないという、国民に対する警告であった。

トリニダードは首謀者の名を明かせば死刑を免れると言われたが、「そうすれば私は助かってもその人は殺されるでしょう。国家の利益のために自分が殺される方を望みます」と毅然と言い放った。４人が砦の牢から引き出され、市をとりかこむ塀の外にある墓場まで連れて行かれる途中、尼僧たちが「名を明かしてしまいなさい」と口々に叫ぶのだが、トリニダードは気持ちが揺れないように両耳を塞ぐのだった。彼女は最後まで平生心を失わず、死に際して醜い姿を見せることのないように自分で縫ったズボンをスカートの下にはき、刑場では兄ナルシソにスカートのすそを縛ってくれるように頼んだ。今ドミニカ共和国の一つの州にはマリア・トリニダード・サンチェスの名が冠され、独立の英雄のひとりとして讃えられている。

共和国の独立が達成されたものの、隣国のハイチはフランスへの賠償金の重荷によりサント・ドミンゴを征服して収益を上げようとしたため、ドミニカ共和国への侵略は激しさを増すばかりであった。保守派のサンタナ大統領は繰り返して侵略してくるハイチとの戦

1844 年 4 人の処刑

いに耐えられなくなると、1861年、スペインに対して再度併合してくれるように申し入れた。それが受け入れられると、大統領を辞してサント・ドミンゴ総督に就任した。しかし、この屈辱的な措置は心あるドミニカ人を激怒させ、こののち自由派の人々がスペインに対する独立戦争を激化させていった。トリニダードの甥フランシスコ・サンチェスもそのひとりとして戦ったが、負傷して捕らわれ、1861年、44才の若さで銃殺刑にされた。ドミニカ共和国がスペインからの独立を果たしたのはその4年後の1865年であった。

しかしその後もハイチの脅威が続き、ドミニカ共和国は今度は二度にわたってアメリカ合衆国への併合を求めたが、合衆国の議会に拒絶された。1875年になってハイチとの間で平和条約が結ばれ、ようやく独立国家としての道を歩むことになったが、黒人大統領ウリセス・ウーローの独裁、その暗殺、膨大な外債、アメリカによる占領、独裁者トルヒーヨの30年にわたる圧政などでその後も苦難の歴史を歩むことになる。

【参考資料】
María Trinidad Sánchez: Roberto Cassá: Editorial Alfa & Omega 2005
Manual de Historia Dominicana: Frank Moya Pons: Caribian Publisher 2008
『ハイチの栄光と苦難』浜忠雄、刀水書房、2007年

19.

フアナ・アスルドゥイ

新生ボリビアの苦悩

Juana Azurduy
1780 - 1862

ボリビア

農場を経営する中でスペイン人との身分格差を肌で感じ、独立の戦いが始まると自ら武器をもち戦士となって夫と共にアルト・ペルーにおける戦いに身を投じた。そして10年以上にも及んだ壮絶なゲリラ戦の中で夫、子供たち、財産のすべてを失いながらもなお、独立を達成したボリビアの将来を憂い続けた。

フアナ、アルト・ペルーに生まれる

ボリビアの首都はラパスだが、憲法上の首都はスクレで、最高裁判所だけが今もそこに置かれている。スクレは別名『四つの名の都市』とも言われるように、その時々に応じてチャルカス（征服以前そこにチャルカス族が住んでいた）、ラプラタ（コロニアル時代）、チュキサカ*（独立運動時代）、スクレ（1825年ボリビア共和国誕生以降）と、さまざまな名で呼ばれてきた。アルト・ペルーの中心の町として1538年に築かれ、植民地統治機関である聴訴《アウディエンシア》院や大司教座が置かれ、ポトシ銀山への入り口でもあり、リマより南では最も重要で豊かな町であった。

ブエノスアイレスの興隆によって1776年ラプラタ副王領*が新設されると、チャルカスの聴訴《アウディエンシア》院はペルー副王領から離れて新設のラプラタ副王領に組み込まれることとなり、以来ラプラタ地方（現在のアルゼンチン）との関係を深めていくこととなる。

スクレは2790メートルの高地にありながら町には花があふれ、周辺では農牧業が盛んで、年3カ月間の雨季に恵まれて農業も盛んであった。白壁と赤い瓦のコロニアル風の建物の町並みが今なお良く保存されており、人類の文化遺産にも指定されている。そしてこの町を訪れる観光客が降りたつ空港にはフアナ・アスルドゥイの名が冠されている。

フアナが生まれたのは1780年で、副王領を根底から揺るがせたトゥパク・アマルの大反乱の年だ。父方の祖先は16世紀ペルーの内乱を収束させたラ・ガスカに従って新大陸に渡ってきたという、代々のクリオーヨであったが、父親が結婚相手に選んだ女性がチョラ（混血）

***チュキサカ**　現スクレ、4つの名前の都市。202ページ参照。

***ラプラタ副王領**　192ページ、281ページの地図参照。

スクレのフアナ・アスルドゥイ空港にあるフアナのモニュメント

だったことは、家族にとってかなり衝撃だったようだ。フアナの容貌については、先住民系というよりむしろスペイン南部のアンダルシア地方の人のようで、赤銅色の肌に顔の輪郭はギリシア彫刻のような完璧な美しさで、背が高く、広い肩幅に頑健で均整のとれた体つきだったといわれる。活発なフアナは父の農園で野を駆けまわる野性的な生活が好きだった。一方、女らしい躾けを望んだ母親は彼女に馬に乗ることを禁じたが、反対に父は喜んで乗馬を教え、男の子を育てるのと同じように、農園で生きていくうえで必要なさまざまなことを教えた。

しかし7才の時に母が、そしてその数年後には父が相次いで亡くなると、フアナと妹は父方の叔母に引き取られることになった。当然叔母はこの姉妹を良妻賢母として育てるのが自分の義務と考え、ふたりを厳しく躾けようとした。妹の方はまだ幼く、従順であったが、母の死後、農園で自由な生活を謳歌していたフアナにとってその躾けは耐え難く、反撥してますます勝気で独立心の強い性格となっていった。困った叔母は教会の神父と相談して彼女を尼僧院に預けた。17才だったフアナは、説かれるのは従順であれ、ということばかりで、すぐにその規則だらけの生活に飽きてしまう。単調な生活の中で唯一慰めとなったのはサン・ミゲル、イグナシオ・ロヨラ、フランス王サン・ルイス（ルイ九世）など勇ましく戦う聖人の伝記を読むことぐらいだった。そして、「教会が守るのは権力のある、守る必要のない人ばかり」と、同僚に漏らして告げ口され、罰を受けたりするものだから、とうとう耐え切れなくなり、叔母に懇願して僧院から出してもらった。父の農園に行くと心が落ち着くので、そこで暮らすことが多くなり、使用人たちも彼女が戻ってきたことを喜び、フアナは彼らと相談しながら、農園を切り盛りすることを覚えていった。

その農園の隣にパディーヤ家の農園があった。フアナの父は近くのチュキサカを市場としていたが、パディーヤ家の農園は大きいだけに産品も多く、消費地として規模の大きい鉱山町のポトシやオルロに二人の息子とともに品物を運んで売りさばいていた。クリオーヨの両家は上層部と組んだ大商人の横暴や差別的な税に耐えながら、困難な時には協力しあう良き隣人同士であった。

❖パディーヤとの結婚

フアナは25才の時、幼馴染みのパディーヤ家の長男マヌエル・パディーヤと結婚する。当時としては遅い結婚だが、5才年上の夫は頼りがいがあったし、大好きな農園で生活ができ、2男2女にも恵まれ、それは彼女にとって理想の結婚生活となった。彼女は全力をあげて夫の仕事を手伝った。乗馬やナイフや綱の扱いにかけては牧童たちにも引けを取らないし、農産品を売るときには交渉力を発揮した。

だが、実際に農場経営に携わってみれば、制度の矛盾を肌で感じないわけにはいかない。税制はスペイン人に圧倒的に有利にできていて利益は大幅に損なわれたし、クリオーヨである夫は市の役職につきたいと思っても、下級の役人にしかなれない。将来子供たちも同じようにそのような理不尽な扱いをうけなければならないと思うと我慢がならなかった。そんな時、スペイン本国でフェルナンド七世がナポレオンの侵攻によって捕らわれの身となったという報が伝わってきて（1808）、何かが変わりそうな予感を覚えた。そして翌1809年5月25日、パディーヤも一時学んだことのあるチュキサカのフランシスコ・ハビエル大学*でアルト・ペルー最初の独立運動が始まった。学生たちが街頭に繰りだして一般民衆とともに聴訴院《アウディエンシア》の議長を辞任に追いこんだ。たまたま議長の名が征服者と同じピサロであったため、『ペルーはピサロで始まり、ピサロで終わる』と言われたものだ。この革命を鎮圧するためにポトシから王軍が出動したが、この時、学生に同調したフアナの夫パディーヤが王軍に食料を運ぶ先住民の隊を襲撃して補給路を断ったことから、それ以来彼は有力な革命派のカウディーヨ（頭目）と目されるようになった。

2カ月後、革命はラパスにも波及したが、ペルー副王が派遣した大軍に鎮圧され、首謀者

マヌエル・パディーヤ

*キト
232ページ参照。

*五月革命
294ページ参照。

のムリーヨは処刑された。キト*（エクアドル）とこのアルト・ペルーで起こった二つの運動が最も早い独立運動の先駆けであった。アルト・ペルーでの革命はムリーヨの処刑で途絶えたかに見えたが、翌1810年5月25日、ブエノスアイレスで五月革命*が起きたという報が伝わってくると、それに呼応してアルト・ペルー各地で次々と革命の火の手が上がり、それはこの先長く続く戦いへの導火線となった。

ゲリラ戦の始まり

パディーヤたち革命派のカウディーヨは町や村を占拠してレプブリケタ（小共和国）と呼ばれる解放区を作り、王軍との間に血みどろの攻防戦をくりひろげた。武器といえばコン棒や石、マチェテ（蛮刀）で、それぞれが自分のやり方で情熱と本能に従って戦うだけで、カウディーヨたちをまとめる総指揮者はいない。平野、村、丘がそれぞれ小さなレプブリケタとなり、好きな旗印をつくり、自分たちの指導者を選ぶのだ。その戦いは15年にも及び、死者の出ない日など一日もなく、革命に参加したカウディーヨの数は102人に上ったが、その中で生きて1825年の独立の日を迎えることができたのはただの9人で、あとの93人は戦死あるいは処刑されたという、壮絶な消耗戦であった。多くの自己犠牲のエピソードが語られる英雄的な戦いであったが、政治の中心地からは遠い辺境の地で起こったことであるうえに、彼らのほとんどがメスティソや先住民で、自分たちの功績を声高に宣伝したり、書き残したりするような人々ではなかったことからあまり世に知られることはなく、これまで正当な歴史的評価を受けてこなかったと言われる。

1776年新設されたラプラタ副王領

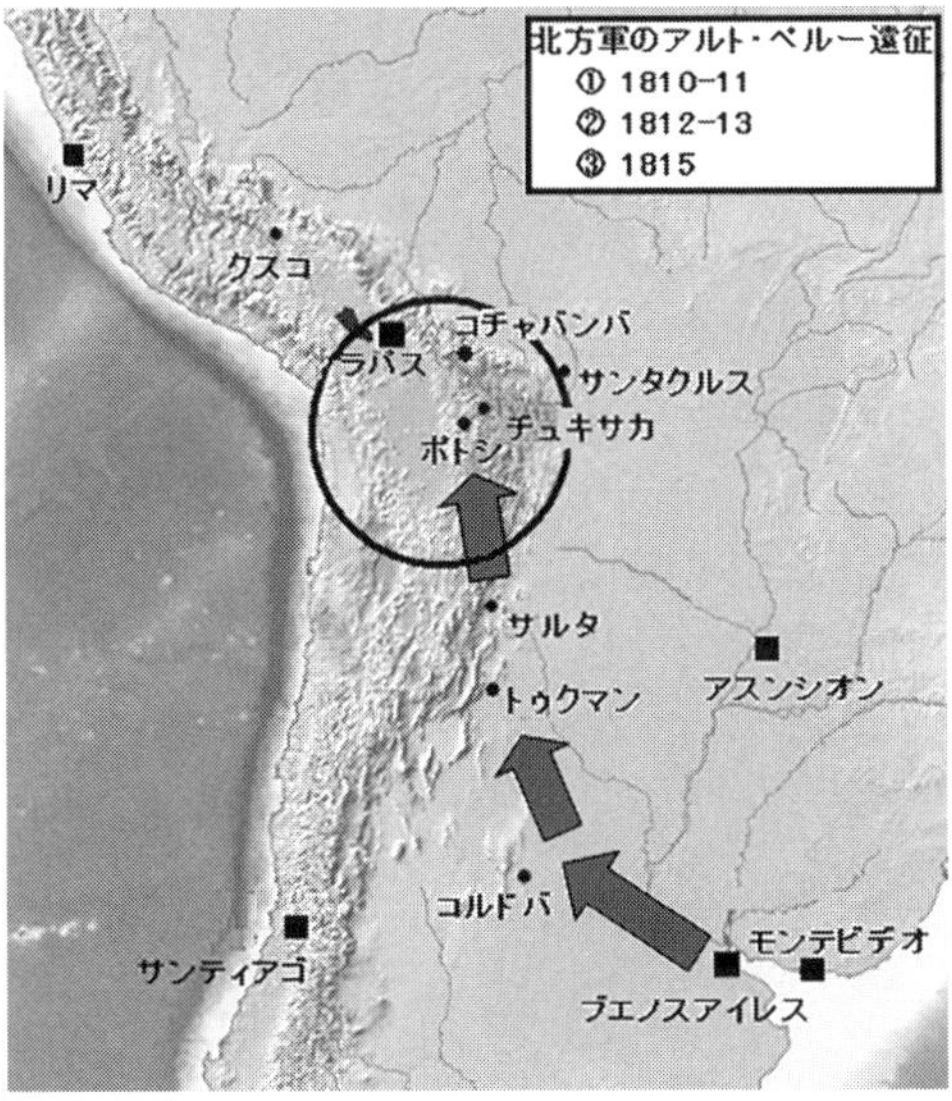

北方軍のアルト・ペルー遠征

それまで農園で男性に伍して働いてきたフアナは革命が始まるとじっとしていられず、夫の率いる隊に加わって、自ら武器をとり小隊を指揮した。彼女はカリスマ的な人気を得て、多くの兵がパディーヤのもとに集まった。フアナは母から教わったケチュア語で先住民に直接語りかけて人望を集め、兵士たちから大地の母神パチャママのごとく崇《あが》められた。だからフアナを慕って彼女の下に馳せ参じる女性も多かった。彼らはチュキサカからサンタクルス平原にかけての広大な地域でゲリラ戦をくりひろげて、サンタクルスへ侵攻してくる王軍の行く手を阻んだ。彼女は兵士として勇敢だったが、単に男勝りというばかりではない。鉄の意志と抑えがたい情熱を持ち、まるで火の玉のように敵に立ち向かい、怒ったときは誰にも止め

フアナ・アスルドゥイ

られないほどであったが、同時に女性としての優しさや徳も合わせ持っていた。

ブエノスアイレスの革命委員会は、スペインの牙城であるペルー副王領攻略をめざして1810年から17年にかけて3回の北方遠征軍を送ってきた。パディーヤたち革命軍は北方軍が来ている間はその指揮下に入って戦ったが、それ以外の時は自力で戦わねばならない。2回目の北方軍を率いてきたベルグラーノ将軍は美しい女性が指揮をとっているのを見て驚き、その勇敢な戦いぶりに感銘をうけて一振りの剣を贈り、その頃からフアナの存在はアルト・ペルーのみならずラプラタ地方（現アルゼンチン）の人々にも知られるようになった。

だがフアナと夫が払った代償は筆舌に尽くしがたいほど大きく、ふたりはこの戦いですべてを失った。所有していた農園は政府に取り上げられて競売にかけられ、夫が北方軍に合流するために出ていくと、フアナは子供たちを連れて転々と居場所を替えて戦いを続け、十分な食べ物もなく荒野をさまよい、劣悪な衛生状態のなかで4人の子供たちは次々と病を得て死んでいった。戦いが始まった当初は捕虜を許し、敵に対してまで慈母のごとく寛容であったフアナは子供を亡くして以来一変して、怒りに猛り狂う雌ライオンのごとく、容赦のない復讐をするようになった。せめてもの慰めは、そんな過酷な状況のなかで、子供たちを亡くし

ホセ・デ・ラ・セルナ

た同じ年に女児を一人産んだことだった。寒村で友を弔っている最中に陣痛がきて、そこを抜け出してひとりで川辺に行って出産し、赤ん坊を川で洗い、村の女が差し出してくれた粗末な布が産着になった。そこへ敵が襲ってきて、パディーヤは彼女が赤ん坊を抱いて遠くに逃げられるように数少ない味方で大勢の敵を相手に戦った。フアナは妊娠中はもとより、出産直後も赤ん坊を馬の鞍にくくりつけて戦わねばならないことすらあったが、このような極限状態にあっても誇りと尊厳を失うことはなく、何度も王軍からの買収の誘いがあったのを毅然とはねつけた。買収、裏切りは日常茶飯事で、勢いのある時は兵が集まるが、いったん負けが続くと、潮がひくように離れていくのが常だったから、長い戦いの過程でフアナがなめた辛酸ははかり知れない。

1816年、のちに最後のペルー副王（在位1821～24）となる卓越した軍人ホセ・デ・ラ・セルナが指揮する本格的な王軍がゲリラを掃討するためにアルト・ペルーに投入され、この年の戦いは熾烈を極めた。1816年9月14日ビヤールという村（チェ・ゲバラが入った山岳地帯の方面にある）での戦いで、パディーヤは敗走する途中、捕らわれそうになったフアナを助けようとして敵に殺された。この時パディーヤとともに殺された仲間の女性がフアナと間違われて、ふたりの首は長い間その村に晒された。半年後、ようやく彼女は部下を率いてふたりの首を取り返して、教会でミサをあげ丁重に葬り、村はの

*ガウチョ
牧童。

ちにパディーヤと改名された。それが彼女の最後の戦いとなった。トゥクマンで独立を宣言したばかりのアルゼンチン政府はパディーヤに自軍の将校の位を授けようとしたが、彼が殺されてしまったので、代わってフアナがベルグラーノ将軍によって少佐に任命された。彼女が勝利をおさめた戦いは33回に上った。

セルナの進攻によりこの1816年はゲリラにとって最悪の年となった。パディーヤをはじめ、主だったカウディーヨのほとんどが殺され、残った小者ばかりが対立しあったり、王軍に買収されたりして、革命軍はもはや統制がとれなくなってしまった。崇高なはずの戦いは、いまや略奪と殺戮《さつりく》の場となり、畑は放置され、商業も産業も疲弊し、あるのはただ無慈悲な貧困と飢えだけだった。結束を呼びかけるフアナの声に耳を貸す者はなく、自分の居場所を見出すことができずに絶望した彼女は、夫の死から2年後、幼い娘を人に預け、戦いの場を求めてひとりでラプラタ地方北部のサルタに向かった。この時38才だったが、これまでの労苦で年よりずっと老けて見え、あの美しかった昔の面影はどこにもなかった。

アルゼンチンへ

フアナがサルタへ向かったのは次のような事情からだ。話が前後するが、パディーヤなどアルト・ペルーのゲリラを一掃したセルナはその勢いを駆って、7000の兵を率いてラプラタ地方北部に攻め込み、タリハ、フフイ、サルタを占領した。最終目的はブエノスアイレスまで南下して、ラプラタ副王領を復活させることであった。

この時、ガウチョ*を組織して少ない人数と貧弱な武器で抗戦し、セルナの侵攻を阻んだのが

マルティン・ミゲル・デ・グエメス

サルタのカウディーヨで初代州知事《ゴベルナドール》となったマルティン・ミゲル・デ・グエメスであった。王軍はその後も数回ラプラタ北部への侵攻をくり返すのだが、フアナがサルタへ向かったのはこの攻防戦に加わろうとしたからであった。だがガウチョたちは彼女を暖かく迎え入れてくれたが、戦いには参加させてもらえず、心は満たされない。彼女はグエメスを敬愛するのだが、なぜそのグエメスがベルグラーノ将軍と対立し合わねばならないのか、サルタがなぜ同胞のトゥクマンと争うのか、どうして共に力を合わせて王軍にたち向かわないのかと思う。それはブエノスアイレスが全土を支配しようとする中央集権主義派と、地方の自治を主張する連邦主義派の戦い*の始まりであったのだが、彼女には理解できない。

1817年、サン・マルティン将軍*はラプラタ地方のメンドサからアンデスを越えてチリに行き、チリを解放したあと、そこから太平洋を船で北上してペルーを解放するという、これまで誰も思いつかなかった方法でリマに迫った。この時ラプラタ北部にいたセルナはその報を受けて大急ぎでペルー防衛のために引き上げていった。サン・マルティンは1821年、ついにリマを解放して悲願を達成し、一方北からはベネズエラ、エクアドル、コロンビアを解放したシモン・ボリバルが南下してきた。その時すでに副王となっていたセルナ（在位1821～24）は高地のクスコにたてこもり、そこからまだ3年間持ちこたえたが、裏切りや反乱に遭い、スペインからの援軍はとうとう来ず、ついにボリバルの右腕、スクレ将軍に

＊中央集権主義派と～連邦主義派の戦い　299、308ページ参照。

＊サン・マルティン将軍　234ページ参照。

アヤクチョの戦い（1824）で敗れて、ようやく副王時代は終りを告げた。セルナは身体の7カ所に重傷をうけてスペインに送り返され、フェルナンド七世からアンデスを守った英雄と認められてアンデス伯爵という爵位を授けられた。63才で亡くなったが（1832）子孫もなく、彼を敬愛する部下たちが葬式をしたという。

ところで、サン・マルティンがアンデス越えてチリに向かった時、彼はアルゼンチン北部の防衛をグエメスに任せて行った。グエメスが王軍の南下を押しとどめることができたから、サン・マルティンのチリ・ペルー遠征が可能になったとも言える。ただしグエメスは戦いの計画を練るだけで、戦闘には参加できない。血友病で少しの傷でも命取りになるからだ。ところが1821年、戦いで傷を負ってしまい、36才の若さで亡くなった。アルゼンチンで戦闘で死んだ唯一の将軍とされる。

❖フアナの帰郷

サルタにきて8年、フアナはもうそこに留まっている意味がなくなり、サルタの地方政府に願いでてロバ4頭と50ペソを支給されてチュキサカに帰った（1825）。だが人々の関心はもっぱらボリバルとスクレに集中し、独立の革命を始めたのは彼女たちだったことなどはすっかり忘れられていた。親戚にとっても全財産を革命につぎ込んだ彼女と夫の行為は迷惑でしかなかった。取り上げられた農園の一部は返還されたが、ほとんどの財産は戻ってこず、引き取った娘を養うのにも苦労したほどである。その困窮を見かねて、スクレとともに戦い、後に大統領になるサンタクルスは彼女に100ペソを支給してくれた。

1825年11月4日、いよいよボリバルがチュキサカへ凱旋入城してきて、アルト・ペルーはボリバルを記念してボリビア共和国、チュキサカはスクレと命名された。ボリバルはフアナのことを聞き知っており、町に入ってくるや否や彼女の所在を聞きだして、到着の翌日にはスクレを伴ってフアナを訪問した。ボリバルは自分の名を冠した新しい国の誕生の祝辞をのべて彼女と夫の功績をたたえ、この新しい国は自分の名前ではなくなくパディーヤ、あるいはアスルドゥイと名付けるべきだった、と言った。フアナのひたむきな精神と質素な生活に心を打たれたボリバルは、この偉大な女性にどんな報償が与えられたのかと側近に聞くと、たった100ペソだったという返事に驚き、すぐさま毎月60ペソの年金を給付するように命じた。

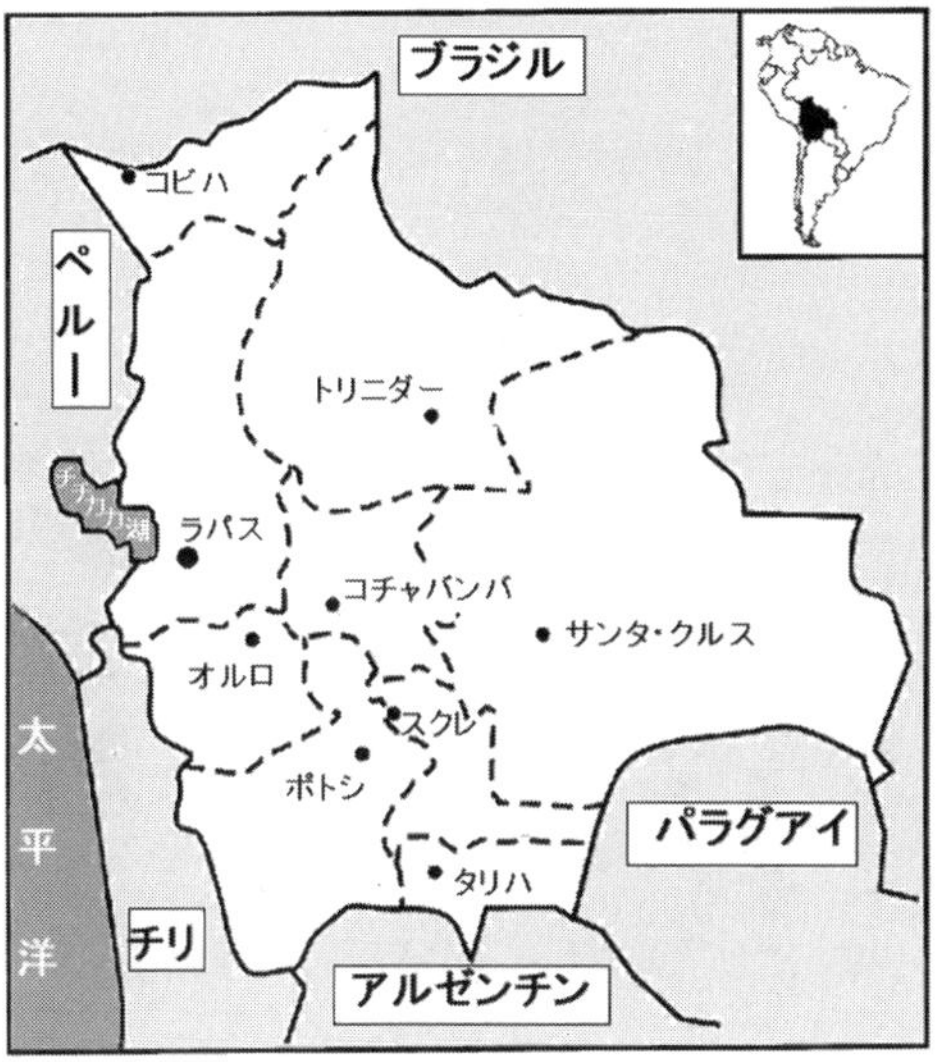

ボリビアの地図

だがフアナがその年金を享受できたのは2年間だけだった。2年後、スクレは国外へ追放されて国はまた無政府状態に陥った。その後サンタクルスが大統領になり、南米をひとつにというボリバルの構想に沿って、ペルー・ボリビア連合国を樹立した。しかしこの連合国に国境を接するチリとアルゼンチンは大国の出現に強い警戒心を抱き、また戦争が始まって、負けたサンタクルスは失脚した。すると1841年、今度はペルーのガマラ大統領がボリビアを併合しようと攻めてきた。この時初めてボリビアの人々は小異を捨てて一致団結して戦い、勝利した。そしてペルーにもアルゼンチンにも属さない独立国として、独自の道を歩むことを選んだ。

ラプラタ地方から戻ってさらに40年永らえたフアナは新生ボリビアを自分の子供のように考えていたから、一喜一憂しながら、政治の推移を注意深く見守り続けた。彼女にとってサンタクルスをはじめ、その後に続く3人の大統領はすべて裏切り者だった。昔王軍の側で戦っていた彼らが、恥ずかし気もなく政治家として居座り続け、大統領にまでなったことに我慢がならなかったのだ。ペルーからガマラが攻めてきた時には、年はとっているが自分も戦いに参加したいと言いだし、これを知った人々が続々と兵に志願した。自分が支持するベルス大統領が暗殺されたという報を聞くと、もう少しで民衆の先頭に立って犯人捜しに乗りだすところだった。老境に入って白髪となり、腰が曲がっても、一種独特の威厳があり、頭も冴えていて、国の行く末を憂い続けて最後まで孤高を保ち、孤独のうちに81才の生涯を閉じたのは、いかにもこの人らしかった。

【参考資料】
Doña Juana Azurduy de Padilla: Joaquin Gantier: Libreria Editorial “Juventud”: La Paz-Bolivia 2000
Mujeres tenían que ser: Felipe Pigna: Planeta 2011
Historia de Bolivia: José de Mesa, Teresa Gisbert,Carlos D. Mesa Gisbert: Editorial Gisbert 2007

20.

マリキータ・サンチェス

独立期のブエノスアイレス

Mariquita Sanchez
1786 - 1868

アルゼンチン

旧習を破って情熱の赴くまま結婚し、最後まで残った心のよりどころは「家」だった。そこで生まれて育ち、2度の結婚式を挙げたその家は独立のための相談や、政治や文学を論じる場、若者の教育の場となり、あるいはフランス領事館にもなった。ブエノスアイレスの最上流の家に生まれた彼女にとって家は人生の舞台であった。

マリキータの結婚

マリキータ・サンチェスは副王時代末期の1786年、ブエノスイレスの目抜き通りのサン・ホセ通り、すなわち現在のフロリダ通りにある大きな屋敷で生まれた。母のマグダレナは彼女の父とは再婚で、貴族の出だった前夫が相当な財産を遺して亡くなったあと、スペインから役人として渡ってきたセシリオ・サンチェスと再婚した。一家が住むフロリダ通りの屋敷も母の最初の夫のものであった。マリキータは母が再婚して15年目の41才の時に生まれた。母には前夫との間に生まれた男児がいて、前夫の父は遺産をその孫に遺して亡くなった。ところがその男児までが亡くなり、マリキータの父サンチェスが奔走して、その遺産を彼女の名義に書き換えることに成功したのだった。

ブエノスアイレスは商業によって栄えた町で、住民のほとんどが商売に従事していた。1776年、ボルボン改革の一環として、ブエノスアイレスはペルー副王領から切り離された新設のラプラタ副王領の首都となり、1778年に自由貿易が許されると、そこには英国などスペイン以外の船も来港するようになり、それまで眠ったような田舎町だったのが、急に活気を帯びはじめ、一気に近代化が始まった。

マリキータはフロリダ通りの家と郊外のサン・イシドロにある別荘との間を行き来しながら、市内でも屈指の裕福な家の一人娘としてのびのびと育った。急速に発展するブエノスアイレスでは1800年には新聞も発行され、文化的な変革の中で成人したマリキータは読み書きを教える学校に通っただけだったが、知的好奇心にあふれ、むさぼるように本を読み、時

マルティン・トンプソン

代の最先端をいく考え方を身につけていった。

14才の時、両親は彼女の結婚を取り決めた。相手は母の前夫の甥で、ずい分年上の裕福な商人であったが、マリキータはなだめてもすかしても首を横に振るばかりだった。両親が母の前夫の親戚を結婚相手に選んだのは、彼らの財産が前夫の遺産だという負い目があったからだが、彼女はこの頃、母の従妹の子であるマルティン・トンプソンという10才年上の青年に恋していた。気の毒な生い立ちの青年で、10才の時父が亡くなり、母親は夫に先立たれた時は僧院に入るという誓いをたてていたので、本当にそれを実行してしまった。彼は代父（洗礼の時の後見人）にひきとられて街はずれのレコレタの農園で育った。トンプソンは母恋しさのあまり女装してまで僧院に会いに行ったが、母に面会を拒絶された。代父は彼をスペインの士官学校に送り、遺産を全部彼に遺した。トンプソンは1801年、24才で海軍士官としてブエノスアイレスに戻ってきた時に伯母を訪れ、14才になっていた又いとこのマリキータと出会い、彼女の白馬の王子となった。しかし両親はこの恋愛を子供の遊びだとして取り合わなかった。

そして両親は母の前夫の甥との婚約を取り決めたのだが、婚約式の当日マリキータは部屋から出ようとせず、ソブレモンテ副王に代理人を送って、これは強制結婚だと訴えたため、式は副王の命令で中止された。実はトンプソンの上官が手を回して彼らに助け舟を出していたのだった。集まった親戚や賓客の前で大恥をかかされた父親は娘をサン・イシドロの別荘に閉じ込めるが、トンプソンは密かにそこにマリキータに会いに行き、しばらくするとブエノスアイレス中の人がそのことを知るようになっていた。

怒り心頭に発した父親は軍の上層部にかけあい、若者をモンテビデオ、*ついでカディス*に転勤させ、娘を罪人を収容する施設に入れてしまった。間もなく父が亡くなると、マリキータは改めて副王に手紙を送り、母親の同意なしに結婚する許可を求めた。その手紙は権利と正義を主張しながらも、両親への尊敬を失わず、ロマンティシズムにあふれた教養の滲み出る文章であった。だが母親は、トンプソンは自分の甥ではあるが、マリキータにふさわしくないうえに彼女を騙していると主張し、どうしても結婚を認めようとしない。

古い教育を受けた母親と、多彩な出版物があふれる変革期のブエノスアイレスに育ったマリキータとは何もかも対照的で母娘の間の溝は容易に埋まらず、もつれにもつれた挙句、とうとうスペイン本国に裁定を仰ぐことになった。そして1805年にようやく本国から許可がきて、18歳のマリキータは無事トンプソンと結婚し、フロリダ通りの家で母親と一緒に暮らしはじめた。マリキータの大胆な行動に唖然としながら恋の行方を見守っていたブエノスアイレスの人々は、親権という鋳型を打ち壊した若者たちの勝利を単なる私的なこととしてではなく、新しい時代の到来として受けとめた。一族の財産を守ることが自分の義務と考える母親は、トンプソンが軍人としての教育しか受けてこず商売の経験がないことを懸念したのだったが、年月が経つにつれマリキータの財産はどんどんと目減りしてゆき、母親の危惧もあながち的外れではなかったことが分かってくる。

＊モンテビデオ
ウルグアイ。
＊カディス
スペインの港町。

英軍の侵攻とアルゼンチンの独立

　1806年、マリキータの結婚の翌年のこと、1600人のイギリス軍がブエノスアイレスに攻め入り、町を占領した。防衛の責任者であるはずの副王ソブレモンテは、「態勢を整えるために」と称して家族とともに内陸のコルドバに逃げてしまった。そこで、のちに副王となるフランス人軍人リニエール（在位1807～09）が対岸のモンテビデオから応援に駆けつけ、クリオーヨで組織した愛国軍（パトリシオス）と力を合わせ、45日間の戦いののち英軍を退けた。

　翌年、英軍はこんどは1万4000人という大軍で押し寄せ、まずモンテビデオを占領し、そこを拠点にしてブエノスアイレスを攻撃した。軍人のトンプソンは港を防衛する指揮官として戦い、モン

英国軍のブエノスアイレス侵攻

テビデオの戦いでは負傷してスペイン海軍の少尉に昇進している。マリキータも英軍の総指揮官を自分の家に招待して注意をそらし、あるいは愛国軍（パトリシオス）をサン・イシドロの別荘から密かに上陸させたりして全面的に協力した。いよいよブエノスアイレスで戦闘が始まると女性や子供たちまでが屋根から石を投げ、市民が一丸となって抗戦し、遂に英軍を降伏させた。この勝利はラプラタ地方はもとよりアメリカ大陸の全クリオーヨに自信を与え、独立に向けて志気を奮い立たせることとなった。

スペイン本国がナポレオンの侵入を受けたという報が入ると、ブエノスアイレスのクリオーヨたちは英軍に打ち勝った勢いを駆って、副王に市民議会（カビルド・アビエルト）を開くことを要求し、1810年5月25日に第一政治委員会（プリメラ・フンタ）が成立した（五月革命と呼ばれる）。これが独立の契機となり、委員会は副王を追放してスペインの支配が終わった。

トンプソンも市民議会《カビルド・アビエルト》に参加した230人のひとりであった。その後カディスに置かれたスペインの臨時政府（フンタ・デ・カディス）はモンテビデオの司令官エリオを最後の副王に任命したが、彼はブエノスアイレスの委員会から入国を拒否されて、モンテビデオでそこをラプラタ副王領の首都と宣言したが、ここでもウルグアイの人々に拒絶され、スペインへ引き上げていった。

一方ペルーにはまだ副王が健在で、これを倒すためにブエノスアイレスから3度にわたる北方軍を送ったがことごとく失敗し、ようやくサン・マルティン将軍がアンデスを越えてチリ、ペルーを解放し、真の独立を達成するまでに13年を要した。それらの遠征軍を編成するにあたり、トンプソン夫妻は金3オンスを寄付して協力し、マリキータは自分の家を独立に向けての話し合いの場に提供した。フロリダ通りの彼女の家には独立運動にかかわる知識人、学者や著名な外国人などが集まり、戦略を練ったり、政治や文学を論じたり、さまざまな集会（テルトゥリア）が開かれた。アルゼンチン国歌が初めて披露されたのも彼女の家であった。そんな生活のなかで、マリキータはつぎつぎに1男4女の子供を産んだ。

1815年、夫のトンプソンはブエノスアイレス港防衛軍の司令官という安定した地位を捨てて、外交使節としてアメリカに行くことを受諾した。それは経費は一切自分持ちでありながら、何の個人的な利益も生まない、純粋に国家に奉仕するための旅であった。彼

1810年5月25日カビルド（市議会）の前でプリメラ・フンタの結果を待つ市民

マリキータの家で初めての国歌披露

には一応下院議員という資格は与えられたが、その使命は、秘密裡に米大統領と交渉し、通商条約を結ぶ見返りとして独立戦争への支援を請う、というものであった。表向きには商用の旅行だったので、国から派遣されたという資格を証明するものもなく、ワシントンに着いてもマディソン大統領と面会することすらできない。しかもスペインとの関係からみて、アメリカがアルゼンチンの独立に肩入れするとはとうてい考えられない状況であることが分かり、トンプソンは相談相手もなく一人で悩んだ。そのうえ1816年7月9日、トゥクマンにおける独立宣言で発足した本国の新政府が彼に使命の取り消しを通達してきたことはさらなる衝撃だった。しかも、そちらに留まっても良し、戻ってきても良し、だが当政府とは一切関係ないものとする、という冷淡な指令であった。彼は絶望のあまり精神に異常をきたし、帰国の途中洋上で亡くなった。トンプソンのアメリカ滞在は4年に及んでいた(1815~19)。

フランス領事夫人として

夫の死からまだ半年も経たない1820年4月、マリキータは突然再婚してまたしても世間を驚かせた。夫の喪はまだ明けていなかったが、別居が長かったという理由で結婚は許可された。式を急いだのはマリキータが妊娠していたからである。マリキータは34才、相手は7才年下のフランス人貴族ファン・メンデヴィルで、元ナポレオンの軍にいたが、決闘騒ぎを起こしブエノスアイレスに追放されてきた。だが思わしい仕事がなく、子供たちのピアノ教師としてマリキータの家に出入りしていた青年である。

メンデヴィルはこの結婚で多くのものを手に入れた。まず、妻のお陰でブエノスアイレスの上層社会に入りこむことができ、そこで得た信用から、フランスとのビジネスが軌道に乗るようになった。また妻の影響力のお陰で港のフランス貿易監督官という公的な地位を手に入れ、ついで結婚8年後の1828年にはフランス政府から領事に任命された。イギリスがこの地に早くから介入し、その頃にはウルグアイを独立させて足掛かりを得ることに成功していたのに比して、出遅れたフランスはその頃何とかしてラテンアメリカの国々に食い込もうと模索中であった。

フランスは何といってもブエノスアイレスの人々にとって憧れの国で、自分の家にその領事館を開くことはマリキータにとって大変な名誉であった。リバダビアが初代大統領（在位1826〜28）に就くと、乞われて社会福祉財団の創設に参加したのも、フランス領事夫人という肩書とは無縁ではない。マリキータは病院、女性刑務所、孤児院、女学校などの建設に携わり、1830〜32年には社会福祉財団の会長になった。この活動の協力者たちとの間に結ばれた強い絆によって、のちの亡命中も影響力を維持することができた。

領事となった夫と、財団の活動を始めた妻に合わせて、マリキータのフロリダの家は天井からも光が差しこむように天窓が作られ、広々としたサロンは繊細で上品な調度品で整えられた。そこに集うのは領事館の関係者ばかりではなく、彼女は多くの若者を受け入れて、かれらは一流の文化人たちとの交わりを通じて多くのことを学んでいった。政治と並んで教育も常に彼女の最大関心事だった。

初等教育の祖といわれのちに大統領（在位1868〜74）になるサルミエントも、マリキータの家に出入りしていた20代の頃、「もし国を文明化したいのなら、常に武器を手にして破壊することしか念頭にない男たちよりも、女性の教育から始めた方が得策でしょう」と彼女から女性教育の重要性を吹きこまれたという。

メンデヴィルとの間には3人の男児が生まれ、トンプソンとの息子はヨーロッパへ留学、4人の娘もそれぞれ結婚していった。この時期マリキータは全面的にメンデヴィルの領事としての活動を助け、妻の社交活動のお陰で彼は政財界の権力の中枢に食いこんでいくことができた。しかし事業の方はあまりうまくいかず、マリキータは次々と農園などを売って彼を助けたが、この時手放したサン・イシドロの別荘はその後何倍にも値上がりし、あとあとまで彼女を口惜しがらせた。しかもトンプソンと共に独立という崇高な目的に向かって戦っていた時とは違って、今度の場合は自国を二分する抗争の渦中に外国の代表として割りこんでいくのだから、きれいごとでは済まなかった。

青い制服の中央集権派の兵士

赤い制服の連邦派の兵士

当時アルゼンチンはブエノスアイレスが覇権を握る中央集権派と、各州の自治を尊重する連邦派に真っ二つに分かれ、その主導権争いに勝った連邦派のフアン・マヌエル・ロサス（1793〜1877）の20年以上も続く恐怖政治（1829〜52）が始まろうとしていた。メンデヴィルはロサスに近づき、その信頼を得ることに成功するが、中央集権派であったマリキータは夫を助けながらも内心では葛藤が深まるばかりであった。

メンデヴィルの領事としての任期は最初から2年と決まっており、1830年には新任の領事が派遣されてきたが、独裁者ロサスは彼が前任地のチリで自分に批判的な発言をしたことを知って承認しなかった。そこでフランス政府は1832年別の領事を派遣してきた。だがその領事も就任まで3年も待たされ、ようやく1835年になってメンデヴィルと交代した。世間では新領事の就任がこのように遅れたのは、いかなる手段に訴えても領事館を手放したくないマリキータの策略によるものとささやかれた。だがマリキータは反対に、ロサスに新領事の承認をそれ以上遅らせないように要請する手紙を書いていたぐらいだった。

その翌年、就任して1年にしかならないその領事が急死し、解剖の結果脳溢血だったことがわかるまで、毒殺だの、マリキータが関与しているだのと噂された。マリキータは新領事の就任披露宴を欠席して以来、彼の恨みを買っていた。この時すでにモンテビデオに出国していた彼女は、ウルグアイのオリベ大統領（在位1835～38）に無実を誓う手紙を書かなければならなかったほどである。

ひとりになって

1836年、マリキータが50歳の時、任を解かれたメンデヴィルは15年の結婚生活ののち、ひとりでフランスに帰って行った。落ち着いたらパリで一緒に暮らそうといって目ぼしい家具など、良いものをすべて持ち去ったが、ふたりは手紙の交換だけで、二度と会うことはなかった。メンデヴィルはその1年後、領事としてエクアドルへ赴任する際に、病床にあった三男エンリケを見舞うために立ち寄ったが、この時も妻とは会っていない。エンリケはそのあと間もなく亡くなった。メンデヴィルは1850年フランスに帰国し、のちに盲目となって姉の世話を受けながら1863年に他界した。マリキータは後年友人に書いた手紙のなかで、最も困難な時期に自分を残して去って行った夫との不幸な結婚を告白して、「領事館は二度閉鎖に追いこまれましたが、私が財産を処分して立て直し、全面的に協力して彼の思うがままにさせてやりました」と語っている。晩年、経済的に困窮して、かろうじて彼女に残ったのはフロリダの家だけとなった時、夫の遺産や年金をもらおうと試みるが、書類上は正式な結婚ではなかったと言われて実現できなかった。聡明なマリキータだったが、こと恋愛に関しては過ちを重ねたようだ。だがその苦しみも、ほかでもない自分の心の命じるがままに選んだ結果だと思えば悔いはなかった。3人の娘たちは結婚してヨーロッパに去って行き、唯一ブエノスアイレスに残り、のちにマリキータの世話をした娘フロレンシアには、「どんな階

フアン・マヌエル・ロサス

級の人であろうと女性にとって情熱は美徳です」と語って自らを納得させながらも、「まるでスカートをはいたドン・キホーテみたいでしょう」と自分のことを自虐気味に揶揄している。

まだメンデヴィルと一緒だった頃も、マリキータは領事館に問題が起こるたびに夫とともにラプラタ河対岸のモンテビデオに避難していたが、末っ子のエンリケが亡くなった後の1838年、いよいよ本格的に〝亡命〟した。メンデヴィルが去ったあと、彼女は意図的にロサスと距離を置くようになっていた。河を越えれば隣国になるウルグアイのモンテビデオは当時ロサスの迫害を逃れて亡命してきたアルゼンチン人で溢れていたが、彼らが何もかも捨ててこなければならなかったのに対し、マリキータは家を外交官や政府関係者に貸して管理を娘のフロレンシアに任せていた。また他の亡命者と異なり、彼女の場合はロサス政府発行のパスポートを所持しており、いつでも帰国できた。しかも彼女がモンテビデオの自宅で反ロサス派の亡命者の集会を開き、彼らを支援していることは周知の事実だった。

幼な馴染みのロサス

1840年代、ロサスが支配するブエノスアイレスはまるで死んだ都市であった。ロサスの妻エンカルナシオンが秘密警察マソルカを組織して反対派を粛清し、何千人もの人が殺さ

晩年のマリキータ・サンチェス

れ、3万人が国外に亡命、赤い服を着て目をぎらつかせた牧童《ガウチョ》がそこかしこで見張りに立ち、町中がロサスのシンボルである赤いリボンで飾られる中で、マリキータの家だけはそれに従わない。

そのロサスから「なぜ行くのか?」と聞かれたマリキータは「ファン・マヌエル、あなたが恐ろしいからです」と答えた。独裁者に向かってこんな率直なもの言いができるのは、彼女だけだった。実はロサスとマリキータは家も近く家族ぐるみの付き合いがあり、ほとんど姉弟のように育った間柄だった。彼女の〝亡命〟は迫害から逃げるためというよりも、フランス領事館との関係をこじらせないためや、ロサスの政治に巻きこまれないようにするためだった。しかし地方で反ロサス派の新聞を発行している長男に危害が及ぶことを恐れていたことは確かである。

マリキータはロサスの独裁政治が終わって3年後(1855)、ブエノスアイレスの自分の家に帰り、未亡人になっていた娘のフロレンシアを一緒に住まわせた。フロレンシアは忍耐強く家の改造などの母親の注文の一切を聞きいれて家を守ってくれていたからだ。ブエノスアイレスに帰ったマリキータは70才をすぎても以前と同じように活発な活動を続け、亡くなる前年までの2年間は再び社会福祉財団の会長を務めた。また女子教育のために農村部の女学校や最初の師範学校創設のためにも働いている。彼女の50年にわたる活動は、それまで家の中に閉じこめられていた女性の伝統的なイメージを覆すものであった。

生まれ育ち、2度の結婚式を挙げ、8人の子供を育てたフロリダ通りの家で息を引きとったのは82才の時であった。彼女にとって家は財産であり、資本であり、日常生活の場であったことはもちろん、政治理念を練り、実現するための社交の場であり、若者を教育する学校であり、人生のすべてであった。政治の表舞台に立つことも、のちになるまで書いたものが出版されることもなかったが、同時代の人々に大きな影響を与えたことは確かであった。

【参考資料】

Mariquita Sánchez: Graciela Batticuore: Edhasa 2011
Mariquita Sánchez: María Saénz Quesada: SUDAMERICANA 2014
Mujeres tenían que ser: Felipe Pigna: Planeta 2012

21.

カミラ・オゴールマン

独裁者の時代の禁じられた恋

Camila O'Gorman
1825 - 1848

アルゼンチン

たまたま恋した相手が僧であったことが悲劇の始まりであった。駆け落ちしたふたりは田舎で学校を開いたが、見つかって逮捕される。時の権力者ロサスの娘マヌエリータは彼女を助けようとするが、いくつかの不幸な偶然が重なり、ロサスの命令により処刑された。事件の背後にあった当時の『道徳』とはいかなるものであったか……。

カミラとラディスラオ

カミラ・オゴールマンがブエノスアイレスの中心街にある家から忽然と姿を消したのは1847年12月のことである。間もなく、ソコロ教会の僧でカミラの聴聞師でもあるラディスラオ・グティエレスもいなくなっていることが分かって大騒ぎとなり、噂はたちまち町中にひろがった。カミラは22才、身長が178センチ、色白で栗色の髪の毛、均整のとれた容姿に加えて、ピアノやギターを弾きながら美しい声で歌い、しかも明るい闊達な性格だったから、あちこちの家で頻繁に開かれるパーティーや集会《テルトゥリア》ではいつも人気者だった。教会でも聖歌を歌い、時の権力者でブエノスアイレス州知事であるロサスの娘マヌエリータとは大の仲良しで、その家にもよく出入りしていた。当時の女性の常として母親から家の管理、裁縫、刺繍などをみっちりと仕込まれ、良き妻、良き母となるように教育されてきたが、他の娘と少しばかり違うところといえば、読書好きで、時の独裁者ロサスが禁書にしている本までこっそりと本屋に頼んで入手していたことぐらいだった。一方、ひたむきな眼差しをした若い僧ラディスラ

1880年代のソコロ教会

オはトゥクマンの出身で、州知事の甥であったが、縮れた黒髪に褐色の肌をして、背もカミラより低く、彼女の父親は娘がそのように不釣り合いな、田舎出のしかも僧籍にある男と駆け落ちするなどとはとうてい考えられず、10日も経ってからようやく、カミラが誘拐されたと官憲に届けでた。さらにしばらく後には、世間からのプレッシャーに耐えきれず、また家族の名誉を守るためにも、娘を罪人として告発することを余儀なくされた。ブエノスアイレスの司教も、このような大罪を犯した破戒僧のラディスラオを草の根を分けても探しだし、厳罰に処して頂きたいとロサスに願いでた。オゴールマン家はアイルランド、フランス、スペインの血をひくブエノスアイレスの上流階級に属する名家で、カミラは6人きょうだいの5番目であった。長兄エンリケは後に警察学校を創設したり、刑務所を整備した有能な官吏で、別の兄エドアルドはイエズス会の学院でラディスラオとは机を並べた間柄である。

イエズス会の再開

1767年にスペイン王カルロス三世が出した追放令によってイエズス会は全スペイン領から追放され、ブエノスアイレスのイエズス会学院もこの時閉鎖された。それまで高等教育は全面的にイエズス会の手に委ねられてきたので、追放によってできた教育の空白は大きく、1816年のアルゼンチン独立後もその状況は変わっていなかった。ロサスも教育機関を設ける必要性は常々感じていたのだが、独立によってたがが外れて混乱に陥った国をまとめることに忙殺され、ようやく2度目の政権が始まった翌年の1836年になって、イエズス会を呼び戻し、教育を立て直そうとした。

こうして70年ぶりに6人のイエズス会士がスペインから到着した。イエズス会の追放後も学院は高等教育の場として運営されていたので学院の建物はほとんどそのままで、ロサスの十分な財政援助の下に早急に整備され、上流の人々はこぞって子弟を学院に送った。カミラの兄もラディスラオもそうしてできた新しいイエズス会学院に入学したのだった。

会士たちが目にしたブエノスアイレスの町は活気にあふれ、美しかった。碁盤の目状に整然と区画整理された街路に並ぶ堂々とした鉄の門構えの石造りの家々はバルコニーを備えた二階建ても多く、玄関口の上には各家の紋章が飾られ、奥には噴水を備えたいくつもの中庭（パティオ）があった。だが不思議なことに町中にやたらと赤い色が目につく。女たちは高く結った髪を赤いリボンで結わえ、道行く人々の多くがどこかに赤い布切れを身につけている。兵士の制服も赤で壁や門、窓枠、街角に立てられている馬をつなぐ柱まで赤く塗られているのだ。

独裁者ロサス

フアン・マヌエル・ロサス（1793〜77）は1829年から53年まで（途中の3年間を除き）、独立して間もないアルゼンチンを治めた独裁者である。この国はブエノスアイレスだけが商業や港から上がる関税のお陰で突出した経済力を持ち、独立後も、ブエノスアイレスが地方を支配しようとする中央集権派（ウニタリオス）と、地方の有力者であるカウディーヨ（頭目）による地方自治を主張する連邦派（フェデラレス）が覇権を争っていた。前者は知識人が多く、外国の文化を取り入れ、革新的なのに反して、後者は伝統を重んじ、外国の影響を排斥しよ

フアン・マヌエル・ロサス

うとした。ブエノスアイレスに住む人々はたいてい、財産としてパンパに農牧場（エスタンシア）を持っていたが、管理を人に任せて田舎には住まないのが一般的であった。だがロサスはブエノスアイレス出身でありながら、若い時から田舎で暮らして父の牧場を管理してきたことから、牧童《ガウチョ》や、カウディーヨと軌を一にする連邦主義者で、パンパに生きる人々の心情をよく理解し、彼らを統率できるカリスマ性をもっていた。

彼は20才の時、母の反対を押し切ってエンカルナシオン・エスクラと結婚したが、この時ちょっとしたエピソードを残している。彼女に自分宛てに妊娠したことを告げる手紙を書かせて、それをわざと目につく所に置いた。それを読んだ母が驚いてエンカルナシオンの母親と相談して、結婚をとりきめた。ふたりの間には3人の子供が生まれるが、一人は生まれてすぐ亡くなり、歴史に名を残すのは娘のマヌエリータで、後に連邦派の王女と呼ばれて、誰にも優しく、血なまぐさいエピソードの多いロサス家の中で、唯一安らぎを与える存在となった。

若い時ロサスは父から牧場の管理を任されていたが、父との間に確執が起きると牧場を父に返し、自分の苗字までRozasからRosasに変えてしまった。そして友人と塩漬け肉の工場を作り、それが成功して財を成し、大牧場主にのし上がっていった。当時は肉と皮革がアルゼンチンで唯一の輸出産品で、その時流にうまく乗ることができたのだった。彼はほぼ20年間（1829～32、1835～52）、（大統領ではなく）ブエノスアイレス州知事と

恐怖政治をしいたロサスの兵士マソルカ

ロサスの妻エンカルナシオン・エスクラ

して国の政権を握った。

ブエノスアイレスだけが港と税関を掌握し、貿易を一手に担って突出した経済力を持っていたから、当然地方はその収入が分配されないことに不満を抱いた。パラナ河沿いのエントレリオスとサンタフェは外国船の通航や貿易の自由を政府に求めたが、ブエノスアイレスはそれを拒絶して対立が起こる。ロサスは地方の利益を代表する連邦派として政権に就いたが、実際に政治を行うとなると、ブエノスアイレス中心の政治となり、どうしても中央集権派が主張していたことと同じことをしなければならなくなり、今度は地方の人々が離反してゆき、反対派も増えて、そのうちに誰が味方で誰が敵か分からなくなるほどの混乱が起きた。ロサスは強権によってそれを抑えこみ、各地方のカウディーヨをまとめてほぼ国の体裁を整えることに成功した。

特に2度目の政権（1835~52）の時、妻のエンカルナシオンが差配するマソルカと称する秘密警察が徹底的に反対派を弾圧し、大勢の人を誘拐、拷問し、殺戮する恐怖政治が行われた。犠牲者の数は数千人、国外への亡命者は3万人に達したと言われる。イエズス会士たちが町中に赤い色が満ち溢れているのを見たのは、それがロサスに忠誠を誓う連邦派の目印だったからだ。オゴールマン家も連邦派の有力なメンバーであったから恐らく門には緋色のリボンが飾られていたはず

中央集権派と連邦派の争いを描いた風刺画

である。

エンカルナシオンはマソルカの元締めとして恐怖政治の代表とされるが、1838年に行われた彼女の葬儀にはブエノスアイレスの住民4万人のうち2万5000人が参列したくらい人気があり、ロサスの権威はそれほど浸透していたといえる。そして教会の祭壇にまで自分の肖像画を飾らせて権力を誇示したロサスのことであるから、自分が呼び寄せたイエズス会士にも赤い記章を身につけて服従を誓わせようとした。しかし『戦う軍団』という異名を持つイエズス会のこと、絶対服従を誓うのはローマ教皇に対してだけで、為政者に簡単に膝を屈するような人々ではない。相容れることのない両者はことあるごとに衝突して溝は深まる一方で、ついに5年後の1841年、会士たちは隣国のウルグアイへ脱出して、モンテビデオに新しい学院を開いた。イエズス会士たちが去ったあと、ブエノスアイレスの学院は『連邦共和国学院』と名を変えて、政府の学校として運営され、現在も国内最高レベルの公立高校として存続する。

逃避行

地方都市トゥクマンからきてイエズス会学院に入ったラディスラオはこのような事情でイエズス会学院を卒業することはできなかったが、無事在俗教会の神父として叙品され、今なおブエノスアイレスの中心街で2つの塔を備えた美しいたたずまいを見せているソコロ教会

アルゼンチンの地図

の僧となった。オゴールマン家はその教会の教区内にあり、カミラもそこで洗礼を受けた。ラディスラオは友人の家であるオゴールマン家をしばしば訪れ、時おりカミラと馬をならべてパレルモを散策する姿が見られた。パレルモは今では広大な美しい公園だが、当時はブエノスアイレスの郊外で、ロサスの屋敷もそこにあった。カミラは信仰心が篤く教会の活動にも熱心だったから、足繁く教会に出入りしたとしてもだれも不思議には思わなかった。ふたりがいつから愛し合うようになったのかは分からないが、独身の誓いをたてて僧となった青年と上流の娘の結婚が許される筈もなく、ふたりは情熱の赴くままにすべてを捨ててだれにも知られない土地へ逃げ、普通の夫婦として暮らそうとしたのだった。

馬でブエノスアイレスを後にした彼らは北をめざした。サンタフェ、コリエンテスを経て、最終的にはパラグアイあるいはブラジルまで行くつもりだった。まずサンタフェで、旅券を紛失したと言って、偽名で新しい旅券を入手することに成功した。そのおかげでコリエンテスに近いゴヤで子供たちのための学校を開くことができた。ブエノスアイレスから８００キロメートル北の小さな村で、そこでお金を貯めて旅費を作ろうとしたのだった。人好きのするカミラはすぐに村の人たちと打ち解け、人々もそんな田舎の村で学校を開

ロサスの娘マヌエリータ・ロサス

いてくれた彼らに感謝して、なにくれとなく面倒をみてくれた。生徒も増え、2度も広い家に引っ越さなければならないほどだった。何もかもがうまく行き、ふたりは幸せだった。カミラの胎内には新しい生命が芽生えていた。

だがゴヤに落ち着いて4カ月後、突然その生活は断ち切られた。村人の家に招かれた彼らはそこでバッタリとラディスラオの知り合いのアイルランド人神父と出会ってしまったのだ。翌日、その神父の通報でふたりは捕らえられて別々に投獄され、外界との連絡を断たれた。ただカミラがロサスの娘のマヌエリータに宛てた手紙だけは彼女の元に届けられた。

マヌエリータは心優しい女性で、すぐに返事がきて、そこには「心配しないでしっかりして！　私が助けてあげるから」と書かれてあった。彼女はカミラより7才年上で常々カミラを妹のように可愛がっていた。そしてすぐさま、問題を起こした女性を収容する僧院にカミラの部屋を手配し、家具を買ったりして部屋を整え、またラディスラオのためには市役所の牢に歴史や文学の本を運ばせるなど、こまごまとした心遣いでふたりの到着を待った。一方、ロサスは彼らが逮捕されたことを知ると、すぐさまブエノスアイレスに送還するように命じた。ところがふたりが収容されたのはマヌエリータの考えた場所ではなく、政治犯や重罪犯を収容する郊外の刑務所サントス・ルガーレスだった。もとメルセデス会の修道院だったのをロサスが牢獄にした所である。

カミラは取り調べにあたったロサスの側近レイエスから、誘拐されたと供述すれば罪が軽くなると示唆されたが、「私は決してむりに連れて行かれたのではありません。むしろ躊躇する彼を自分の方から積極的に誘ったくらいです。彼は神父になる誓いをたてましたが、心の隅に、本当にこれが天命かどうかという疑問を抱きながらそうしたのですから、その誓いは無効でした。私たちは神の前では立派に夫婦です。そして私は自分のしたことを後悔していません」と毅然と述べて、それまでの行動を一切包み隠さず話した。

処刑

カミラの言はロサスの神経を逆なでし、彼は即座にふたりに銃殺刑を命じた。その命令を受け取ったレイエスはすぐさまパレルモにあるロサスの家に、カミラが妊娠しており、しかも臨月に近いことを伝えた手紙を医師の証明書とともに送り、マヌエリータにもそれを伝えようとした。ところが運悪く、手紙はたまたま不在だった父娘の手には渡らず、家に帰ってきたロサスは手紙を読む前に、刑がまだ執行されていないと聞いて怒り、すぐに刑を執行せよと命じたものだ。もしもカミラがロサスの前に身を投げだして助けを求めてきたならば、かれはふたりを許したかも知れない。実際、当時内妻と同棲している僧もいたが、ロサスはそれを咎め立てもせず、自分の家にも出入りさせていた。しかしおおっぴらに駆け落ちするという手段に訴えて大きなスキャンダルをひき起こしておきながら、許しを乞うどころか、全く反省の色も見せず、自分を正当化しようとするカミラの態度に、彼は自分の権威をないが

カミラ・オゴールマンとラディスラオの処刑

しろにされたように感じたのだ。独裁者の常として自分に膝を屈する者には鷹揚だが、反抗する者や敬意を失する者には容赦がなかった。

胎児に洗礼を授けるために、カミラの口から聖水が流しこまれ、ふたりは時をおかず刑場に引き出された。眼隠しされた彼女の目からはとめどもなく涙が流れた。ラディスラオは「自分は殺すがよい。しかし彼女は助けてくれ！　こんな身体だというのに……かわいそうに」と叫んだが、その声は発射の合図に打ち鳴らされた太鼓の音にかき消された。この時カミラは、「私たちはあの世で結ばれます」と言うがごとく、天を指さしながら倒れた。1848年8月18日のことで、カミラ23才、ラディスラオ25才であった。

実はロサスは当初からカミラを極刑に処そうとしていた訳ではなく、人目につかないように船でブエノスアイレスへ運ばせて暗闇にまぎれて上陸させ、僧院へ送りこむつもりだったようだ。しかしその船が座礁して、ふたりは幌付きの荷車でブエノスアイレスへ運ばれた。馬車は予想よりも早く到着し、昼日中、ものものしい護衛に守られて街道を入ってくる一隊はいやでも人目を引き、彼らをこっそりと僧院に収容するわけには行かなくなった。

この処刑は世間に大きな衝撃を与えた。女性を銃殺刑にするだけでも前代未聞のことなのに、もうすぐ赤ん坊が産まれるという妊婦を銃殺刑にしたのだ。しかしこの事件をめぐってさまざまな論議が巻き起こりはしたが、処刑そのものを非難する声はほとんど上がらず、ロサスに対抗する中央集権派も、ロサスの手の届かないモンテビデオからではあるが、長期にわたる独裁政権が市民の道徳を堕落させたといいたてるだけで、カミラに対する同情の声はついにどこからも上がらなかった。当時の社会通念では、不道徳とされることであっても、それを家庭内に閉じこめて、表沙汰にさえしなければ不問にされた。カミラの恋も本来隠しておくべきだったのに、彼女は純粋さゆえに、そうしなかったことで非難されたのだった。カミラの処刑がロサスに黒い影を投げかけたかのように、彼はその4年後失脚した。

駆け落ちが世間に知れわたると、ラディスラオをソコロ教会の僧に据えたとされるカテドラルの高僧は批判をかわすためにロサスに手紙を送り、ラディスラオにその席を与えたのは司教であって自分ではない、と弁明に必死だった。その高僧自身はといえば、20年間も身の周りを世話する女性と内縁関係にあった後、彼女を捨て、別の女性との間に娘をもうけて夫婦同然に暮らしているのは公然の秘密だった。ふたりはロサスのパレルモの家にも一緒に出入りし、妻は僧の役職カノニゴを女性形にしてカノネサと呼ばれていた。この女性マリア・ホセファはのちにロサスの娘マヌエリータの生涯の友として、イギリスに亡命した彼女とや

*ベルグラーノ将軍
282ページ参照。

り取りした手紙が残されている。またロサスの妻の姉は意に沿わない結婚をさせられたあと、ベルグラーノ将軍*との間に子供をもうけ、ロサス夫妻が引き取って養子として育てた。そしてロサス自身はといえば、死んだ部下に頼まれて13才で家に引き取り、病気の妻の世話をさせていた30才年下のエウヘニアという女性に、7人もの子供を産ませており、最初の子は妻が生きている間に生まれている。しかもその子供たちには自分の姓を与えず、自分をご主人様（セニョール）と呼ばせて使用人として扱い、まともな教育も受けさせていない。エウヘニアはロサスが亡命する時、7番目の子供を妊娠中で、ロサスから亡命に同行するように誘われたが、断っている。ロサスは亡命先から手紙で、この女性に一軒の家を与えて子供たちはそこで成人するが、後に彼らはロサスの財産分与を求めて裁判を起こしている。

ロサスは1852年2月3日ブラジルやウルグアイの支援を受けたウルキサ将軍に敗れ、その日のうちに港に停泊中のイギリス戦艦に亡命し、その後25年間イギリスのサザンプトンで暮らしたが、絶対に英語を覚えようとはしなかった。奇《く》しくも敗れた最後の戦いの戦場となったカセロスは、カミラたちが処刑されたサントス・ルガーレスのすぐ側で、ウルキサはのちにその監獄を兵営に変えた。

これまでのアルゼンチンの歴史では、ロサスは妻のエンカルナシオン・エスクラの手になる秘密警察マソルカに代表される残酷な独裁者としての面しか取り上げられてこなかったが、近年では独立後混乱に陥ったアルゼンチンの国家形成に果たした役割を再評価して業績を見直そうとする傾向にあり、『法の再建者』と呼ばれはじめている。

84才まで生きたロサスの25年間に渡る孤独な亡命生活の面倒を最後までみたのは娘のマヌ

エリータだった。彼女は父娘のあとを追ってイギリスに来たロサスの部下と結婚して二人の子供を得て80才でイギリスで亡くなるまで、平穏に暮らした。ロサスの遺骸は１９８９年にブエノスアイレスに戻され、レコレタの墓地に埋葬されている。

【参考資料】

Mujeres de Rosas: María Saénz Quesada: Emecé Editoriales S.A. 2005

Como fue el conflicto entre los Jesuitas y Rosas: Rafael V. Esteban: Editorial Plus Ultra 1971

Manuelita Rosas: Carlos Ibarguren: Librería y Editorial La Facultad 1933

Mujeres tenían que ser: Felipe Pigna: Planeta 2012 quinta edición

人名索引

【ア行】

【カ行】

【サ行】

【タ行】

【マ行】

【ヤ・ラ・ワ行】

事項索引

【ア行】

【カ行】

【サ行】

【タ行】

【ナ行】

【ハ行】

【マ行】

著者略歴

伊藤 滋子（いとう しげこ）

1942年大阪市に生まれる。大阪外国語大学アラビア語学科卒業。1965年より外務公務員の夫とともに30年間中南米諸国に在住。メキシコ在住時に国立メキシコ自治大学でコロニアル時代の歴史講義（主にキリスト教布教史）を聴講、アルゼンチン在住のころよりイエズス会のグラニア・ミッションに関する研究に従事。著書に『幻の帝国　―南米イエズス会士の夢と挫折―』（2001年、同成社）がある。本書は2006年から『ラテンアメリカ時報』に長期連載した「歴史の中の女たち」が基となっている。

女《おんな》たちのラテンアメリカ　上巻《じょうかん》

本体価格……二三〇〇円
発行日……二〇二一年一〇月　一日　初版第一刷発行
著　者……伊藤滋子《いとうしげこ》
編集人……杉原　修
発行人……柴田理加子
発行所……株式会社　五月《ごがつ》書房新社
東京都世田谷区代田一―二一―六
郵便番号　一五五―〇〇三三
電　話　〇三（六四五三）四四〇五
FAX　〇三（六四五三）四四〇六
URL　www.gssinc.jp
編集／組版……片岡　力
装　幀……今東淳雄
印刷／製本……株式会社　シナノパブリッシングプレス

ISBN: 978-4-909542-36-6 C0023

デュー・ブレーカー

エドウィージ・ダンティカ著、**山本 伸**訳

夫は、わたしの身内を拷問した「デュー・ブレーカー」（拷問執行人）かもしれない……。9つのエピソードが星座のように配置されるとき、故国ハイチの社会的記憶が静かに浮かび上がる。

2200円＋税　四六判上製

ISBN978-4-909542-10-6 C0097

クリック？ クラック！

エドウィージ・ダンティカ著、**山本 伸**訳

カリブ海を漂流する難民ボートの上で、屍体が流れゆく「虐殺の川」の岸辺で、NYのハイチ人コミュニティで……、女たちがつむぐ10個の物語。「クリック？（聞きたい？）」「クラック！（聞かせて！）」

2000円＋税　四六判上製

ISBN978-4-909542-09-0 C0097

ゼアゼア

トミー・オレンジ著、**加藤有佳織**訳

分断された人生を編み合わせるために、全米各地からオークランドのパウワウ（儀式）に集まる都市インディアンたち。かれらに訪れる再生と祝福と悲劇の物語。アメリカ図書賞、PEN／ヘミングウェイ賞受賞作。

2300円＋税　四六判上製

ISBN978-4-909542-31-1 C0097

わたしの青春、台湾

傅楡（フー・ユー）著、**関根 謙・吉川龍生**監訳

台湾ひまわり運動のリーダーと人気ブロガーの中国人留学生を追った金馬奨受賞ドキュメンタリー映画『私たちの青春、台湾』の監督が、台湾・香港・中国で見つけた〝私たち〟の未来への記録。台湾デジタル担当大臣オードリー・タン推薦。

1800円＋税　四六判並製

ISBN978-4-909542-30-4 C0036

緑の牢獄

沖縄西表炭鉱に眠る台湾の記憶

黄《コウ》インイク著、**黒木夏兒**訳

台湾から沖縄・西表島へ渡り、以後80年以上島に住み続けた一人の老女。彼女の人生の最期を追いかけて浮かび上がる、家族の記憶と忘れ去られた炭鉱の知られざる歴史。ドキュメンタリー映画『緑の牢獄』で描き切れなかった記録の集大成。

1800円＋税　四六判並製

ISBN978-4-909542-32-8 C0021

マスキロフカ

進化するロシアの情報戦！サイバー偽装工作の具体的方法について

ダニエル・P・バゲ著、**鬼塚隆志**監修、**木村初夫**訳

ソ連時代から存在し、ネット社会になって急速に進化した情報偽装工作「マスキロフカ」。その具体的方法を明らかにした注目の書。これを知らずして対ロシア政策は語れない。

2300円＋税　A5判上製

ISBN978-4-909542-34-2 C0031

GOGATSU 五月《ごがつ》書房新社
〒155-0033　東京都世田谷区代田1-22-6
☎ 03-6453-4405　FAX 03-6453-4406　www.gssinc.jp